Burnout-Prävention und -Intervention im Marketing

Johannes Faupel

Burnout-Prävention und -Intervention im Marketing

Anleitung zu innerer Change-Kommunikation, freundlichen Selbstbriefings und gesunder Erschöpfung

Johannes Faupel
Frankfurt, Deutschland

ISBN 978-3-658-24452-1   ISBN 978-3-658-24453-8 (eBook)
https://doi.org/10.1007/978-3-658-24453-8

Die Deutsche Nationalbibliothek verzeichnet diese Publikation in der Deutschen Nationalbibliografie; detaillierte bibliografische Daten sind im Internet über http://dnb.d-nb.de abrufbar.

Springer Gabler

Springer Gabler ist ein Imprint der eingetragenen Gesellschaft Springer Fachmedien Wiesbaden GmbH und ist ein Teil von Springer Nature.
Die Anschrift der Gesellschaft ist: Abraham-Lincoln-Str. 46, 65189 Wiesbaden, Germany

Dieses Buch ist allen gewidmet, die alles geben und die Wahrnehmung haben, dass es ihnen niemand so recht dankt. Die Familie nicht, die Abteilung nicht, der Markt nicht, der Chef nicht, die Gesundheit nicht. Es ist als Anleitung zur Vorratshaltung gedacht. Kraftvorrat. Schlafvorrat. Geduldsvorrat. Anerkennungsvorrat. Loyalitätsvorrat. Geldvorrat. Damit magere Zeiten, etwa in Sachen Anerkennung und Erfolg, nicht zur emotionalen Hungersnot werden, sondern zu Zeiten des Reifens und Wachsens.

Geleitwort

Das hier vorliegende Buch zu lesen, hat mir nicht nur Freude bereitet, es hat mich auch auf vielen Sinneskanälen angeregt und mir viele wertvolle Inspirationen geschenkt. Das Buch, wie der Titel sagt, zielt ja zunächst (quasi offiziell) auf den Bereich des Marketings ab. Dem Autor gelingt es durchgehend, seine profunden Marketing-Kompetenzen in einen angenehm leichten und dabei von der Sache her sehr profunden Stil zu übersetzen. Damit schafft er es elegant, die wichtigen und gut recherchierten Inhalte seiner Botschaften beim Leser wirksam zu „vermarkten". Ich hoffe, dass ich mir davon einige Scheiben für eigene Veröffentlichungen abschneiden kann.

Das Thema, welchem sich Johannes Faupel hier widmet, ist leider ständig aktuell, und das schon seit längerer Zeit, mit zunehmender Intensität. Allein in Deutschland geht man davon aus, dass die Zahl der Krankheitstage für sogenannte psychische Erkrankungen im Durchschnitt bei ca. 25 Tagen pro Person und Jahr liegt, die volkswirtschaftlichen Kosten dafür werden auf ca. 30 Mrd. Euro geschätzt. Diese Zahl ist dabei ganz sicher deutlich zu niedrig gegriffen, denn z. B. für Burnout gibt es im Krankenkassensystem überhaupt keine ICD-Diagnose, für welche Betroffene eine Kostenzusage bekommen, da in der ICD-Klassifikation Burnout gar keine Diagnose-Ziffer hat, sondern nur als sogenannte Z-Diagnose (Zusatz-Diagnose) aufgeführt ist. Will jemand seine Beschwerden durch eine Krankenkasse bezahlt haben, muss er/sie sich dafür typischerweise z. B. die Diagnose „mittelgradige depressive Episode"(F.32.1) oder gar schwerere Bezeichnungen auferlegen lassen. So laufen quasi viele Betroffene „undercover" unter einer anderen Diagnose, was die tatsächliche Häufigkeit des Auftretens von Burnout-Problemen deutlich verzerrt.

Üblicherweise werden dann die Phänomene, die als Burnout bezeichnet werden, sowohl von der großen Mehrzahl der behandelnden ExpertInnen als auch von den Betroffenen selbst als Zeichen von Schwäche, Inkompetenz, Krankheit bezeichnet und verstanden. Ich bin sehr froh, dass sich in diesem Buch hier der Autor in profunder Weise für eine ganz andere Sicht engagiert, nämlich für ein kompetenz- und ressourcenorientiertes Verständnis der Phänomene.

Das freut mich um so mehr, als ich selbst seit vielen Jahren für eine solche Sicht eintrete im Umgang mit den Phänomenen, die Burnout genannt werden. Als ein wichtiger Teil meiner Arbeit (ambulant am Milton-Erickson-Institut Heidelberg) und stationär in der sysTelios-Klinik kooperiere ich oft mit Menschen, die sich von diesen Phänomenen betroffen erleben. Das hat mich im Laufe dieser Arbeit immer mehr dahin gebracht, Burnout als Ausdrucksweisen von anerkennenswerten Kompetenzen zu beschreiben und zu nutzen. Das klingt zunächst etwas merkwürdig, wahrscheinlich für viele Menschen bizarr oder gar zynisch, es ist natürlich anders gemeint.

Aus hypnosystemischer Sicht muss unterschieden werden zwischen bewusst-willentlicher Absicht und unwillkürlichem Geschehen und dem damit verbundenen Blick auf Auswirkungen (die sich durchaus von der bewusst-willentlichen Absicht unterscheiden können). Eine Burnout-Entwicklung wird ja aus unwillkürlichen Reaktionen gesteuert, die zum Teil auch unbewusst ablaufen – und erst das Ergebnis der massiven Erschöpfung dringt in die bewusste Wahrnehmung. Solche unwillkürlichen und unbewussten Prozesse zu verstehen, wird deshalb entscheidend. Ob etwas als Kompetenz angesehen werden kann, hängt dann weniger von der Absicht, sondern vor allem von der Wirkung ab, z. B. für die Person und ihren Umgang mit sich selbst und für die interaktionellen Wechselwirkungen, zu denen sie und andere beitragen (Kompetenz im Sinne von Wirkkraft).

Prüft man die Auswirkungen einer Burnout-Entwicklung, kann man für praktisch alle Betroffenen verstehbar machen, dass diese Entwicklung diverse Kompetenz-Aspekte mit sich bringt. So bewirkt ein massiver Erschöpfungszustand z. B., dass Betroffene sich endlich weniger perfektionistische Leistungs-Erwartungen auferlegen, was sie, solange sie noch Kraft spürten, sich nicht erlaubt haben. Zwar geht dies meist innerlich dennoch damit einher, dass sie das nicht an sich wertschätzen und zu Selbstabwertung neigen, aber die vom Organismus ersehnte Abgrenzung erfolgt dennoch mehr.

Weiter zeigt damit der Organismus in seiner nonverbalen Reaktion (der Sprache des Körpers) intensive und effektive Feedback-Prozesse aus dem intuitiven inneren Wissen darüber, dass der Person Wichtiges fehlt für eine gesunde, erfüllende Lebensgestaltung. Dies kann so verstanden werden, als ob quasi eine hilfreiche

„Warnblink-Anlage" starke Störungs-Rückmeldungen anzeigt, um auf den Mangel hinzuweisen und auf Behebung dieses Mangels zu drängen.

Wenn dann allerdings diese Entwicklung als Zeichen von Inkompetenz, Schwäche usw. bewertet wird, mit dem Ziel, sie „wegzumachen", kann diese wichtige Feedback-Chance weniger oder gar nicht genutzt werden.

In diesem Zusammenhang erscheint es mir außerordentlich wichtig, Burnout von Depressionen zu unterscheiden. Da eben wie erwähnt Burnout gar nicht als ICD-Diagnose geführt wird, neigen viele Psychiater-Kollegen dazu, ihn einfach als Depression zu bewerten und so zu behandeln. Wie unsere Arbeit aber in vielen hunderten Fällen zeigt – und wenn man die typische Entwicklung und auch die damit in Verbindung stehende Biographie von Menschen betrachtet, die eine Depression entwickeln, und sie vergleicht mit der von Menschen, die einen Burnout entwickeln, so findet man in den meisten Fällen deutliche Unterschiede. In dieser Hinsicht bin ich mir z. B. auch mit meinem Freund Joachim Bauer einig, der auf diese Zusammenhänge ebenfalls hinweist (Bauer 2015).

Menschen, bei denen starke Depressionen diagnostiziert werden, haben oft eine lange Geschichte starker Selbstzweifel und schwachen Selbstwertgefühls, oft verbunden mit massiven Ängsten, auch Misserfolgserfahrungen usw. hinter sich, häufig nach vielen entwertenden und enttäuschenden Erfahrungen schon früh in ihren relevanten Beziehungen.

Menschen, die einen Burnout entwickeln, beginnen fast immer mit starkem Selbstwert und Selbstbewusstsein, verbunden mit großem Enthusiasmus und oft größerem und auch bemerkenswert erfolgreichem Engagement in ihrer Arbeit oder sonstigen Tätigkeitsfeldern. Dabei übernehmen sie viel Verantwortung „für das größere Ganze", wenn dies dann aber nicht erreicht wird, steigern sie ihr Engagement noch mehr bis zu massiver Selbstausbeutung, wobei der innere Druck, oft aber auch ein gewisser Zynismus und Verbitterung immer größer werden, sie aber dennoch an den gewohnten Strategien festhalten, bis eben die Burnout-Entwicklung sie begrenzt und quasi signalisiert „bis hierher und nicht weiter". Diese Haltungen drücken aber keineswegs Schwäche oder geringe Belastungsfähigkeit aus, sondern gerade das Gegenteil und sie sind das Ergebnis von Haltungen hoher Bereitschaft, Verantwortung zu übernehmen, von Bereitschaft zu engagiertem Einsatz weit über das üblicherweise erwartete Maß hinaus, auch von starker Loyalität z. B. der Firma gegenüber, in der jemand arbeitet und auch von Visionsfähigkeiten (denn das Engagement wird gemacht für Ziele, die als sehr sinnvoll angesehen werden und die man als Vision in sich trägt). Insofern stehen hinter der geschilderten Entwicklung praktisch immer sehr anerkennenswerte, wertvolle Werthaltungen, die sich Betroffene allerdings mit einer stark (ja oft fast gnadenlosen) perfektionistischen Haltung abverlangen. In der Kooperation mit Betroffenen können wir durchgehend herausarbeiten, dass die Burnout-Entwicklung dann erst das Ergebnis davon war, dass in der Person selbst sich auf unwillkürlicher Ebene ein massiver innerer Kampf abgespielt hat zwischen einer „Seite" der Person, die immer mehr die Position anmeldet, dass es so keinen Sinn mehr macht, weiter zu machen und einer anderen, sehr starken „Seite", die fordert, dass unbedingt so und am besten noch stärker weiter gemacht werden muss. Die Erschöpfung ist dann das Ergebnis dieser inneren Kämpfe, diese fordern viel mehr Kraft als die Auseinandersetzung mit der Außenwelt an sich. Burnout ist nach unseren Erfahrungen so gut wie immer verstehbar als Ausdruck intensiver Sinn-Krisen, mit denen das intuitive Wissen der Betroffenen nach einer neuen, erfüllenden Sinn-Entwicklung verlangt.

Wenn dann die Burnout-Entwicklung eintritt, werten daran Leidende dies allerdings in ihrem bewussten Denken keineswegs als Ausdruck anerkennenswerter Werthaltungen, sondern (identifiziert mit ihren perfektionistischen „Antreiber-Seiten") als Versagen und verurteilungswerte Schwäche. Und wenn dann ein betroffener Mensch hört, er „habe" eine Depression, wird dies von den meisten Menschen mit Burnout als zusätzlicher „Beweis" dafür genommen, dass sie eben nicht mehr vollwertig, sondern schwach, krank usw. seien, oft verbunden sogar mit Selbstverachtung, die dann wieder die Symptomatik sehr verstärkt. Umso wichtiger wird dann für eine gesunde Lösungs-Entwicklung, dass Betroffene wertgeschätzt werden für ihr Engagement, für ihre Bereitschaft, Verantwortung zu übernehmen und ihr innerliches, nicht betrügbares Gespür für Sinn und Stimmigkeit. Dafür muss diese Entwicklung aber auch deutlich abgegrenzt werden von der üblichen Depressions-Diagnose.

In diesem Zusammenhang noch ein Gedanke zum Begriff „Burnout": Wir wissen ja aus dem umfassenden Gebiet der Priming-Forschung, dass auch Worte schon stark unwillkürliches Erleben beeinflussen können und so stärkend oder schwächend wirken können. Insbesondere die Bilder, die auf unbewusster Ebene bei einer Person aktiviert werden können mit Worten, können dabei enorme Wirkung erzeugen. Das Wort „Burnout" löst bei vielen Betroffenen, aber auch anderen Menschen, nach unseren Erfahrungen Assoziationen aus, als ob jemand tatsächlich ausgebrannt sei, was auch bedeutet, da ist alles verbrannt, da ist quasi nichts mehr zu holen usw.

Mit unseren hypnosystemischen Methoden können wir aber die Betroffenen meist in kurzer Zeit dabei unterstützen, dass sie wieder intensiv „schlummernde Kompetenzen" und viel Kraft und Lebensenergie reaktivieren aus ihrem unbewussten inneren Potenzial-Raum. So zeigt es sich, dass da keineswegs alles „ausgebrannt" ist. Die vielfältigen Kompetenzen, welche diese Menschen ja bis zur

Burnout-Entwicklung meist sehr lange längst gelebt hatten, sind ja nicht gelöscht, sie sind während der Beschwerden zwar vorübergehend blockiert (dissoziiert), können aber mit unseren gezielten Methoden meist recht schnell und nachhaltig wirksam reaktiviert werden. Um dies deutlich in den Fokus bewusster Aufmerksamkeit zu rücken (Erleben wird immer erzeugt durch Prozesse der Aufmerksamkeits-Fokussierung), erscheint es sinnvoll, andere Begrifflichkeiten zu verwenden als Burnout. Ich nutze diesen Begriff ja auch, weil er eben eingeführt ist, dennoch plädiere ich für Alternativen, die z. B. auf die Sinn-Such-Kompetenz hinweisen, die damit einher geht, so dass Betroffene wieder mehr auch in dieser Entwicklung gewürdigt werden und so zu ihrer Stärkung beigetragen wird.

Johannes Faupel trägt genau zu solchen konstruktiv wirkenden, achtungsvollen, ermutigenden und stärkenden Perspektiven durch dieses wunderbar anregende Buch hier bei. Er macht mit großem Respekt für Betroffene die anerkennenswerten Werthaltungen deutlich, die hinter einer Burnout-Entwicklung liegen und macht anschaulich verstehbar, welche wichtigen Bedürfnisse sich durch das Burnout-Feedback melden. Was ich sehr verdienstvoll dabei finde, ist auch, dass er weit über das individuelle Geschehen hinausgeht und deutlich macht, dass sich in den schrecklich häufiger auftretenden Burnout-Entwicklungen auch klar gesellschaftliche Widersprüche zeigen. So macht er auch verständlich, dass auch in dieser Hinsicht Burnout eine wichtige Feedback-Kraft für gesellschaftlich relevante Sinnfragen sein kann, in dem z. B. die fast manische Wachstumshaltung in unserem System durch Besinnung auf gesunde Selbstbeschränkung abgelöst werden muss. Damit wird sein Buch auch zur Herausforderung für unsere Wirtschafts-Organisationen, die damit zu einem deutlichen Umdenken aufgefordert werden.

Besonders gut gefällt mir dabei, dass er seine sichtbare Erfahrung mit systemischer Therapie und Beratung, seine profunden Ideen und viele sehr wertvolle praktische Anregungen so elegant mit anschaulichen und auch sehr motivierenden Metaphern und Bildern vermittelt, dass man schon beim Lesen richtig Lust bekommt, sie auszuprobieren. Auch die Idee, diese hilfreichen Vorgehensweisen im Sinne eines Marketings für sich selbst zu nutzen, finde ich hervorragend. Er erfasst damit präzise eine besonders wichtige, aber auch schwierige Aufgabe. Denn wir alle kennen ja sicher das Phänomen, dass man etwas gut und sinnvoll findet, es dann aber auf der entscheidenden unwillkürlichen Ebene nicht umsetzt, weil die gewohnten Muster stärker sind. So gesehen brauchen wir alle gute Marketing-Strategien unserer bewussten, willentlichen „Abteilung" der schnelleren, größeren und stärkeren „Abteilung unwillkürliche praktische Umsetzung" gegenüber. Mit seinen anschaulichen Bildern und vielen sehr kreativen Ideen bietet der Autor uns Lesern bereichernde Anregungen für ein erfolgreiches Selbst-Marketing. Seine Ideen vermitteln nicht nur viel systemisches Verständnis und Sachkenntnis über die

Kontextbedingungen von Betroffenen im Bereich Marketing, sie wirken generell wertvoll und lassen sich sehr gut anwenden in unterschiedlichsten Lebensbereichen. Dieses Buch verbindet Marketing mit dem systemischen und dem hypnosystemischen Ansatz, indem es Marketingmethoden für gesundheitliche Aspekte im Sinne der Aufmerksamkeits-Fokussierung nutzt.

In unserer sysTelios-Klinik haben wir, auch mit Hilfe unserer Klienten, viele Sinnsprüche an den Wänden dekoriert, einer gefällt mir besonders gut: „Der Unterschied zwischen Theorie und Praxis ist in der Praxis größer als in der Theorie".

Johannes Faupel hat mit diesem Buch ein ausgezeichnetes Modell vorgelegt, welches Theorie so vermittelt, dass die Praxis, die daraus folgt, in bemerkenswert motivierender Weise zu einer gesundheitsförderlichen, dabei stets wertschätzenden und ermutigenden Praxis führt. Es wird damit zum hoffentlich sehr erfolgreichen Beispiel für gutes Marketing sogar für sich selbst, und einen großen Erfolg und gleichzeitig den Dank vieler Betroffener hat es verdient.

Dr.med.Dipl.rer.pol. Gunther Schmidt
Ärztlicher   Direktor   der   sysTelios-Klinik   für   psychosomatische
Gesundheitsentwicklung Siedelsbrunn
Leiter des Milton-Erickson-Instituts Heidelberg

Literatur

Bauer, J. 2015. *Arbeit: Warum sie uns glücklich oder krank macht*. München: Heyne.

Einleitung

Das nächste Anti-Burnout-Buch? Nein, denn *anti* ist Kampf. Es ist aussichtslos, gegen sich selbst anzutreten. Gegen den Strom zu schwimmen kostet Kraft. Doch wenn Sie ein Mühlrad ins Wasser setzen und die vorhandene Energie nutzen, haben Sie etwas davon.

In diesem Buch geht es um die Prävention von Burnout und die Intervention für den Fall, in dem es schon zum Burnout gekommen ist.

Gehen wir davon aus, dass niemand ein Burnout-Syndrom möchte. Selbstverständlich nicht. Also erscheint es doch auf den ersten Blick als selbstverständlich, sich „gegen das Burnout-Syndrom zu wappnen" oder im Ernstfall dagegen Stellung zu beziehen. Gerade diese Gegenposition zu einem Phänomen ist es jedoch, die Menschen gegen sich selbst kämpfen lässt, statt sich für ihre Belange einzusetzen.

In diesem Buch geht es um den Übergang aus einer latenten und stabilen Selbstgefährdungsphase (ich tendiere dazu, mich zu übernehmen) über eine instabile Phase der Veränderung (ich sortiere meine Prioritäten) hin zu einer Phase der stabilen Selbstfürsorge (ich fühle früh und weiß schnell, wann ich auf welche Weise für mich sorgen muss und kann).

Am Anfang kann es sich wie ein Wagnis anfühlen, mit einem Mal für sich zu sorgen, die Vertretung als Mentor für die eigenen Belange zu übernehmen. Das Ergebnis eines solchen Wandlungsprozesses ist ein innerer Wertewandel und ein Bewertungswandel zugleich.

Wenn es gelingt, mit diesem Buch bei Ihnen eine Veränderung Ihrer Bewertungen in Bewegung zu bringen, ist das Hauptziel erreicht.

Dieses Werk könnte in der Fachliteratur zwischen den Kategorien Marketing und Werbung einsortiert werden. Irgendwie passt es auch in Psychologie. Oder zwischen beide Regale und Rubriken. Vielleicht wäre es auch in einem gemischten Fach zwischen „Selbstoptimierung 2.0", „Crashkurs Achtsamkeit" und „Der dauerangstfrei Performance liefernde Manager" gut aufgehoben. Als Kontrastprogramm. Gedacht und geschrieben ist es für alle, die davon profitieren wollen, voreilige innere Bilder und Selbstüberzeugungen zu erkennen, zu überdenken, zu ergänzen, auseinanderzunehmen, anders zusammenzusetzen und zu ihrem eigenen Nutzen neu einzusetzen.

Als Orientierungshilfe taucht immer wieder eine Change-Box auf. Sie soll wie ein Kampagnenmotiv Ihre Aufmerksamkeit gewinnen. Das Bild einer Change-Box entsteht jeweils vor Ihrem inneren Auge, denn Sie erhalten hier keine fertigen Bilder, sondern Skizzen zur Weiterentwicklung. Einfache Bild- und Textmotive bewähren sich nicht nur, wenn Sie einer Zielgruppe ein Produkt verkaufen sollen. Sie sind auch nützlich, um Ihre Aufmerksamkeit auf Ihr Wohlergehen zu lenken.

Sie halten eine Survival-Anleitung für freundliche Selbstbriefings und gesunde Erschöpfung in den Händen. Survival, weil es ums Überleben geht: ums Überleben der Zuversicht und der Selbstfürsorge in einem schnellen Alltag. Gehen Sie gut mit sich um.

Gute Vorsätze führen übrigens deshalb zu Enttäuschungen, weil sie die Rechnung ohne das Leben und seine Entwicklungen machen. Nehmen Sie sich also vor, das Leben immer wieder situationsbedingt anzunehmen, statt sich etwas vorzunehmen. So haben Sie den Blick frei. *Nur für heute* ist hierfür ein gutes Motto. Streuen Sie in Ihre Tage immer wieder mal diese bewährte Wendung von Johannes XXIII. Sie stammt aus dem Dekalog der Gelassenheit: „Nur für heute ..." Das entlastet vom überflüssigen Grübeln über künftige Zeiten.

Johannes Faupel, Frankfurt, im Sommer 2019

Sie erreichen mich über meine Website www.johannesfaupel.com

Die Website zum Buch finden Sie unter: www.burnoutfachbuch.de

Inhaltsverzeichnis

Erste Anregungen zur Veränderung

Von früh bis spät laufen in unserem Kopf Werbespots, Trailer, News und Filme bzw. Filmszenen. Es sind jedoch andere Spots und Szenen als jene im Radio, im Fernsehen, im Kino und im Web. Meistens laufen unsere inneren Filme ohne Regie ab – und wir sehen selten richtig hin. Zumindest schalten wir sie nicht bewusst ein. Dennoch beeinflussen sie unseren Alltag:

- Der Thriller mit dem Titel „Was die Kollegen wohl gegen mich planen?"
- Die Dauerwerbesendung „Wie ich mich unentbehrlich machen könnte."
- Der Report „Was ich heute schon alles versäumt habe."
- Der Trailer zu „Es wird wieder spät heute, weil das einfach dauert."
- Der Jingle „Vermeide, auf die Kollegen unwissend zu wirken."

Natürlich sind nicht ausschließlich warnende Szenen oder Schreckensbilder an der Tagesordnung. Es gibt auch erfreuliche innere Filme. Bewusst habe ich hier jedoch solche ausgesucht, bei denen Überforderung und Erschöpfung zum Bad End führen können. Das Bad End ist hier das Burnout-Syndrom.

© Springer Fachmedien Wiesbaden GmbH, ein Teil von Springer Nature 2020
J. Faupel, *Burnout-Prävention und -Intervention im Marketing*,
https://doi.org/10.1007/978-3-658-24453-8_1

Change-Box: Burnout als Chance verstehen
Was „ist" das Burnout-Syndrom? Wenn wir es als das Resultat einer Entwicklung betrachten, ist das Syndrom die Rechnung, die uns Seele und Körper präsentieren. Für zu wenig Selbstfürsorge. Wenn wir es als Anlass betrachten, kann es der Startpunkt für eine Veränderung sein. Bis hierher
und – in dieser Art – nicht weiter. Insofern kann der Zustand des Ausbren-
nens eine Chance sein. Gegen Chancen sollten wir uns nicht wehren. Diese
erste Change-Box soll Ihre Sinne wecken für die vermeintlich stimmigen
Krankheitsbilder.
   Nicht alles, was sich wie eine Krankheit anfühlt, ist von seiner Natur her
krank. Und nicht alles, was wir anstreben, wirkt sich gesundheitsfördernd
aus – z. B. die oberflächliche Idee von *Erfolg*.

Das Burnout-Syndrom führt im Rahmen unserer westlichen Gesundheitssysteme
in den Krankenstand bzw. in die Behandlung einer Störung. Vergleichbare Phänomene würden den Medizinmann in einem Naturvolk womöglich dazu bringen, die
betroffene Person ans Lagerfeuer einzuladen, um dort in den nächsten Tagen und
Wochen zu Kräften zu kommen. Bei uns sind die Medizinmänner jedoch so selten
wie die Lagerfeuer. Lassen Sie uns daher sehen, wie wir ohne Lagerfeuer weiterkommen.

Zu jedem Krankheitszustand zählt in der Medizin und der Präventionsforschung die Suche nach den Hintergründen. Man will verstehen, wie eine Krankheitsgeschichte ihren Lauf genommen hat. Hier ist von der Pathogenese die Rede. Die Pathogenese richtet den Blick auf alles, was nicht zu stimmen scheint, was nach Störung aussieht, auf „nicht normal". Auf diesen Punkt wird später noch einzugehen sein. Der Gegenentwurf zur Pathogenese ist die Salutogenese. Hier sind solche Faktoren Gegenstand der Betrachtung, die zur Gesunderhaltung bzw. Gesundwerdung beitragen.

Wie Sie sich denken können, hat es unterschiedliche Auswirkungen, ob wir auf die Gesundheitsseite oder die Krankheitsseite sehen.

1.1   Gebrauchsanweisung für dieses Buch

Sie können dieses Buch Kapitel für Kapitel über mehrere Tage lesen oder in etwa einer Stunde durch sein. Zumindest, was das Erfassen der wesentlichen Punkte betrifft. Wenn Sie es im Schnelldurchlauf durchgesehen haben, lesen Sie es bitte noch einmal bzw. richtig, damit die Wahrscheinlichkeit für Veränderungen erhöht wird. Sie sollen aus diesem Buch den größtmöglichen Nutzen ziehen können. Deshalb sind die wesentlichen Punkte zu den einzelnen Unterthemen in Change-Boxen zusammengefasst. Sie erkennen dort den Anlass, den Sinnzusammenhang, das How-to und das Ergebnis von Veränderungen Ihrer bisherigen Haltung, Denk- und Handlungsweise.

1.2   Innere Change-Kommunikation

Change-Kommunikation wird heute besonders in Richtung Unternehmen gelehrt. Maßgeblich ist z. B. bei Digitalisierungsprozessen der Übergang aus einem alten stabilen Zustand in einen neuen stabilen Zustand. Im Übergang von „sicher-alt" zu „sicher-neu" erleben Unternehmen eine Phase der Instabilität. Als Initialereignis wird in der Fachliteratur das notwendige Aufrütteln der Belegschaften genannt: So geht es nicht weiter. Ein Wechsel muss her! Für viele bleibt das alles graue Theorie. Zu groß sind oft die Widerstände in den Abteilungen, zu unscharf die Programme, die auf den Weg gebracht werden sollen.

Mit diesem Buch können Sie Change-Kommunikation für Ihr eigenes Erleben finden und weiterentwickeln. Ich schreibe deshalb *weiterentwickeln*, weil die Angebote in diesem Buch als Anregung dienen sollen. Was jeweils am besten zu Ihnen passt, gilt weltweit nur einmal: für Sie. Allein Sie können entscheiden, was ein

Unterschied ist, der Unterschiede nach sich zieht – frei nach Fritz B. Simon „Ein Unterschied, der einen Unterschied macht." (Simon 1993).

Veränderungen im Sprachmuster können am schnellsten dazu beitragen, Unterschiede herzustellen. Der chilenische Biologe Humberto Maturana formulierte sinngemäß:

▶   „Alles, was gesagt wird, wird von einem Beobachter gesagt." (Maturana und Varela 1990)

Der Beobachter sind Sie selbst. Sie selbst beschreiben eine Aufgabe als „Chance Ihres Lebens", einen Chef als „Vorbild", eine Kampagne als „gut", einen Kollegen als „fähig", sich selbst als …?

Jede Art der Beobachtung und der auf sie folgenden Beschreibung hat Auswirkungen auf den Beobachter selbst und sein Umfeld, das gemeinsam mit dem Beobachter auf den Beobachter sieht. Beispiel: Ein Angestellter konsultiert einen Arzt wegen Durchschlafschwierigkeiten und Angstgefühlen. Der Patient und sein Arzt beobachten das Phänomen aber nicht etwa als möglichen Ausdruck verbesserungswürdiger Arbeitsbedingungen; beide blicken mit der Störungsbrille auf die Durchschlafschwierigkeiten und entscheiden sich für die Strategie des Ausmerzens. Tabletten werden aus der Schublade gezogen, die gegen das Gedankenkreisen wirken sollen.

Wohin könnte dieses Handeln führen? Was stand am Anfang?

Die Beobachtung: Ich schlafe zuletzt schlechter als noch vor drei Monaten. Was bei dieser Beobachtung allerdings fehlt, ist die in diesem erfundenen Fall geltende Tatsache, dass vor drei Monaten ein neuer Kunde kam oder ein Kreativchef eingestellt wurde, der Kampfansagen macht, noch mehr Überstunden fordert. Es ist ein maligner Psychopath, einer von der Sorte, die als Kind in der Schule gehänselt wurden und als Strafe dafür auf dem Heimweg Marienkäfer zertreten haben. So einer kam in die Abteilung und drangsaliert seit dem ersten Tag die Belegschaft. Das bleibt natürlich nicht in den Kleidern hängen. Reihum schlafen die Kollegen schlechter, trinken mehr „Absacker". Einige gehen zum Arzt und holen sich Tabletten. Es sind Tabletten, die wie in einer erhofften Fernheilung gegen den psychopathischen Kollegen wirken sollen. Was sie natürlich nicht tun werden.

Mit einer schärferen Beobachtung und einer erweiterten Beschreibung kann der Mensch zu anderen Einsichten gelangen, als dass er eine Störung habe, die es zu beseitigen gelte. Ein einfacher Weg zu einer veränderten Beobachtung ist das pantomimische Bühnenbild, auf dem nicht gesprochen wird:

> **Change-Box: Das pantomimische Bühnenstummbild**
> So können Sie den Kreislauf vorschneller Bewertungen verlassen: Stellen Sie sich vor, Sie würden Ihre Situation von Statisten dargestellt erleben. Setzen Sie sich in einen Publikumsraum. Blicken Sie auf eine karge Bretterbühne. Das Bühnenbild ist von hinten hell angestrahlt, die Scheinwerfer zeigen in Richtung Publikum. Die Handlung findet als stummes Schattenspiel statt, denn zwischen Ihnen und den Darstellern ist ein weißer Vorhang aufgespannt, der nur die Konturen zeigt. Welchen Platz haben Sie in diesem Spiel? Wer ist sonst beteiligt? Welche Rollen spielen andere? Als Protagonisten können übrigens auch Phänomene auftreten, z. B. das Verschweigen des Elefanten im Raum, die Unklarheit bei der Auftragsverteilung, der überhöhte und nie erfüllbare Anspruch von Fehlerlosigkeit. Was geht Ihnen durch den Sinn, wenn Sie eine Weile auf das Spiel sehen? Welche Gefühle tauchen in Ihnen auf? Notieren Sie sich das Erlebte.

Werden Sie in diesem Buch immer mehr zum Beobachter der Wirkung Ihrer Sprachmuster. Verändern Sie Ihre Muster. Ergänzen Sie vor allem das berühmte „Das haben wir schon immer so gemacht …" um ein „… höchste Zeit, eine Veränderung zu versuchen".

Treue und Tradition sind Tugenden – aber auch Hemmnisse für Entwicklungen
Wolfgang Schmidtbauer zitiert in seinem Buch „Raubbau an der Seele" (Schmidtbauer 2017) ab Seite 50 Zwischenüberschriften aus Arnold Retzers „Miese Stimmung: Eine Streitschrift gegen positives Denken". Retzer widmet dem toten Gaul ein ganzes Kapitel. Es entlarvt, was sowohl in Paarbeziehungen als auch in der Wirtschaft mit Konzepten passiert, die sich als ungeeignet erwiesen haben:

- So haben wir den Gaul immer geritten!
- Wir halten dem Gaul die Treue!
- Wir gründen eine Untersuchungskommission, um den Gaul zu analysieren!
- Wir besuchen andere, um zu sehen, wie man dort Gäule reitet! (Benchmarking)
- Wir ändern die Kriterien dafür, ob ein Gaul tot ist!
- Man redet uns nur ein, der Gaul sei tot!
- Kein Gaul kann so tot sein, dass man ihn nicht noch schlagen könnte!
- Wir spannen mehrere tote Gäule zusammen, damit sie schneller werden! (Synergie)

(vgl. Retzer 2013)

Das polarisiert natürlich. Ich rede der Hoffnungslosigkeit nicht das Wort, im Gegenteil. Aber die Zwischenüberschriften entlarven einige in den Medien täglich wie selbstverständlich verwendete Begriffe. So entstehen Sprachmuster, die sich rasant verbreiten. Sie führen zu Denk- und Handlungsmustern. Die Medien zeigen, wie sich falsche Hoffnungen mit überflüssigen Anstrengungen und utopischen Zielen zu einer brisanten Mischung verdichten, die vor allem eines bewirkt: Energievernichtung.

Am Beispiel der Salutogenese und der Pathogenese im folgenden Abschnitt wird der Unterschied von Sprachmustern besonders gut deutlich.

1.3   Salutogenese vs. Pathogenese – was kommt wobei heraus?

Der israelisch-amerikanische Soziologieprofessor Aaron Antonovsky (1923 bis 1994) veröffentlichte in den 1980er-Jahren die Lehre von der Entstehung der Gesundheit. Der Begriff Salutogenese setzt sich aus lat. *salus*, gesund und lat. *genere*, hervorbringen zusammen. Ein vielbeachtetes Werk von Antonovsky ist „Health, Stress, and Coping". Das Buch ist seit Jahrzehnten vergriffen und antiquarisch nur noch zu astronomischen Preisen zu bekommen. Ich habe das Glück, im Besitz eines Exemplars von 1979 zu sein. Gefunden habe ich es in Austin im US-Bundesstaat Texas.

Der erste Satz im Einleitungstext „Evolution of a new perspective" lautet: It is said that Oriental scholars find it appropriate to introduce their work by giving a personalized account of how they came to work on the problem and how they moved ahead, made mistakes, clarified positions, made and abandoned intellectual commitments, and finally reached the point at which they now tentatively stand." *(Antonovsky 1979).*

Frei übersetzt: Orientalische Gelehrte halten es für angemessen, ihre Arbeit zu beschreiben, indem sie darüber berichten, wie sie persönlich an ein Problem herangegangen und wie sie vorangekommen sind, wie sie Fehler gemacht, Positionen geklärt, intellektuelle Verpflichtungen aufgegeben und schließlich den Punkt erreicht haben, an dem sie jetzt – vorläufig – stehen.

Vorläufig. Dieser bemerkenswerte erste Satz beschreibt einen zentralen Aspekt, der für einen gelingenden Umgang mit dem Leben von entscheidender Bedeutung ist. Die Aktualität und die gleichzeitige Vorläufigkeit des Augenblicks können gar nicht oft genug betont werden. Die Vorläufigkeit der aktuellen Situation, des momentanen Jobs, des heutigen Kontostandes, der abendlichen Erschöpfung.

▶ Situationen wie die hier genannten gehen vorüber, wenn wir sie als vorübergehend beschreiben und daraus die entsprechenden Handlungen ableiten.

Das ist einer der Grundsätze, die Entwicklung überhaupt erst denkbar machen.

In der Beratung habe ich es zur guten Gewohnheit werden lassen, mit den Klienten eine Veränderung im Sprachduktus zu vereinbaren. Statt zu sagen „Ich habe hier immer so ... [hier folgt die Problembeschreibung]", lade ich zu folgender Veränderung des Sprachmusters ein: „Bisher/bis zuletzt hatte ich hier immer so ... [Problem]." Das bezieht sich auf den Zustand der Vorläufigkeit, die jederzeit durch eine neue Gegenwart abgelöst werden kann. Wenn sich die Klienten sagen hören, sie hätten *bis jetzt* dies und jenes erlebt, meldet sich das Gehirn mit einem Suchprozess. *Wenn es bis jetzt so war, was ist dann ab jetzt?*

Dies ist ein beginnender Heilungsprozess – die Salutogenese.

Die Salutogenese grenzt sich ab zur Pathogenese. Die Pathogenese (zusammengesetzt aus griech. πάθος, Leid(en) und griech. γένεσις, Entstehung) beschreibt, wie psychische und physische Störungen und Krankheiten entstehen.

Aus diesen beiden Phänomenen lassen sich sehr unterschiedliche Sichtweisen, Therapie- und Lebenskonzepte ableiten.

Ein einfaches Beispiel mag verdeutlichen, warum die Art der Fragestellung für die Antwort entscheidend ist – und somit auch die Sichtweise verändern kann. Ein Lehrer kann einen Schüler daraufhin testen, was er alles weiß. Derselbe Lehrer kann diesen Schüler aber auch zur Tafel holen und ihn so prüfen, dass deutlich wird, was er alles *nicht* weiß.

Ähnlich verhält es sich mit der Gesundheit. Mit der Störungsbrille untersucht, wirkt der Mensch insgesamt weit weniger kompetent und handlungsfähig, als wenn er mit der Kompetenzbrille betrachtet wird. Der Unterschied bei den Sichtweisen gilt natürlich nicht nur bei der Betrachtung durch andere Personen von außen. Der Unterschied wird auch bei der Selbsteinschätzung deutlich.

Der Mensch will sich und oft auch anderen die Welt erklären, in der er sich bewegt. Das gilt auch für Phänomene, die wie Symptome, Störungen und Erkrankungen wirken. Nun kann man beim Eindruck einer Störung zwei Grundfragen stellen:

▶ Was hat diese Person krank gemacht? (Pathogenese)
▶ Was ist an dieser Person gesund? Was kann diese Gesundheit verbessern? (Salutogenese)

Die erste Frage (Pathogenese) führt meistens zu einem Handlungskonzept, bei dem es um das chirurgische oder pharmakologische Entfernen von Krankheitsherden geht. Hinter der ersten Frage steht in der Regel die Überlegung: *Was alles soll nicht mehr sein, damit die Person nicht mehr krank ist?* Als Handlungsoptionen fallen einem ein: Medikamente, Zahnarztbohrer, Gipsverband, Skalpell, verbunden mit mehr oder weniger invasiven Interventionstechniken. Überwiegend sind bei Entfernungskonzepten Maßnahmen auf der körperlichen Ebene im Spiel. Es handelt sich so gut wie immer um einen Eingriff.

Die zweite Frage (Salutogenese) zielt auf ein Mehr, ein Plus. Mehr tun von dem, was funktioniert – das ist ein alter systemischer Grundsatz. Welche gesundmachenden Faktoren, Gedanken, Stärken, Bilder, Handlungen usw. können verstärkt bzw. zu dem addiert werden, was gerade läuft und gut weiterlaufen kann? Hier handelt es sich um einen Kunstgriff.

Bei salutogenetischen Ansätzen ist außerdem zu beobachten, dass sie überwiegend mit kleinen Mitteln auskommen. So ist auch der Blick in diesem Buch auf die Ansätze gerichtet, die möglichst wenig Aufwand bedeuten.

1.4   Welche Ergebnisse liefert ein störungsorientiertes Gesundheitssystem?

Unser Gesundheitssystem ist ein ursache-wirkungs-orientiertes System, das auf Defizitbeschreibungen basiert:

- Störungen
- Neurosen
- Sensationen
- Probleme
- Defizite

Taucht etwas auf, das nicht im anerkannten Normbereich liegt – Schwindel, Konzentrationsschwierigkeiten, Niedergeschlagenheit, heftige Angst, werden beim Arzt meistens die International Statistical Classification of Diseases and Related Health Problems (ICD-11) oder das Diagnostic and Statistical Manual of Mental Disorders (DSM-V) aufgeschlagen. Dort findet sich für nahezu jedes Phänomen eine entsprechende Krankheitsdefinition.

Der amerikanische Psychiater Allen Frances schreibt in „Normal": „Anfang der Achtzigerjahre hatte etwa ein Drittel der Amerikaner die Diagnose einer lebenslangen psychischen Störung. Heute ist es bereits rund die Hälfte. Und mit über 40 Prozent holt Europa rasch auf." (Frances 2013).

Wolfgang Schmidtbauer weist in „Raubbau an der Seele" im Kapitel „Die fatale Attraktion der Antidepressiva" u. a. auf folgenden Umstand hin:

„In einer auch an ökologischen und evolutionstheoretischen Gesichtspunkten orientierten Sichtweise dreht sich die Betrachtung der Depression sozusagen um. Unsere Psyche ist zunächst von den Lebensformen der Alterssteinzeit strukturiert, einem intakten Wechselspiel von Anspannung und Entspannung. Dieses Wechselspiel ist in der Konsumgesellschaft nicht mehr auf einigermaßen harmonische Weise möglich. Um ein dauerhaftes Funktionieren in dieser Gesellschaft zu gewährleisten, muss eine manische Abwehr aufgebaut werden, eine präventive Abwehr von Unlust, Angst und Aggression. Sie kann besser oder schlechter funktionieren. Sie kann auch zusammenbrechen; das Ergebnis ist je nach der Intensität des Zusammenbruchs eine mehr oder weniger heftige/lang andauernde Depression.

Der „normale" Mensch kann die Normen in der modernen Gesellschaft nur dadurch erfüllen, dass er seine Belastbarkeit überschätzt. Diese Überschätzung ist der Kern einer manischen Abwehr. Großstadtkinder würden über ein Eskimokind lachen, das Lärm und Reizüberflutung einer Metropole unerträglich findet. Aber die Abwehr, die sie aufbauen mussten, fordert ihren Preis." (Schmidtbauer 2017).

1.5 Die Inflation der Diagnosen

Wir sind so erzogen worden, uns nach Fehlern abzusuchen. In der Mehrzahl der Fälle vermutet der Mensch einen Fehler bei sich. Wenn es im Job gerade nicht so läuft, wenn das Arbeitspensum nicht mehr zu schaffen ist, wenn Angst aufkommt, wenn Bedenken entstehen, wenn man sich beim Denken verläuft und an einer anderen Stelle herauskommt, als anfangs gedacht.

Gesellschaftliche Schieflagen – etwa eine schlechte Fehlerkultur oder die Verleugnung von Grenzen – werden individualisiert oder privatisiert. So wird der Angestellte zum Indexpatienten für das System, in dem er angestellt ist. Ein Ansteigen der Fehltage ist nicht etwa ein Indiz für schlechtere Grundgesundheit von Menschen. Es zeichnet sich ab, dass das Individuum immer häufiger als Symptomträger des Systems, mit dem es interagiert, erkrankt – und dann aus dem System aussteigt bzw. vom System entfernt wird. Dann haben wir es mit der Arbeitsunfähigkeitsbescheinigung oder der dauerhaften Berufsunfähigkeit zu tun.

Bemerkenswert ist in diesem Zusammenhang besonders das oben schon erwähnte Buch „Normal" von Allen Frances (2013). Es ist unter anderem eine Kritik am DSM, dem Diagnostic and Statistical Manual of Mental Disorders. In erster Linie wird dieses amerikanische Werk als System zur Klassifikation psychischer

Störungen verkauft. Natürlich sollen sich Ärzte orientieren können, welchem Formenkreis ein Störungsbild angehört. Ist es eine „affektive Störung", betrifft sie das Gemüt. Gemeinsames Kennzeichen der affektiven Störungen ist es, dass die Pharmaindustrie zu allen diesen Störungen tonnenweise Präparate im Portfolio hat. Die abnehmende Zeit der Ärzte pro Patient korreliert mit der Zunahme der Menge zur Verfügung stehender Psychopharmaka.

▶   Ärzte haben immer weniger Zeit pro Patient. Pharmafirmen haben
     immer mehr Psychopharmaka pro Gesprächsbedarf im Angebot.
     Eine zufällige Korrelation?

Das Bemerkenswerte an Verzeichnissen wie dem DSM ist die Tatsache, dass nicht die Patienten entscheiden, was sie als krank empfinden. Eine Kommission legt fest, welches Maß an Traurigkeit nach einem Jobverlust angemessen ist, und ab wann der betrübte Mensch per definitionem gestört ist oder krank. Unnötig zu erwähnen, dass in ebendieser Kommission nicht ganz zufällig Vertreter der Pharmalobby sitzen. Man braucht kein Science-Fiction-Autor zu sein, um zu dem Schluss zu kommen: DSM und ICD (die deutsche Entsprechung des DSM) können auch als seriös aufgemachte Werbeschriften für die Pharmaindustrie gesehen werden.

Krankenkassenausgaben
Versicherungen und Krankenkassen verfügen über aufschlussreiche Daten. Filtert und extrahiert man aus diesen Daten bestimmte Merkmale, lassen sich Auffälligkeiten und Tendenzen feststellen. So könnte die branchenbezogene Anzahl der Arbeitsunfähigkeitstage im zeitlichen Umfeld von Konsumgroßveranstaltungen (Publikums- und Fachmessen) sowie nach Produkteinführungen Aufschluss über die Belastung in der Marketingbranche geben. Allzu tief lassen sich die Versicherer zwar nicht in die Daten schauen. Dennoch kann man aus den zur Verfügung gestellten Informationen einen Eindruck gewinnen: Werbung und Marketing sind keine Biotope für sanfte Gemüter. Das ahnte man zwar schon, doch in der folgenden Tabelle finden sich datenbasierte Indizien:
   Die Krankenstandzahlen in der Tabelle stammen von der Techniker Krankenkasse. Erläuterungen hierzu von Albrecht Wehner, Techniker Krankenkasse, Team Gesundheitsmanagement:
   „Hinsichtlich der Krankheitszahlen lässt sich – ohne eine Aussage zu den Ursachen und Zusammenhängen zu treffen – feststellen:
   Die Berufsgruppe Werbung und Marketing verzeichnet hinsichtlich der Abwesenheitstage durch Erkrankungen in der Betrachtung der Jahre von 2014 bis 2018 relativ stabil ein rund 75 Prozent höheres AU-Volumen als die Berufsgruppen Öf-

Merkmal	Gruppe	Label	Krankenstand männlich gesamt	Krankenstand weiblich gesamt	Krankenstand gesamt	AU-Fälle gesamt	AU-Tage gesamt	Tage pro Versicherungsjahr - F-Diagnosen
2018								
1 Gesamt	01		3,82%	4,74%	4,25%	1,20	15,49	2,773
648 Taetigkeit 3st.	921	Werbung & Marketing	3,27%	4,77%	3,96%	1,22	14,47	3,021
649 Taetigkeit 3st.	922	Öffentlichkeitsarbeit	1,97%	2,95%	2,42%	0,82	8,85	1,756
651 Taetigkeit 3st.	924	Redaktion & Journalismus	2,02%	2,92%	2,44%	0,86	8,89	1,761
2017								
1 Gesamt	01		3,74%	4,62%	4,14%	1,17	15,12	2,714
648 Taetigkeit 3st.	921	Werbung & Marketing	3,16%	4,72%	3,88%	1,20	14,17	3,063
649 Taetigkeit 3st.	922	Öffentlichkeitsarbeit	1,67%	2,82%	2,20%	0,83	8,03	1,274
651 Taetigkeit 3st.	924	Redaktion & Journalismus	2,06%	2,83%	2,42%	0,84	8,82	1,680
2016								
1 Gesamt	01		3,76%	4,66%	4,18%	1,21	15,25	2,683
647 Taetigkeit 3st.	921	Werbung & Marketing	3,22%	4,95%	4,02%	1,26	14,66	3,112
648 Taetigkeit 3st.	922	Öffentlichkeitsarbeit	1,87%	2,94%	2,36%	0,85	8,62	1,693
650 Taetigkeit 3st.	924	Redaktion & Journalismus	2,00%	2,89%	2,41%	0,88	8,80	1,628
2015								
1 Gesamt	01		3,80%	4,72%	4,23%	1,20	15,43	2,714
648 Taetigkeit 3st.	921	Werbung & Marketing	3,32%	5,26%	4,22%	1,29	15,39	3,248
649 Taetigkeit 3st.	922	Öffentlichkeitsarbeit	1,92%	2,88%	2,36%	0,83	8,62	1,910
651 Taetigkeit 3st.	924	Redaktion & Journalismus	2,16%	3,05%	2,57%	0,90	9,38	1,834
2014								
1 Gesamt	01		3,65%	4,54%	4,06%	1,12	14,80	2,655
648 Taetigkeit 3st.	921	Werbung & Marketing	3,25%	5,15%	4,13%	1,21	15,06	3,255
649 Taetigkeit 3st.	922	Öffentlichkeitsarbeit	1,84%	3,10%	2,42%	0,80	8,85	1,784
651 Taetigkeit 3st.	924	Redaktion & Journalismus	1,97%	2,78%	2,34%	0,84	8,56	1,825

fentlichkeitsarbeit sowie Redaktion und Journalismus. Beispiel 2018: 15,49 Fehltage in Werbung und Marketing gegenüber durchschnittlich 8,87 Tagen in Öffentlichkeitsarbeit, Redaktion und Journalismus.

Der Anteil der F-Diagnosen (Diagnosekapitel psychischer Erkrankungen) an allen Fehltagen pro Versicherungsjahr liegt in der Berufsgruppe Werbung und Marketing bei durchschnittlich rund 80 Prozent über den Vergleichswerten in Öffentlichkeitsarbeit, Redaktion und Journalismus (Jahre 2014 bis 2018). Diese Zahlen lassen zwar keine Rückschlüsse auf konkrete Ursachen und Wechselwirkungen zu, doch sie imponieren durch ihre auffällige, konstante Ausprägung."

1.6 Es ist alles in Ordnung, wenn ich spüre, dass etwas nicht in Ordnung ist

Unklare Lebens- und Arbeitsbedingungen sind keine Einladung, sich sicher zu fühlen. Unklarheit muss sogar geradezu verunsichern, damit der Wunsch nach Klärung laut werden kann. Menschen, die sich im Kontext irritierender Umstände irritiert fühlen, liegen selbstverständlich richtig. Sie reagieren folgerichtig, indem sie auf überfordernde Arbeitsbedingungen mit Irritationen antworten.

Wer zum Beispiel unklare oder unerfüllbare Aufträge erhält, kann nicht optimal arbeiten. Wird es dennoch verlangt, entstehen innere und äußere Konflikte – bis hin zu sogenannten Double Binds, ausweglosen Situationen. Die in Abschn. 9.2 beschriebenen Doppelbindungen können Ausformungen solcher Konflikte sein. Dabei spielt es keine Rolle, ob die unklaren Aufträge von einem Chef kommen, einer befreundeten Person oder – von einem selbst. Unklare, unerfüllbare innere Aufträge entstehen aufgrund von Loyalitätsbindungen an Personen oder Systeme, deren Wertvorstellungen im Widerspruch zu unserer Entwicklung stehen, z. B. wenn ein Pazifist für einen Waffenhersteller zu arbeiten versuchte, um seine Familie zu ernähren. Dieser Vergleich ist keineswegs spöttisch gemeint. Ähnliche Konstellationen finden sich öfter, als uns lieb ist, auch im persönlichen Umfeld. Dort gleichwohl mit etwas anderen Vorzeichen.

Eine gesunde Einheit aus Körper und Geist meldet Systemfehler über Missempfinden oder Phänomene wie Schwindel, Kopfweh, Verdauungsschwierigkeiten. Und das ist richtig so. Entscheiden Sie sich dafür, Ihren Gefühlen zu trauen. Dann ist alles in Ordnung.

▶   Eine gesunde Symptomatik ist einer unterdrückten Unstimmigkeit
     stets vorzuziehen: weil sie nach Veränderung ruft.

Change-Box: Fragen und Antworten
Es lohnt sich, über Fragen wie diese nachzudenken, Antworten zu finden und
aufzuschreiben:

- Was wirkt sich bereits gut auf das aus, was mich irritiert – was davon
  könnte ich öfter tun?
- Was müsste zur aktuell bestehenden Situation hinzukommen, damit mehr
  Gesundheit entstehen kann, als bereits vorhanden ist?
- Welchen (guten) Gedanken kann ich hinzufügen, wenn meine aktuelle
  Gedankenlandschaft eine eher trübsinnige Wirkung hervorruft?
- Welche attraktiven Erlebnisanteile und -vorschauen kann ich aufrufen,
  wenn es gerade überwiegend bedeckt und grau in mir aussieht?
- Welche Veränderung der Beschreibung einer Beobachtung löst welche
  Veränderung in mir aus?

Sollten Sie auf sie gewartet haben, hier ist sie, die Resilienz. Die Fähigkeit, wieder
in Form zu kommen bzw. in Form zu bleiben, auch wenn es zu hohen Belastungen
kommt.

1.7   Das Resilienzrisiko: Physik der Seele?

Erklärungen zur Resilienz gibt es viele. Alle sind auf ein Grundmodell zurückzuführen: Der Begriff Resilienz stammt aus der Werkstofflehre, hört und liest man
allenthalben. Er beschreibt im Sinne seines lateinischen Ursprungs *resilire* (zu-
rückspringen) die Eigenschaft eines Werkstoffes, von alleine die ursprüngliche
Form wiedereinzunehmen. Ein natürlicher Rohstoff, der Resilienz aufweist, ist
beispielsweise der Bambus.
    So populär der Begriff Resilienz auch ist: Bei der Übertragung des Werkstoff-
begriffes Resilienz auf die Psyche des Menschen ist – wie bei vielen Entlehnungen

aus anderen Fachgebieten – ein Denkfehler enthalten. Ein auf triviale Weise auf
den Menschen angewandtes Resilienzkonzept im Sinne von „Was uns nicht umbringt, macht uns hart" ist eine unzulässige Verdinglichung des Menschen, wie sie
sich auch in dem Begriff „Human Resources" andeutet.

Wie keiner zweimal in denselben Fluss steigen kann, wird auch niemand nach
einer erheblichen Belastungssituation dieselbe Person sein. Das würde schließlich
bedeuten, die Person hätte diese Belastung zwar erlebt bzw. erlitten, aber keine
Lehre aus ihr gezogen und auch keine Narbe behalten.

Ein Roboter kann im Sinne der Werkstofflehre resilient sein. Stößt er beim Ver-
richten programmierter Wege und Arbeitsschritte gegen ein Hindernis, verformt
sich seine entsprechend gestaltete Außenhülle elastisch und nimmt nach dem Kontakt mit dem Hindernis die Ursprungsform wieder ein. Im Laborversuch könnte
man den Roboter tausende Male gegen dasselbe Hindernis stoßen lassen; eine Erfahrung würde er dennoch nicht machen. Er würde – es sei denn mit Künstlicher
Intelligenz – nichts aus seinen Kollisionen mit Hindernissen lernen können, weil
ihm dazu die Fähigkeit zur Einsicht (von intellegere, einsehen) fehlt. Auch ein
Gummiball, den Sie kneten, verhält sich den Gesetzen der Resilienz entsprechend.
Genau dieses Verfahren ist es, was die Übertragung der Resilienz auf den Menschen zur Höchstleistungsfalle werden lässt. Das generalisierte Stehaufmännchen-
prinzip ist die Blaupause für das Burnout-Syndrom. Da die Werkstoffresilienz bei
totem Material zu beobachten ist, kann sie sinnvollerweise höchstens bis zur Ebene
der Reflexe auf den Menschen übertragen werden. Wo Menschen leben, muss die
natürliche Intelligenz befragt werden.

Resilienz nur in Verbindung mit Intelligenz und Gefühl

Auch der Begriff Intelligenz ist auf die alten Römer zurückzuführen. Von ihnen
erfahren wir, dass Intelligenz keineswegs nur Einsichtsfähigkeit im Sinne von
Klugheit bedeutet.

Als Übersetzungen von lateinisch *intellegere* sind bekannt: empfinden, erkennen, bemerken, einsehen, begreifen, verstehen, wahrnehmen. Überwiegend
sind das physische Begriffe. Ein glücklicher Umstand, weil uns das vom Phan-
tasma eines Intellekts wegführt, der auf der rationalen, also der Vernunftebene
die Dinge zu sehen meint, „wie die Dinge wirklich sind" und sie zu verändern
wünscht, wie sie zu sein hätten. Auf einer derart trivialen Ebene der Definition
von Intelligenz macht sie sich zum Helfershelfer für An-Aus-Zustandsbe-
schreibungen:

Erfolg an, Misserfolg aus. Harmonie an, Streit aus. Klarheit an, Unsicherheit
aus. Diese An-Aus- bzw. Entweder-Oder-Logik führt in Erschöpfungszustände und
Deprimiertheit, weil nichts von dem so zu haben ist. Erst die Ambivalenz öffnet die
Türen zu Veränderungen.

Resilienz kann und sollte mit Blick auf das Salutogenesekonzept heißen: mit Gefühl. Sie sollten sich sagen können:

„Ich fühle, also bin ich, und ich fühle Sicherheit auch bei Anwesenheit von Unsicherheiten im Leben. Ich verstehe, welche Faktoren ich jederzeit nutzen kann, um mein Befinden in Sekundenschnelle hilfreich zu beeinflussen. Ich habe gelernt, diese Faktoren schon dann zu nutzen, wenn sich eine schwierige Situation anbahnt. Möglich ist das, indem ich diese Faktoren, dazu zählen Ressourcen, die Besinnung auf meine Stärken, meinen Selbstschutz, meine Körperkoordination, wie ein Werkzeug an einem Gürtel an mir trage. Alles ist immer verfügbar, sobald es zum Erhalt und der Wiederherstellung meiner Gesundheit nötig ist. Zur Verdeutlichung kann ich mir vorstellen, dass z. B. meine Ressourcen und Stärken vorne am Gürtel sind und somit für alle schon weithin sichtbar, in Form von Gelassenheit und Selbstvertrauen. Mein Selbstschutz befindet sich hinter mir und stärkt mir den Rücken. Meine Körperkoordination läuft an meinem Survival-Gürtel rundherum."

1.8   Konzentrieren Sie sich aufs Gesundsein: Salutogenese

Ist das Salutogeneseprinzip neu für Sie? Lenken Sie Ihre Aufmerksamkeit in der nächsten Zeit auf das Gelingen und die Gesundung – während es Belastungen gibt, während Sie auch Phasen der Unzufriedenheit erleben.

Change-Box: Salutogenese

Was ist gelungen? Machen Sie den Test

Schreiben Sie eine Woche lang auf, welche Aktivitäten, Gespräche und Gedanken zu Ihrem Wohlergehen beigetragen haben:

- Welches Buchkapitel, welcher Artikel hat Sie zuletzt zuversichtlich gestimmt?
- Notieren Sie außerdem, welche Krisenmomente Sie gemeistert haben.
- Wie haben Sie sich gefühlt, wenn Sie einen Zweifel mit Gewissheit vermischt haben, bis mehr Gewissheit als Zweifel zu spüren war?

Sie sehen selbst: Es geht nie darum, etwas zu entfernen oder auszutauschen. Es reicht meistens, etwas hinzuzufügen. Im Abschn. 4.5 gibt es hier im Buch eine Geschichte mit einem zunächst sehr unschön gedeckten Esstisch.

In dieser Change-Box ist vom Mischen von Zweifeln mit Gewissheit die Rede. Was heißt das? Es ist ein wichtiger Schritt zur Annäherung an die Lebenswirklichkeit.

Entlasten Sie sich durch Veränderungen Ihrer Erwartungen
Es ist mit dem Leben nicht vereinbar, 100 Prozent Gesundheit oder Beschwerdefreiheit oder Harmonie zu suchen, weil das realistisch betrachtet gar nicht möglich ist.

Daher kommt es darauf an, bei gegebenen Bedingungen – und dazu zählen auch Engpässe, wenig förderliche Gedanken und seltsame Ideen – gesund zu bleiben. Aaron Antonovsky hat mit dem Salutogenesekonzept den Fluss des Lebens beschrieben, in dem wir gute Schwimmer werden können, wenn wir uns für das Schwimmen entscheiden. Mit allen Konsequenzen. Wer in den Fluss springt und sich gut in ihm zu bewegen, zu schwimmen lernt, wird sich als gesund erleben.

Change-Box: Perspektivenwechsel mit sofortiger Wirkung

Dieser Perspektivenwechsel kann sich sofort auf Stoffwechsel, Kreislauf und Stimmung auswirken. Vorab: Ein Lehrer kann den Schüler an der Tafel auf das prüfen, was er weiß. Oder auf das, was er nicht weiß. Beides ist möglich. Auch wenn der Schüler nicht speziell für diese Stunde gelernt hat, so könnte er mit einer Zwei oder einer Sechs nach Hause kommen. Immer abhängig von der Art, welche Fragen ihm gestellt werden.

Wussten Sie, dass Sie auch sich selbst in Sekundenschnelle in einen anderen Modus bringen können? Stellen Sie sich zuerst vor, was Sie in dieser Woche, diesem Monat oder Jahr noch alles tun müssen. Denken Sie an die ungelösten Aufgaben, an die zu bearbeitenden Themen, die ungeklärten Fragen, wie wohl der neue Teamleiter wird, der in drei Monaten kommt, an die zu bügelnde Wäsche, die Urlaubsplanung. Warten Sie einen Moment. Wie fühlt sich das an? Notieren Sie es sich.

Nun der Perspektivenwechsel. Denken Sie an drei Umstände in Ihrem Leben, für die Sie dankbar sind, mit denen Sie heute (jetzt) zufrieden sein oder auf die Sie sich freuen können. Notieren Sie diese Umstände.

Ihnen fällt gerade nichts ein? Was halten Sie in den Händen? Es ist ein Buch zur Prävention und Intervention im Zusammenhang mit dem Burnout-Syndrom. Wie kam es in Ihre Hände? Entweder haben Sie es gekauft, oder jemand hat es

Ihnen geliehen bzw. geschenkt. Es ist wenig wahrscheinlich, dass man Sie gezwungen hat, dieses Buch zu lesen. Deshalb können Sie dankbar sein, dass auf jeden Fall eine Seite von Ihnen ein gewisses Grundinteresse an Ihrem Wohlergehen hat. Und wenn Sie das Buch als Geschenk erhalten haben, gibt es offensichtlich mindestens eine weitere Person, die sich für Sie interessiert. **Wie fühlt sich das im Gegensatz zur ersten Selbsteinstimmung an?**

1.9   Hilflos? So befreien Sie sich von der Extern-Blockade

Bei der Ursachenforschung fallen auch solche Burnout-Faktoren auf, die viele zur Rubrik „Höhere Gewalt" zählen. Der Markt. Die Weltlage. Die aktuelle familiäre Situation. Unsere Prägungen durch die Ursprungsfamilie. Solche Faktoren wirken zunächst so, als würden sie unser Leben bestimmen, als hätten wir keine Wahl.

▶   Das sind Trugschlüsse. Pseudo-Plausibilitäten.

Viele Menschen erleben Stagnation so, als würde eine Extern-Blockade bestehen. Das Gefühl von Hilflosigkeit basiert auf einer sich immer wieder (rekursiv) scheinbar bestätigenden Logik. Es tritt auf, wenn Personen jegliche Wahlmöglichkeiten von vornherein ausschließen und im Schmerz bleiben, statt ihn zu verlassen. Hier ist die systemische Verschlimmerungsfrage – „Was müsste ich tun, damit mein Zustand erst recht eskaliert?" hilfreich. In ihrer Antwort finden sich Sachverhalte (Denkweisen, Verhaltensweisen), die auf einer Haltung und auf Handlungen der Person beruhen, die sich als ausgeliefert (hilflos, nicht handlungsfähig) erlebt. Wenn eine Person schon lange in einer Welt lebt, in der Selbstaufopferung und Selbstvergessenheit im Sinne einer höheren Aufgabe (Firma, Familie, Gesellschaft) zum Leben zählen, kann es eine Weile dauern, bis zusätzliche Gedanken anschlussfähig werden:

„Aha, es wird zwar einerseits gerne gesehen, wenn ich [hier können Sie als Leser die Heldentat X, z. B. ständig Wochenendarbeit, einfügen] ausübe – andererseits aber zahle ich dabei immer wieder erheblich drauf, weil ich in meinem Erschöpfungszustand nicht mehr leistungsfähig [und dadurch auf andere Helden] angewiesen bin."

Heldenkonzepte sind nicht vorgeschrieben. Ein Heldenmythos wird hergestellt und kann genauso auch wieder aufgegeben werden. Er entsteht auf der Basis einer stillen Übereinkunft zwischen der Heldin bzw. dem Helden und der

Umgebung, in der oft empfangsfreudige Profiteure anzutreffen sind. Das Tragische an freiwilligen Alltagshelden: Ist ein Heldenkonzept erst einmal etabliert, wird jedes Nachlassen der Heldenarbeit mit dem Entzug von Aufmerksamkeit und Lob durch das Umfeld sanktioniert. Das Bestreben von Helden liegt daher darin, den Zustand von Aufmerksamkeit durch Höchstleistungen aufrecht zu erhalten. Nicht Selbstverliebtheit ist es, sondern die Idee, nicht gehört und gesehen zu werden, was vermeintlich durch Gegenbeweise auszugleichen wäre. Je größer die Heldentaten, desto heftiger die Schmähungen, wenn sie aufgekündigt werden. So ist das leider oft.

Die gute Nachricht: Prägungen und signifikante Erhöhungen von Wahrscheinlichkeiten für bestimmte Entwicklungen bzw. Stagnationen gibt es zwar durchaus; aber die pauschal erzählte Geschichte vom schlechten Schicksal durch schlechte Umgebungsbedingungen und die eigene Urzeit ist eine Mär.

Mit ausreichender Tendenz bestätigt wurde dies durch die Mannheimer Kohortenstudie (Lieberz et al. 2011). Bei der Mannheimer Kohortenstudie handelt es sich um die 30 Jahre dauernde Untersuchung und Begleitung von 600 Mannheimern mit den Geburtsjahren 1935, 1945 und 1955. Es sollte untersucht werden, ob und inwiefern frühkindliche Traumata – in erster Linie kriegsbedingt – als Auslöser für psychosomatische Erkrankungen im Erwachsenenalter gelten können. Ohne hier im Detail auf das Studiendesign und die differenziert zu betrachtenden Ergebnisse eingehen zu können, seien zwei Zitate aus den Studienergebnissen genannt:

1. „Auch zwischen einer etwaigen späteren Traumatisierung durch schwere Schicksalsschläge und dem Vorliegen einer seelischen Störung im Sinne dieser Studie ist kein Zusammenhang festzustellen."
2. „Zwischen der hier erhobenen kumulierten Traumabelastung aus Kriegszeit und späterer Lebenszeit und der späteren Falleigenschaft [z. B. psychosomatische Erkrankung] besteht kein eindeutiger Zusammenhang." (Lieberz et al. 2011; Anm. d. Verfassers)

Wozu dienen diese Zitate?
Stellen wir zuerst fest, wofür sie nicht herhalten sollen. Diese Zitate sollen keineswegs den Eindruck erwecken, persönlich erlittenes Trauma wäre halb so wild, weil es sich nicht immer und unbedingt lebenslang in Krankheitsform auswirken muss. Die Intention ist hier eine andere.

Denn die Kehrseite der Medaille ist es, deretwegen diese Zitate hier stehen: Menschen sind offensichtlich dazu in der Lage, Schicksalsschläge so zu verarbeiten, dass sie ein Leben im Gleichgewicht gestalten können. Unabhängig von der Vorgeschichte eines Menschen gilt: Veränderung ist immer möglich.

Change-Box: Hochleistungsmuster – Veränderung ist jederzeit möglich

- Sollten Sie – aus welchen Gründen auch immer – das Muster entwickelt haben, sich überwiegend durch Höchstleistung zu definieren, so können Sie dieses Muster verändern.
- Auch wenn Sie sich bislang womöglich nur dann spürten, wenn Sie im Grenzbereich zwischen Dutzenden von Projekten lebten und dreimal alles gaben – auch dann lässt sich die Selbstwahrnehmung um viele heilsame und berührende Aspekte erweitern.
- Es geht noch weiter. Manche Menschen sind in Klimabedingungen aufgewachsen, in denen das Dasein allein nicht als Berechtigung für die Existenz anerkannt wurde. Man musste sich immer über Leistung definieren. Im Extremfall kann das so weit gehen, dass ständig innere Bilanzen angelegt werden, Guthaben- und Schuldkonten, die vermeintlich gegeneinander aufzurechnen wären, um zumindest die Erlaubnis zur Existenz als gesichert anzusehen. Sogar unter solchen Umständen ist es meistens rasch möglich, zu Veränderungen zu gelangen. Hier sind auf Beraterseite besonders viel Wertschätzung und Zuwendung erforderlich. Es geht darum, einen Menschen mit dem unerhört kühnen Gedanken bekannt und vertraut zu machen, dass es weder einer Selbstdarstellung noch einer Rechtfertigung bedarf, um sich *Lebensrechte* zu erwerben. Gut möglich ist auch dies. Auch in Marketingberufen.
- Es ist keineswegs gesagt, dass selbst ein jahrzehntelang gelebtes, schädliches Lebens- und Arbeitsmuster dauerhaft eine Störung verursacht. Wenn Sie viele Jahre hart am Kollaps vorbeigeschrammt sind, können Sie schon heute einen neuen Weg einschlagen.
- Sollte Sie die ökonomische Situation scheinbar dazu zwingen, jede Zumutung und Demütigung – sei es auf dem Freiberuflermarkt, als Agenturinhaber oder Angestellter – hinzunehmen, so hinterfragen Sie dies. Womöglich liegt genau hier die Ursache für Burnout. Es lässt sich ändern.

So ändern Sie das Muster

Stellen Sie sich zwei Szenen vor:

1. In der ersten Szene stehen Sie hoch oben auf einem Leistungsdenkmal. Erschöpft und einsam. Sie „haben es schneller als andere gerissen", das Projekt, mehr Überstunden als alle anderen aufgehäuft. Aber Sie stehen da ohne Kontakt zu Ihren Mitmenschen, ohne Kontakt zu sich selbst. Niemand sieht das Denkmal, keiner schaut nach oben, wo Sie stehen.
2. In der zweiten Szene stehen Sie auf der Achse einer Wippe, wie sie auf Spielplätzen zu finden sind. Bei dieser Seite sitzen jedoch nicht Kinder einander gegenüber, sondern Gewichtungen in Form von Belastungen und Ausgleich. Ihre Aufgabe ist es, für eine gute Balance zu sorgen. Wann immer nun jemand etwas auf der Belastungsseite ablegt, gleichen Sie dieses Gewicht aus, indem Sie auf der Ausgleichsseite einen Bonus ablegen, einen Besuch im Fitness-Studio, einen Extraurlaub. Und wenn es ein Wochenende am Meer ist. Das ist viel mehr als Sie denken.

Verankern Sie dieses Symbol auch auf der körperlichen Ebene. So prägt es sich ein. Ein neues Projekt wird angekündigt – und Sie breiten zur Symbolisierung Ihre Arme zur T-Position aus und fühlen, ob Sie noch im Gleichgewicht sind. Ihr Körper signalisiert es Ihnen auf untrügliche Weise.

Zeit für etwas konstruktive Systemkritik. Wir denken an den Moment, in dem ein Mensch die Prävention verpasst hat. Der bislang überwiegend praktizierte Weg in der Behandlung von Burnout sieht so aus: Ist ein Mensch im Zustand allumfassender Erschöpfung angekommen, stellt dies einerseits einen Krankheitswert im Sinne psychosomatischer, psychiatrischer oder internistischer Diagnostik dar – je nach Praxis bzw. Therapieeinrichtung, die er aufsucht. Das Selbstvertrauen ist bei wenig über Null oder sogar deutlich darunter. Die Kraft ist dahin.

Auch Coachings und Therapien scheitern am fehlenden Zielbild
Das allgemeine Gesundheitssystem sucht bei Erschöpfungszuständen vor allem nach Störungen. Entsprechend wird ein *störungsbeseitigungsorientierter* Behandlungsverlauf angestrebt. Störungen werden gesucht und gefunden (je nachdem, was man sucht, findet man das Gesuchte oder etwas anderes – denken Sie an das Bild vom Lehrer, der den Schüler testet). Die Störung müsse auf jeden Fall *beseitigt* werden, so die einhellige Meinung in der krankenkassenfinanzierten Psycho-

therapie. Dann heißt es: Wartezeit auf einen Therapieplatz, irgendwann eine von der Kasse bezahlte Therapie. Diese kann sich über viele Monate hinziehen. Das liegt auch daran, dass im Konzept z. B. der Verhaltenstherapie nicht vorgesehen ist, eine entscheidende Frage schon am Anfang der Behandlung zu stellen: „Woran werden Sie sehen, dass unsere Zusammenarbeit in Ihrem Sinne abgeschlossen ist?"

Schon zu Beginn einer Beratung das Ende der Beratung definieren
Für Berater bzw. Therapeuten ist die Frage nach dem Ende der Beratung auf den ersten Blick betriebswirtschaftlich gesehen ein Unding. Schließlich könnten die Klienten/Patienten darauf achten, wie gut es ihnen jeweils bereits geht und wann sie die Behandlung als abgeschlossen ansehen können. Und das dann auch mitteilen. Und gehen. Da aber das Design des Endes der Beratung eben nicht schon am Anfang der Beratung besprochen wird, schöpfen manche Klienten bzw. Patienten die Stundenanzahl der Krankenkasse aus. Hier definiert der Kostenrahmen die Therapie. Es ist wie bei einer Medikamentenpackung. Die Packungsgröße definiert die Dauer der Einnahme. Es wird gegessen, was in der Schachtel ist.

Während die eine Patientengruppe ihr Therapiestundenkontingent ausschöpft, brechen andere Patienten die Verhaltenstherapie (oder die Psychoanalyse) ab. Nicht selten sieht man diese Menschen, die mit dem Vermerk „austherapiert" unterwegs sein können, in der systemischen oder hypnosystemischen Praxis. Wo sie sich, was gar nicht überraschend ist, schnell gut entwickeln können.

Im Rahmen einer Auftragsklärung ist bei jeder Art von Coaching und Beratung – also auch im Kontext von Burnout-Prävention und Resilienzaufbau – die Frage nach dem Abschluss der Zusammenarbeit unverzichtbar. Sie soll unbedingt auch die Option enthalten, dass eine einzige Sitzung bereits reichen kann. Ja, auch das ist wieder ein Gedanke, den viele Therapeuten ungern zulassen. Wenn die Klienten wissen, dass sie schnell sein „dürfen", dann „darf" und kann jede Sitzung die letzte sein. Es ist entscheidend, dass die Klienten dies so gegenüber den Therapeuten kommunizieren können, ja sogar von ihnen dazu ermuntert werden.

Diese Vorgehensweise kann zu einer derart guten Sortiertheit bei den Klienten führen, dass diese nach einer oder zwei Sitzungen wirklich schon einen ausreichend großen Unterschied zur Ausgangslage feststellen – und sich entscheiden, die bislang erarbeiteten Veränderungen erst einmal umzusetzen und wirken zu lassen. Soviel vorab zum systemischen bzw. hypnosystemischen Ansatz, mit einem Burnout-Zustand umzugehen.

Übrigens ist es für Berater keineswegs ein Nachteil, wenn sie effizient und damit schnell arbeiten. Im Gegenteil. Schnelle Berater haben einen hohen Durchsatz in der Praxis. Beratungs- bzw. Behandlungserfolge sprechen sich herum. Insofern ist die Frage nach dem Ende der Beratung ein Gewinn für beide Seiten.

1.10 Burnout: mehr eine Anpassungshöchstleistung als eine Krankheit

Eine differenzierte Betrachtungsweise des Burnouts weckt die Kreativität bei den Klienten. Hier können kurzfristig erstaunliche Veränderungen erzielt werden. Veränderungen übrigens, die Bestand haben.

Auf einer übergeordneten, systemisch betrachteten Ebene handelt es sich beim Weg in den Burnout nicht um ein Defizit, sondern um eine schmerzhaft bezahlte *Anpassungshöchstleistung*. Es ist der Versuch, im Zentrum von Zielkonflikten stehend unauflösbare Zwickmühlenbedingungen hinzunehmen und darin erfolgreich zu werden, gleichzeitig entgegengesetzte Positionen einzunehmen. Im Sprachgebrauch begegnet uns dies in Form von „Es allen recht machen wollen" oder „Zwischen den Stühlen sitzen" bzw. „Mehreren Herren gleichzeitig dienen."

Wenn wir gegen eine Seite in uns ankämpfen, die es wahrscheinlich gut meint, die viel leisten möchte, aber – noch – nicht genügend Informationen zur aktuellen Gesamtlage hat und daher viel Erschöpfung auslöst, geraten wir in ein heftiges Loyalitätsdilemma:

Die zuverlässige und leistungsbereite Seite in uns „will es schaffen". Das große Projekt. Die Kundengewinnung. Die Kampagne. Die Karriere. Den Bau des Eigenheimes. Diese innere Seite ist dazu bereit, Überstunden zu leisten, auf Urlaube zu verzichten, in Vorleistung zu gehen. Irgendwann geht sie sogar so weit, die Grundbedürfnisse wie Schlaf und Nahrungsaufnahme zu leugnen. Eine andere Seite in uns mahnt zeitgleich zur Vergewisserung, ob diese Anstrengung es wirklich wert gewesen sein wird. Schließlich habe man, so heißt es innerlich, alle möglichen Ausgänge der Geschichte noch nicht geprüft (nebenbei bemerkt: weil das natürlich nicht geht, liegen sie doch in der einen oder anderen Zukunft).

Eine Seite in uns sucht Anerkennung, eine andere Seite Herausforderung, wieder eine andere im Gegensatz dazu Sicherheit und weitere Seiten den Rückzug und die Schonung usw.

Schon bei dieser stark verkürzten Aufzählung einiger unserer zahlreichen Persönlichkeitsanteile fällt auf, dass wir mit einseitigen Verboten und harten Ansagen nicht weit kommen können.

So gut wie jede Burnout-Entstehungsgeschichte kann ähnliche Tugenden zutage fördern: die guten Intentionen, die hohen Wertvorstellungen, die Loyalität, die Idee von Erfolg und Anerkennung. Auf Basis dieser Tugenden ist der Ausstieg aus dem Abstieg in die Erschöpfung möglich.

Die Aufgabe von Beratung – auch Selbstberatung im Sinne von Reflexion und Anerkennung der Dilemmata – besteht demnach darin, einerseits die Aus-

weglosigkeit der bislang praktizierten Lösungsversuche wertschätzend zu kommunizieren; andererseits kommt es darauf an, mit den Klienten die Zustimmung
zum Verzicht auf weitere Herkulesarbeit auszuhandeln. Mittel- und langfristig
ist eine Ausbalancierung von Anspannung und Entspannung anzustreben. Die
gute Nachricht:

▶   Balance als „professionelle Ambivalenz" ist erreichbar. Darum geht
    es in diesem Buch vorrangig.

Keine Verharmlosung von Burnout
Viele versuchen, das Burnout-Problem zu bagatellisieren. Das ist der falsche Weg,
weil er das Dilemma der Menschen noch verstärkt und die Spirale der Selbstabwertung beschleunigt. Es ist darauf zu achten, gemeinsam mit den Klienten den Weg
aus dem Burnout zu entdramatisieren und die Ressourcen verfügbar zu machen.
Die Aufmerksamkeit der Klienten soll vom Störungsbegriff weg und in Richtung
aktueller wie mittelfristig verfügbarer Optionen eingeladen werden.

In der Beratungspraxis habe ich schon viele Menschen gesehen, die wirklich
nicht mehr konnten. Jede Person hat eine andere Geschichte. Aber alle haben ihre
Lage in diesem Moment zu verändern begonnen, als sie Wahlmöglichkeiten ent-
deckten. „Handle stets so, dass die Anzahl der Wahlmöglichkeiten größer wird!"
So formulierte Heinz von Foerster seinen Ethischen Imperativ (vgl. Wikipedia
2017).

1.11   Mit Zuversicht zur Veränderung: Ausstieg aus dem Abstieg

Für den Ausstieg aus dem Burnout bzw. aus selbstschädigenden Lebens- und
Arbeitskonzepten ist eine grundsätzliche Veränderung erforderlich. Damit sind
nicht die üblichen guten Vorsätze gemeint, etwas langsamer zu treten oder mehr
abzugeben. Das ist viel zu vage formuliert. Das funktioniert deshalb nicht. Ungenaue Angaben zu den Zielen zählen übrigens zu den Gründen, warum die meisten Anti-Stress-Programme so schlecht funktionieren wie auch Crash-Diäten
bzw. Diäten überhaupt. Es fehlt hier eine grundsätzliche Bereitschaft für eine
Veränderung. Mehr noch: die Entscheidung für die Veränderung. Voraussetzung
für eine dauerhafte Veränderung ist die klare Entscheidung für eine gute Beziehung zu sich selbst. Mit dieser Beziehung ist eine deutliche, präzise Selbstwahrnehmung verbunden. Nicht ein Selbstbewusstsein im Sinne von Stolz, sondern
Selbstwahrnehmung.

▶ **Basis für eine gute Beziehung zu mir selbst:** Ich lerne, auch meine
anstrengenden Seiten gut zu leiden. Meinen Hang zum Dozieren,
meine Neigung, die Dinge extrem genau zu nehmen – alle meine Ei-
genheiten lassen sich auf Seiten zurückführen, die gute Intentionen
und Kompetenzen haben, bisher nur leider zu selten zu Wort gekommen sind.

Die Idee von einer Veränderung soll natürlich nicht in eine zusätzliche Selbstüberforderung ausarten. Deshalb ist es wichtig, sich Veränderung bewusst in einem
kleinen Format vorzustellen. Und dies auch so umzusetzen.

Entscheidend ist hier ein Zielbild, das mit den Wertesystemen des Menschen in
Einklang steht und die eigene Endlichkeit nicht mehr als Mangel, sondern als Er-
kennungszeichen beschreibt.

▶ Kompetenz definiert sich über Grenzen. Was ich besonders gut
kann, grenzt sich deutlich ab zu dem, was andere besser können.

1.12 Wenig ändern, viel erreichen

Ein Burnout-Syndrom hat in der Regel eine längere, komplexe Vorgeschichte.
Ohne mächtig wirkende Regeln von Leistung und Lohn würde niemand das
Heraufziehen dieses Zustandes ahnen und trotzdem in Kauf nehmen. Für den
Ausstieg aus dem Burnout bzw. aus selbstschädigenden Lebenskonzepten
braucht es daher ein Konzept, das sich wesentlich vom Burnout-Konzept unter-
scheidet.

Da in Burnout-Konzepten meistens große Formate – und zwar zu große Formate – eine Rolle spielen, ist ein bewusst kleines Veränderungsformat das Mittel
der Wahl. Ähnlich wie bei der Entwicklung eines Wirkstoffes in der Medizin. Dort
wird auf der Molekülebene geforscht und nicht nach der Weltveränderungsformel
gesucht.

Die zentrale Frage lautet also nicht, wie jemand möglichst viel Erholung in
möglichst kurzer Zeit „schafft", um wieder zum Arbeitsplatz zu kommen. Diese
Frage ließe sich im Bereich der Abteilung Human Resources verorten, die ihrerseits an die Geschäftsführung berichtet.

Die zentrale Frage für vom Burnout-Syndrom Betroffene lautet: **„Welche
vom Aufwand her kleinen Faktoren finde ich, durch deren Verwendung und
Stärkung bzw. Weglassen ich mein Wohlergehen aktiviere (s. auch Salutogenese) kann?"** Bei dieser Art der Fragestellung dürfte es schon sehr schwer

sein, sich zu überfordern. Sehen wir uns die zweigeteilte Frage in ihren Bestandteilen näher an.

Change-Box: Faktoren im Arbeitsalltag verwenden bzw. weglassen

Stellen Sie sich folgende Fragen: „Welche vom Aufwand her kleinen Faktoren finde ich, durch deren Verwendung und Stärkung ich mein Wohlergehen bewirken kann?"

- Bewusste Atmung
- Schreibtisch von heute nicht relevanten Papieren befreien: Der pflichtbewusste Anteil einer Person nimmt tendenziell alle anstehenden Aufgaben ernst. Sonst würde er so nicht heißen. Die Pflichterfüllungsseite braucht also eine wertschätzende Begleitung: „Jetzt noch nicht, aber ab 16.30 Uhr sehr gerne …"
- Müll und Altpapier entsorgen
- Schnellanalyse der heutigen Belastung durch den Lastenturm (Kap. 3)
- Lesen des Kapitels zum Pareto-Optimum (Abschn. 4.3)

„Welche vom Aufwand her kleinen Faktoren finde ich, durch deren Weglassen ich mein Wohlergehen bewirken kann?"

- Leistungsantreiber erkennen und achtungsvoll beruhigen: Innere Leistungsantreiber sind bei näherer Betrachtung wertvolle Seiten. Ohne diese wäre ein besonderer Einsatz kaum möglich. Es würde Schaden anrichten, diese abzuwerten oder gar zu bekämpfen. Daher sollten Sie es aufgeben, gegen die leistungsbereiten Seiten in sich anzukämpfen. Bieten Sie ihnen eine respektvolle Zusammenarbeit an. Versprechen Sie ihnen in einem imaginierten Dialog, dass Sie ihnen dankbar folgen werden, sobald sich in Ihrem Alltag wirklich ein Schlendrian ausbreiten sollte.
- Aufgeben der Idee von den Verdienstkonten, auf die Sie unablässig durch Höchstleistungen einzahlen – in der Hoffnung auf Anerkennungsverzinsung: Lassen Sie das Eingeständnis zu, dass diese Welt von alleine so gut wie nie kommen und in barer Münze und Beförderung danken wird. Bauen Sie zumindest nicht darauf, dass sich dahingehende Hoffnungen erfüllen werden.
- Überforderung durch zu viele parallele Jobs ablegen, die im Kopf anwesend sind. So geht es: Anfertigen und Aktualisierung einer Langzeit-To-do-Liste, in der die heute nicht relevanten Aufgaben sicher gelagert und jederzeit aktiviert werden können.

„Wir erwarten von Ihnen 200 Prozent Einsatz !"

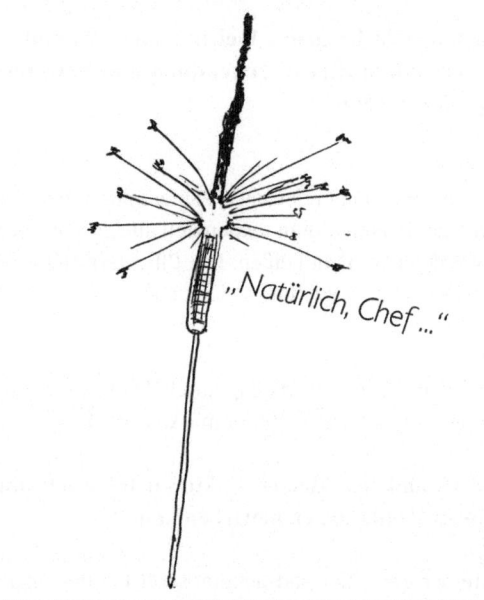

„Natürlich, Chef..."

Literatur

Antonovsky, Aaron. 1979. *Health, Stress and Coping*. San Francisco: Jossey-Bass Inc.

Frances, Allen. 2013. *Normal: Gegen die Inflation psychiatrischer Diagnosen*. Köln: DuMont.

Lieberz, Klaus, Matthias Franz, und Heinz Schepank. 2011. *Seelische Gesundheit im Langzeitverlauf – Die Mannheimer Kohortenstudie*. Heidelberg: Springer.

Maturana, Humberto R., und Francisco Varela. 1990. *Der Baum der Erkenntnis. Die biologischen Wurzeln des menschlichen Erkennens*. München: Scherz.

Retzer, Arnold. 2013. *Miese Stimmung: Eine Streitschrift gegen positives Denken*. Berlin: Fischer.

Schmidtbauer, Wolfgang. 2017. *Raubbau an der Seele: Psychogramm einer überforderten Gesellschaft*. München: oekom.

Simon, Fritz. 1993. *Unterschiede, die Unterschiede machen: Klinische Epistemologie: Grundlage einer systemischen Psychiatrie und Psychosomatik*. Berlin: Suhrkamp.

Wikipedia: Begriff „Ethischer Imperativ". 2017. https://de.wikipedia.org/wiki/Ethischer_Imperativ (11.12.2017). Zugegriffen am 21.01.2019.

Marketing für Ihre Gesundheit

2

Nach diesen ersten in Kap. 1 beschriebenen Maßnahmen und neuen Denkanstößen, die Sie auf dem Weg aus der Gefahrenzone begleiten sollen, gehen wir jetzt ans Eingemachte.

Gleich werden Sie verstehen, wie gut Marketing und gesunde Selbstfürsorge zusammenpassen. Stellen Sie sich vor, dass in Ihnen jetzt eine langfristige Kampagne für Ihre Gesundheit beginnt. Je länger Sie sich damit befassen, desto aufmerksamer werden Sie für hilfreiche Aspekte in Ihrem Alltag, die Sie nutzen können. Wie in der im heutigen Marketing beschriebenen Customer Journey wird es überall Touchpoints geben, an denen Sie mit Motiven Ihrer Gesundheitskampagne in Kontakt kommen.

Marketing ab dem ersten Atemzug
Starten wir mit einem Blick auf das Werben um Aufmerksamkeit, das schon mit der Geburt beginnt.

© Springer Fachmedien Wiesbaden GmbH, ein Teil von Springer Nature 2020   27
J. Faupel, *Burnout-Prävention und -Intervention im Marketing*,
https://doi.org/10.1007/978-3-658-24453-8_2

Ab der ersten Sekunde seines Lebens betreibt der Mensch Öffentlichkeitsarbeit. Der Säugling schreit nach Nahrung. Wenig später: Der Jugendliche stattet sich auffällig aus und äußert sich grenzwertig. Er grenzt sich dadurch ab: plakativ, wahrnehmbar, so, dass man hinsieht bzw. sich bisweilen abwendet. Der junge Erwachsene betreibt Inbound-Marketing in Richtung anderes Geschlecht. Dann folgen je nach Lebenslauf Phasen der Karriere, der Sammlung, des Engagements für höhere Ziele. Weiter geht es mit dem Aufbau und der Sicherung von Wohlstand, dem Ordnen von Familie und gegebenenfalls Unternehmensnachfolge. In friedlichen Familienstrukturen kann es gelingen, statt per Dekret oder Familiengericht mit Mitteln des Marketings, also der Vermittlung und Kommunikation, gute Ordnungen herzustellen und zu erhalten.

In allen Lebensphasen spielt die Vermarktung eine zentrale Rolle. Wenn Sie zu diesem Gedanken mit abgewandelten Begriffen besser Zustimmung finden, können wir auch vom Verkaufen sprechen, vom Überzeugen, vom Umstimmen und vom Gewinnen für eine Sache.

Hauptsache, Sie durchschauen das Spiel, in dem es immer dann überwiegend Gewinner gibt, wenn keine Verlierer zu beklagen sind.

Bei näherer Betrachtung der Mittel, mit denen wir unsere Umgebung für unsere Ziele gewinnen oder auch instrumentalisieren wollen, fallen dieselben Grundmuster auf, derer sich das Marketing bedient:

- Gewinnen von Aufmerksamkeit
- Vereinfachung und Verkürzung von Zusammenhängen
- emotionale Aufladung
- bildhafte Kommunikation
- Vorteilsargumentation
- Handlungsaufforderung sowie
- crossmediale Formate der Werbebotschaften

Die im Marketing verwendeten Mittel sind älter als alle Marketinglehrpläne. Das Marketing hat sich lediglich der uralten Mittel der Menschheit bedient, mit denen die Menschheit beeinflusst werden kann.

Die folgenden Aspekte können als Triggerpunkte für emotionale Erreichbarkeit angesehen werden. Sie werden in der Regel dann besonders aktiv, sobald der Hunger gestillt ist und keine akute Gefahr besteht, gefressen zu werden:

- Streben nach Sicherheit
- Sehnsucht nach Anerkennung durch andere und
- Wunsch nach Bindung/Loyalität

Diese drei wesentlichen Bestrebungen können uns bei der Prävention von Burnout gute Dienste erweisen.

Als Leser dieses Buches sollen Sie die Methoden des inneren Marketings für einen guten Zweck einsetzen können: für das eigene Wohlergehen im Einklang mit anderen, die sich ebenfalls Wohlergehen wünschen.

Hier noch etwas Trost und Zuversicht: Verhaltensweisen, denen ein schon lange gelebtes Muster zugrunde liegt, benötigen eine stetige Veränderung. Stellen Sie sich vor, Sie haben den Auftrag, eine Aufklärungskampagne zu gestalten. Mit heilsamen Handlungsempfehlungen. Der einzige Unterschied zu einer Publikumskampagne ist die Zielgruppe. Sie selbst sind die Zielperson. Sie sind sogar die Zielgruppe: mit Ihren unterschiedlichen Persönlichkeitsanteilen, von denen eine Seite immer wieder auch den Forderer oder Eintreiber übernimmt. Der Mensch muss eine neue Information bis zu fünfmal sehen, bis er sie voll und ganz zu erfassen beginnt. Sie müssen Ihre Kampagne also so aufbauen, dass sie es durch alle Relevanzfilter Ihrer Zielgruppe bis ins Bewusstsein schafft.

An dieser Stelle ein kurzer Exkurs zum Thema selektive Wahrnehmung: Ein filmisches Experiment hat gezeigt, dass Personen, die mit hoher selektiver Aufmerksamkeit ein bestimmtes Ereignis verfolgen, andere Bestandteile einer Wirklichkeit ausblenden https://link.springer.com/article/10.3758/BF03198284. Der Auftrag an die Versuchsteilnehmer lautete, in einem Video die Ballwechsel zwischen spielenden Personen mit einer bestimmten Hemdfarbe zu zählen. Zur Steigerung der Schwierigkeit waren mehrere Spielszenen übereinandergelegt. So fanden fast zeitgleich mehrere Ballwechsel statt. Was nur wenige der Probanden bemerkten, war die Frau, die mit dem aufgespannten Sonnenschirm in der Hand durch die Szene lief. Das Experiment gibt es auch mit einer Person im Gorillakostüm. Gorillas in Our Midst: Sustained Inattentional Blindness for Dynamic Events; https://journals.sagepub.com/doi/10.1068/p281059.

Ich erwähne dies, weil uns das Phänomen der selektiven Wahrnehmung auf Schritt und Tritt begegnet. In dem Moment, in dem Sie sich bewusst werden, dass Sie stets nur einen Teil einer Szene oder Situation erfassen und verarbeiten, blenden Sie schon weniger aus. Zum Beispiel auch Ihr untrügliches Gefühl dafür, ob Sie eine Situation auch auf der körperlichen Ebene als stimmig erleben oder nicht.

Change-Box: Stellen Sie sich diese Fragen:

• Haben Sie es aus Ihrer Sicht als Angestellter/Freiberufler verdient, aus selbstschädigenden Denk- und Handlungsmustern auszusteigen?
• Sind Sie in leitender Position in einer Agentur oder Marketingabteilung daran interessiert, die Mitarbeiterzufriedenheit zu steigern?
• Könnte heute der passende Zeitpunkt sein, sich über einige nützliche Veränderungen in Ihrem Arbeitsleben Gedanken zu machen?
• Angenommen, diese Veränderungen wären relativ einfach herzustellen: Würden Sie den kleinen Aufwand für sich bzw. Ihr Unternehmen in Kauf nehmen – als Geschenk?
• Können Sie sich vorstellen, mit einigen etwas verrückt wirkenden Übungen zu arbeiten – die sich aber in der Umsetzung als erstaunlich vernünftig herausstellen?
• Ist es für Sie denkbar, kompliziert wirkende Vorgänge vorübergehend hilfsweise als einfach zu definieren?

2.1 Bringen Sie Ihre inneren Bilder zu Papier

In diesem Buch werden Sie lernen, innere Bilder, die Sie bislang unscharf oder noch gar nicht gesehen haben, in vollem Kontrast und Kontext zu erfassen. Zum Beispiel das diffuse Gefühl der Überlastung, das durch den Belastungsturm in der Bildergeschichte eines Burnout (s. Kap. 3) eine physische Dimension erhält, die zur Handlung befähigt.

Belassen Sie es nicht dabei, sich Gedanken über eine Veränderung zu machen. Werden Sie Ihr eigener Art Director. Legen Sie sich einen Skizzenblock und einen gut schreibenden Stift zu. Einen sehr gut schreibenden Stift. Bleistift oder billiger Kugelschreiber eignen sich weniger gut, denn solches Schreibgerät bremst wegen des Reibungswiderstandes beim Skizzieren den natürlichen Fluss aus dem Gehirn über den Arm aufs Papier. Ein schneller Stift macht einen Gedanken im Augenblick seines Entstehens auf dem Papier sichtbar. Verwenden Sie also einen Füllhalter oder einen Gelschreiber, der einen Tintenverbrauch analog zum Spritverbrauch eines amerikanischen V8-Sportwagens aus den 1970ern hat.

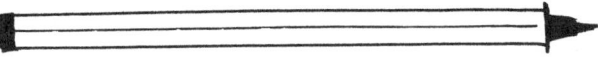

Das Notieren, Aufschreiben, Skizzieren, sprich: Visualisieren von Gedanken ist immer hilfreich. Und das sollten Sie ab jetzt regelmäßig tun. Seien Sie großzügig in der Art, wie Sie Bilder von sich und dem Zustand entwickeln, der bislang vielleicht nur irgendwie verlockend oder erstrebenswert erschien.

Werden Sie zu Ihrer eigenen, inneren Marketingabteilung, die rund um die Uhr für Ihr Wohlergehen wirbt. Es gibt sie, denn sie hat in schon Ihren ersten Tagen dafür gesorgt, dass Ihre Mutter zum Stillen kam. Nutzen Sie Ihre innere Bebilderungsabteilung auch und gerade dann, wenn Sie nachts wach werden. Entwickeln Sie mithilfe dieses Buches Ihr inneres Gesundheitsmanagement. Damit machen Sie sich weitgehend unabhängig vom Betrieblichen Gesundheitsmanagement Ihres Unternehmens. Wenn Sie selbst das Unternehmen oder die Werbeagentur leiten oder sind, umso besser.

Change-Box: Bildmotive für Aufmerksamkeit auf sich selbst finden

Welches einfache Motiv kann Sie ab jetzt im Alltag daran erinnern, besser auf sich zu achten? Wodurch können Sie sich immer wieder daran erinnern, dass Sie kein Output-Generator sind, sondern ein Mensch? Zeichnen Sie etwas oder finden Sie einen geeigneten Gegenstand. Hauptsache, das Objekt wirkt.

• Eine Lupe? Würde Ihnen eine kleine Lupe am Schlüsselbund dabei helfen, künftig genauer hinzusehen, wenn man Ihnen eine zusätzliche Aufgabe oder einen knapperen Termin anbietet?
• Zwei Hände, die sich schützend um etwas legen? Spricht Sie das Motiv an, das man häufig in Stockfoto-Katalogen findet: zwei Hände, die einen

Erdballen mit einem Pflanzensetzling halten – als Symbol für die Kraft, die Ihnen heute zur Verfügung steht?

- Welches Zeichen gibt es sonst in Ihrem Leben, das Ihnen Schutz und Geborgenheit signalisiert? Notieren Sie es, machen Sie es für sich auf Schritt und Tritt verfügbar.
- Legen Sie ein Symbol in Ihren Spiegelschrank im Bad. Bei mir steht dort ein Miniatur-Liegestuhl aus Holz und Stoff, ein Souvenir aus den Niederlanden. Damit erinnere ich mich an meine tägliche Nordsee-Gedenkminute. So starte ich mit Möwen und Wind in den Tag. Auch imaginierte Möwen haben ihre Wirkung. Und die Duschwanne kann sich für einen Moment anfühlen, als wäre sie aus Sand. (Ich merke, wie sich der Werbetexter in mir zu Wort meldet.)

2.2   Werbung für Ihr Wohlergehen – rund um die Uhr

Reden Sie mit Ihrem Chef. Das sind Sie selbst. Beantragen Sie Sendezeit – täglich ca. 100-mal eine Sekunde, das sind noch nicht einmal zwei Minuten – für Eigenwerbung für einen guten Zweck: Ihre Gesundheit.

Wenn wir uns etwas als schön, angenehm und erstrebenswert ausmalen, laufen in uns vom Prinzip her die gleichen Prozesse ab wie in einer Marketingabteilung bzw. der Kreativabteilung einer Werbeagentur:

- Wir stellen uns etwas vor (Skizze).
- Dann arrangieren wir die Szene, statten sie mit allem aus, was wir uns wünschen (Layout). Dies ist die Assoziationsphase.

- Schließlich kommt die Phase, in der innere Dialoge einsetzen, in denen oft – raten Sie mal – welche Seite gewinnen wird?

Es gewinnt – wie in den meisten Dialogen – jene Seite, die am überzeugendsten darstellen konnte, dass es z. B. diese Handtasche oder dieser Werkzeugkoffer sein soll. Sein muss. Und deshalb gekauft wird.

Hier war dann die Abteilung innerer Werbetext am Werk, die innere PR-Abteilung, die Guerilla-Marketing-Kampagnen für das Bereitstellen von Budgets entwickelt. Die besten freien Mitarbeiter von Werbeagenturen sind übrigens die Kunden der Kunden, also die Käufer. Menschen, die den Werbetext der Agentur übernehmen und innerlich erweitern – vorausgesetzt, die Agentur hat einen guten Job gemacht.

Change-Box: Wo? Wohin? Wie?

Angenommen, es wäre einfach, würde ich dann etwas ändern?

Stellen Sie sich konkrete Fragen. Arbeiten Sie diese Fragen Schritt für Schritt durch:

- **Wo? Ausgangssituation** – wo verspüren Sie ein kräftezehrendes Dilemma? Was können Sie jetzt sehen, wahrnehmen, hören, fühlen? Was erleben Sie als Zwickmühle? Wo sehen Sie einen Loyalitätskonflikt? Schreiben Sie sich die Widersprüche auf, z. B.: *Ich soll länger im Büro bleiben und gleichzeitig pünktlich zum Abendessen zu Hause sein.*
- **Wohin? Ziele:** Was wäre eine gewünschte Veränderung? Wie sieht Ihre Situation aus, sobald die Veränderung erreicht ist? Woran erkennen Sie die Veränderung zuerst?
- **Wie? Umsetzung/erste Schritte:** Was wäre ein kleiner Schritt im Sinne der aktuell am einfachsten herstellbaren Veränderung (Beispiel: Kollegen kontaktieren, Zimmer lüften, Müll raustragen)? Gehen Sie diesen kleinen Schritt, um nach einer Stunde/einem Tag zu sehen, welche Veränderungen er bringt.

2.3 Marketing und Burnout-Prävention – kein Widerspruch

Wie wir schon in der Einleitung zum Marketing sehen, sind Marketing und Burnout-Prävention kein Widerspruch. Im Gegenteil. Marketing, auf das Wesentliche reduziert, heißt nach meiner Erfahrung:

▶ **Marketing**: ein Subjekt, Objekt oder Thema so einfach wie möglich
auf die Hauptmerkmale reduziert darstellen, damit es als optimal
passend und somit attraktiv erlebt wird.

Diese Formulierung ist bewusst kurz und gleichzeitig weit gefasst. Dies erlaubt es,
alle Gemeinsamkeiten und Unterschiede von Marketing und Burnout-Intervention
bzw. -Prävention zu benennen. Ich zerlege die kurze Definition in ihre Bestandteile:

Subjekt, Objekt oder Thema

• Das Subjekt in dieser sehr kurzen Marketing-Definition kann ein Mensch sein,
  der sich als Partner, Freund, Kollege, Helfer usw. präsentiert.
• Das Objekt kann alles sein, was sich der Mensch zu besitzen wünscht.
• Das Thema kann eine Problemlösung sein, eine Arbeitsweise, ein Ideal, ein
  Ziel, eine Überzeugung u. v. m.

... so einfach wie möglich auf die Hauptmerkmale reduziert ...
Albert Einstein soll gesagt haben: „Mache die Dinge so einfach wie möglich, aber
nicht einfacher." So einfach wie möglich setzt voraus, dass man auch im Vorüber-
gehen versteht, wofür es sich anzuhalten lohnt, um näher nachzusehen. Mit „...
aber nicht einfacher" ist gemeint: ohne zu trivialisieren, also ohne unzulässig zu
verkürzen, ohne einen wegen Unvollständigkeit falschen Eindruck zu erwecken.

... als optimal passend erlebt

• Wird eine Person als optimal passend erlebt, so wirkt sie sympathisch (im übertragenen Sinne: sie/ihn kann ich gut leiden/aushalten: συμπάθεια/sympátheia).
  Es können Verliebtheit, Elternschaft, eine gemeinsam genutzte Doppelhaus-
  hälfte, Geschäftspartnerschaften, ein Vereinsbeitritt, eine politische Figur etc.
  die Folge sein. Möchte ein Mensch als optimal passend erlebt werden, präsentiert er sich entsprechend: Lippenstift und gut sitzende Anzüge können genutzt
  werden – je nach gesellschaftlichem Kontext auch Tätowierungen und ein Helm
  mit dem passenden Bike.
• Objekte werden dann als passend erlebt, wenn sie die geeignete Nähe (Ähnlich-
  keit) oder einen ausreichenden Kontrast (Unterschied) z. B. zur Wohnungsein-

richtung oder zur Lebenssituation herstellen oder wenn die Beschäftigung mit ihnen bzw. ihre Verstoffwechselung (Essen/Trinken) zu angenehmen, gesundheitsförderlichen oder unterhaltenden Wirkungen führt.

- Ein Thema wird als optimal passend erlebt, wenn es z. B. die Lösung eines Problems, den Ausgleich eines Mangels oder die Erfüllung mit Sinn in Aussicht stellt (und das eben auch dann, wenn es sich um eine falsche Annahme, einen Trugschluss handelt).

So viel zur Herleitung meiner kürzesten Marketingdefinition: **Ein Subjekt, Objekt oder Thema so einfach wie möglich auf die Hauptmerkmale reduziert darstellen, damit es als optimal passend erlebt wird.**

Auf der Basis dieser Herleitung kommen wir jetzt zum Beweis, dass Marketing und Burnout-Prävention in der Wahl von Mitteln, Zielen und Ergebnissen einander sehr ähnlich sind.

Subjekt, Objekt oder Thema (jetzt bezogen auf Burnout-Prävention)

- Ein Unternehmen, eine berufliche oder familiäre Aufgabe oder ein Ehrenamt, ein Eigenheim oder die erträumte Erfolgsgeschichte (Karriere, Unternehmertum) oder gesellschaftliches Ansehen werden angestrebt bzw. realisiert.
- Es wird hoher Aufwand betrieben (im Burnout-Fall zu viel Aufwand), um ein Ziel von der Art der beispielhaft genannten zu erreichen: und das, auch weil es einfach realisierbar erscheint. Das heißt nicht, dass es einfach wäre.

So einfach wie möglich …

Natürlich ist es im Hinblick auf Zielsetzung und Planung hilfreich, die Anzahl der Schritte bis zu einem Ziel auf die wesentlichen zu reduzieren. Nicht jedes Detail lässt sich planen. Und doch: Unzulässige Verkürzungen können in die Verausgabung führen. Wenn die Budgets an Zeit, Wissen und Geld nicht ausreichend bemessen werden, bleiben Nachkalkulationen nicht aus. Es kann auch passieren, dass ein Projekt abgebrochen werden muss. Abgeschrieben unter „Ich hab's immerhin versucht."

Die Burnout-Zone wird jedoch rasch erreicht, wenn weder eine Nachkalkulation *(„Ich brauche mehr Zeit")* noch der Abbruch *(„Das ist so nicht zu schaffen")* eines Projektes stattfinden kann.

Wenn in der inneren Marketingabteilung einer Person weiterhin die Werbebotschaften laufen, die ein Subjekt, Objekt oder Thema als exklusiv erstrebenswert „verkaufen", geht der Mensch weiter in Richtung Verausgabung und Erschöpfung.

… als optimal passend erlebt

Viele laufen in die Exklusivitätsfalle. Mit Exklusivitätsfalle meine ich die Illusion, es gäbe nur dieses Unternehmen, nur diese Karriere, diese Rolle im Leben, diese Zeitspanne bis zur Fertigstellung eines Projektes usw. Der Eindruck von Alternativlosigkeit führt zu entsprechend einzigartigen Anstrengungen.

Der Heidelberger Privatdozent, Paartherapeut und Systemiker Dr. Arnold Retzer hat den Begriff der „Monomythischen Identitätsatrophie" geprägt. Retzer: „Die Freiheit, etwas anderes zu sein oder zu erzählen, ist eingeschränkt." Ein Mensch beschränkt sich auf eine einzige Erzählung über sich. „So bin ich eben." Sobald der Mensch aber etwas anderes über sich erzählt, wird er auch anders (Retzer 2017.)

Es gibt Wechselwirkungen und Ähnlichkeiten zwischen der Öffentlichkeitsarbeit im Wirtschaftsleben und der Werbemaschinerie in unserem Inneren, die für vermeintlich exklusive Ziele trommelt. Diese Verbindungen können wir – d. h. Sie als Leserinnen und Leser – nutzen. Stellen Sie sich künftig vor, wie das, was Sie gerade innerlich erleben, als Werbekampagne aussehen könnte. Und so kommen wir gleich zu einer plakativen Darstellung der prototypischen Entwicklung eines Burnout-Syndroms. Ähnlichkeiten mit lebenden Personen sind weder zufällig noch selten.

Change-Box: Wie wirkt ein Überformat-Ziel mit einem „… ach ja" versehen?

Angenommen, es wäre einfach, würde ich dann etwas ändern?

Wie sieht Ihr Prä-Burnout-Kampagnenmotiv aus?

Denken Sie über eine Person nach, die schon einmal im Grenzbereich übergroßer Erschöpfung gewesen ist. Welche inneren Bilder, welche Sprachmuster sind im Vorfeld dazu deutlich geworden? Nutzen Sie wieder Ihren Skizzenblock. **Typische Formulierungen, die mit hoher Wahrscheinlichkeit in ein Überforderungsmuster münden:**

• Das wäre doch gelacht.
• Was uns nicht umbringt …
• Wie wir das machen, das sehen wir dann noch.
• Alle werden staunen.
• Es wird der Moment der Entlohnung kommen.

> **Typische Zielbilder, die zur Überforderung führen können:**
>
> - Eine Situation, in der Ruhm und Ehre die Hauptrolle spielen.
> - Alle Grenzen (Zeit, Budget, Kraft) wurden auf geheimnisvolle Weise überschritten.
>
> Und hier die Veränderung: Schreiben Sie hinter jede der hier genannten Formulierungen einer Burnout-Anbahnung ein „… ach ja"? Und dann denken Sie darüber nach, wie sich Ihr Leben weiterentwickeln wird, wenn Sie auf die Burnout-Muster verzichten und Ihre Grenzen zu entdecken beginnen.

2.4 Warum benötigen manche Menschen länger für die Genesung?

Es ist einer der fatalen Irrtümer in der Beratungs- und Therapeutenszene. Es ist die Idee vom Patienten, der angeblich in den Widerstand geht.

Warum ist das ein Irrtum? Menschen, die scheinbar ewig lange brauchen, um sich nach einem Burnout zu erholen oder sogar langfristig arbeitsunfähig werden, sind nicht etwa besonders schwach. Es ist ein anderer Umstand, der die Genesung verhindert. Es ist die Befürchtung, dass es beim Wiedereintritt in den Job genauso weiterlaufen wird wie bisher. Dass man zurück-gecoacht wird in den Zustand der Überlastung. Angesichts einer solchen Vorstellung ist die Fortsetzung des Krankenstandes eine lebenserhaltende Maßnahme, eingeleitet in einer hochkompetenten Zusammenarbeit von Psyche und Körper. Häufig wird dieser wesentliche Umstand verkannt und als Mangel fehlinterpretiert. Eines Tages kam ein Klient – Manager aus der Touristikbranche – zu mir in die Beratung. Er war wenige Tage zuvor in der Notaufnahme angekommen. Zu seiner Rettung hatte sein Körper den Not-Aus-Knopf gedrückt. So sah er es im Rückblick. Dass dieser Klient von seinem Arbeitgeber für sein „Versagen" massiv attackiert wurde – und das sogar noch im Krankenhaus per Kurznachricht, war ein Teil der Gesamtproblematik.

Literatur

Becklen, Robert, und Daniel Cervone. 1983. Selective looking and the noticing of unexpected. *Memory & Cognition* 11(6): 601–608.

Daniel J Simons, Christopher F Chabris. 1999. Gorillas in Our Midst: Sustained Inattentional Blindness for Dynamic Events; https://journals.sagepub.com/doi/10.1068/p281059

Retzer, Arnold. 2017. *Systemische Paartherapie: Konzepte – Methode – Praxis*. Stuttgart: Klett-Cotta.

Eine Burnout-Bildgeschichte 3

Der beste Weg, um seine Burnout-Geschichte zu verstehen, ist das Anfertigen von Bildern und Skizzen. Über Bilder können Menschen oft zum ersten Mal das ganze Ausmaß ihrer Überforderung wahrnehmen. Nähern auch Sie sich auf den folgenden Seiten der Erkenntnis des Ausmaßes von Lasten an. Wenn Sie Rührung, Trauer oder plötzliche Erschöpfung verspüren, kann das durchaus ein gutes Zeichen sein.

3.1 Überforderungsmuster kann man verändern

Das Konzept zu der hier folgenden Darstellung ist im Praxisalltag entstanden. Mir war aufgefallen, dass die Klienten ihre Belastung meistens eher beiläufig erwähnten. So, als wäre sie selbstverständlich. Die meisten Klienten scheinen davon auszugehen, dass ihr Berater oder Therapeut dieselben Bilder in sich trägt wie sie. Natürlich ist das nicht der Fall. Und so kommt es zu einer ständigen Diskrepanz zwischen den Annahmen zu Lasten und Überlastungen. Das betrifft auch den Zustand erheblicher Arbeitsüberlastung.

Sie wird zu einer gefährlichen Selbstverständlichkeit, zur Selbstverständlichkeitsfalle. In diese Falle tappen Menschen bis zu dem Tag, an dem der Körper deutlich zeigt: Wir befinden uns in einem bedenklichen Ausnahmezustand – und folgerichtig den Dienst quittiert, z. B. in einem Nervenzusammenbruch, einer Ohnmacht oder einer in die Katatonie (Zustand der Bewegungsunfähigkeit durch Anspannung) gehenden Depression – auch Burnout genannt.

© Springer Fachmedien Wiesbaden GmbH, ein Teil von Springer Nature 2020
J. Faupel, *Burnout-Prävention und -Intervention im Marketing*,
https://doi.org/10.1007/978-3-658-24453-8_3

Der Beratungsalltag zeigt es: Alle Fragen nützen wenig, solange sich die Antworten auf der verbalen Ebene abspielen. Durch Skalierungsfragen können sich Klienten zwar nach und nach im Dialog öffnen: *Auf einer Skala von 0 bis 10 – wobei 0 gar keiner Bedeutung entspricht und 10 einer Priorität, hinter der alles andere im Leben warten muss – wo ordnen Sie Ihre Erholung ein?* Das wäre eine von vielen denkbaren Skalierungsfragen. Diese Art der Fragestellung ist deshalb so ertragreich, weil sie den Klienten eine schnelle Möglichkeit gibt, Situationen in die eine und die andere Richtung gedanklich eskalieren zu lassen, ohne sich dabei gleich zu etwas zu verpflichten. Diese Fragen haben sich in der systemischen Beratung bewährt. Doch es fehlt bei jeder Art rein mündlicher Dialoge die Bezugsgröße im Materiellen. Unterhalten Sie sich mit jemand über „viel Arbeit", über Nähe und Distanz, Belastung und weitere Umstände, die mit physikalischen Bezugsgrößen zu tun haben. Da nützt Ihnen die gesprochene Sprache nur bis zu einem bestimmten Punkt. Ab der Stelle, wo Sie und Ihr Gegenüber eigene innere Bilder von einer Größe, einer Entfernung oder einem Gewicht haben – und diese haben alle Menschen, reden Sie aneinander vorbei. Weil sie von unterschiedlichen Bildern ausgehen. Weil Ihr Bild nicht das Bild Ihres Gegenübers ist.

Der beste Weg, hier eine gemeinsame Sprache zu entwickeln, ist das Anfertigen von Bildern und Skizzen während der Unterredung. Als ich damit begonnen hatte, in der ersten Sitzung mit Burnout-Klienten die Überlastungsgeschichte bildhaft darzustellen, kam es zu deutlichen Reaktionen. Über die Bilder nahmen die Personen zum ersten Mal das ganze Ausmaß ihrer Überforderung wahr. Das führte zu viel Nachdenklichkeit, oft auch Erschütterung.

Nähern auch Sie sich auf den folgenden Seiten der Erkenntnis des Ausmaßes von Lasten an. Es kann gut sein, dass Sie – oder die Person, für die Sie dieses Buch gekauft haben – überrascht sein werden. Wenn Sie Rührung, Trauer oder plötzliche Erschöpfung verspüren, kann das durchaus ein gutes Zeichen sein.

Überraschung kommt auf, weil etwas für selbstverständlich Gehaltenes offensichtlich wird

Menschen, die schon früh Verantwortung in Bereichen übernehmen sollten, in denen sie zwangsläufig überfordert waren, setzen dieses Muster häufig im Erwachsenenalter und in außerfamiliären Kontexten fort. Solche Muster entwickeln sich z. B. im Zusammenhang mit Parentifizierungsphänomenen. Der Überlebenstrotz ruft: „Das wäre doch gelacht!"

Nein, es wäre nicht gelacht, denn es ist zum Heulen.

Ich wähle für die Darstellung eines typischen Burnout-Verlaufs eine Bildgeschichte. Sie hat sich in der Beratung und der Supervision als sehr wirksam erwiesen. Am Ende der Geschichte können Sie sich einige Fragen stellen.

Allein das kann reichen, dass Sie ein bisher laufendes Muster erkennen und verändern.

▶ Bevor Sie die Bildgeschichte betrachten, pflanzen Sie in sich die tiefe, alles begründende Zuversicht ein, dass ab jetzt zur rechten Zeit die passenden nächsten und übernächsten Schritte sichtbar sein werden. Hüten Sie diese Zuversicht wie einen Schatz.

3.1.1 Episode 1 in der Burnout-Geschichte

3.1.1.1 Ein normaler Tag mit Durchschnittstatendrang

Sie haben gut gefrühstückt und freuen sich auf den Tag. Sehen wir, wie er sich entwickeln kann – und was Sie künftig ändern können.

3.1.2 Episode 2 in der Burnout-Geschichte

3.1.2.1 Erste Aufgabe – von anderen Personen oder sich selbst gestellt

Sie können für die nun nach und nach auftauchenden Lasten Ihre persönlichen Themen und Herausforderungen einsetzen. Schreiben Sie Ihre Lasten neben die Lasten im Bild. Am besten mit Bleistift, weil sich die Priorisierungen und Standpunkte von Lasten ändern können. Am Ende der Bildgeschichte finden Sie zusätzlich einen leeren Lastenturm. Befüllen Sie diesen mit Ihren Themen. Wieder mit Bleistift. Priorität und Anzahl der Gewichte (Aufgaben) können Sie nach und nach so verändern, bis eine für Sie gut zu tragende Gesamtlast entsteht. Das hilft beim Sortieren.

3.1.3   Episode 3 in der Burnout-Geschichte

3.1.3.1   Zweite Aufgabe – von anderen Personen oder sich selbst gestellt

„Das ist noch zu stemmen."

3.1.4   Episode 4 in der Burnout-Geschichte

3.1.4.1   Dritte Aufgabe – von anderen Personen oder sich selbst gestellt

„Wäre doch gelacht", denken manche hier spontan.

3.1.5 Episode 5 in der Burnout-Geschichte

3.1.5.1 Vierte Aufgabe – von anderen Personen oder sich selbst gestellt

Es ist spätestens hier längst klar, dass das nicht gesund sein kann. Doch die Ehre, die Anerkennung, die Hoffnung auf eine Auszeichnung … Die Idee von den Verdienstkonten ist so verführerisch wie riskant. Aber sie geht nicht auf. Wir sollen anderen niemals einen Gefallen erweisen und damit die Hoffnung verbinden, eines Tages etwas im Gegenzug zu bekommen. Das Leben funktioniert so nicht. Selbst wenn wir es darauf anlegen wollten – nicht alle Menschen erinnern sich an alle Aufmerksamkeiten, viele nicht einmal an Höchstleistungen in der Selbstaufgabe im Dienste höherer Ziele. Die meisten Menschen stecken in der Selbstverständlichkeitsfalle, die auch schon in Abschn. 3.1 beschrieben ist. Dort können Sie auch lesen, wie Sie aus der Selbstverständlichkeit aussteigen und etwas Besonderes endlich als etwas Besonderes erlebbar machen.

3.1.6   Episode 6 in der Burnout-Geschichte

3.1.6.1   Fünfte Aufgabe – von anderen Personen oder sich selbst gestellt

Obwohl auch das Umfeld sieht, dass das Limit längst überschritten ist, werden weiter Anträge gestellt. Zum Umfeld können sich zudem innere Anteile gesellen, von denen einige den Druck verharmlosen, andere wieder warnend auftauchen. Hier wird zusätzliche Energie durch innere Kämpfe verloren. Hier findet bereits statt, was nicht sein sollte: Kampf gegen die Erschöpfung (in Wahrheit ist es ein Kampf gegen sich selbst.)

3.1.7   Episode 7 in der Burnout-Geschichte

3.1.7.1   Fünfte Aufgabe – von anderen Personen oder sich selbst gestellt

Das sind die Sirenen wie auf Odysseus' Schiff.

3.1.8 Episode 8 in der Burnout-Geschichte

3.1.8.1 Fünfte Aufgabe – von anderen Personen oder sich selbst gestellt

Auch innere Anteile melden sich – solche, die Karriere wittern.

3.1.9 Episode 8 in der Burnout-Geschichte

3.1.9.1 Fünfte Aufgabe – von anderen Personen oder sich selbst gestellt

Hier endlich melden sich leise Zweifel an. Aber: „Weiter!"

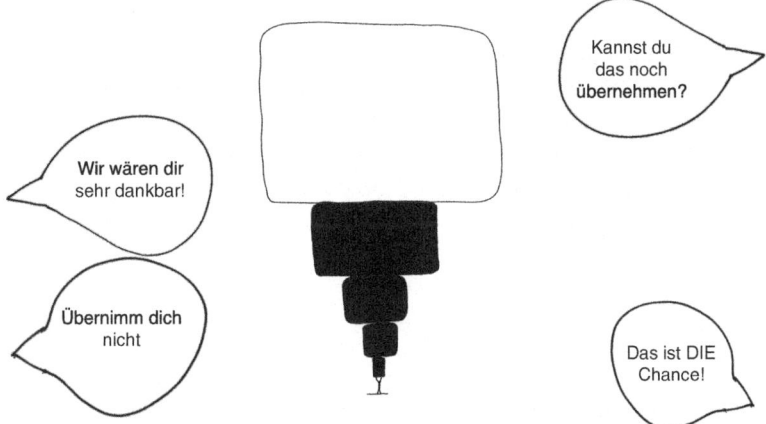

3.1.10   Episode 8 in der Burnout-Geschichte

3.1.10.1   Fünfte Aufgabe – von anderen Personen oder sich selbst gestellt

Doch schon kommt die nächste Harter-Mann-Aussage. „Was einen nicht umbringt, …"

3.1.11   Episode 9 in der Burnout-Geschichte

3.1.11.1   Selbstaufgabe

Der überlastete Mensch/Mitarbeiter hat hier noch eine weitere Verantwortung übernommen. Im Rahmen der Selbstaufgabe folgt beim Burnout das Ausblenden von Erschöpfungssignalen, Schmerzen, Übermüdung. Das sehen wir auf den kommenden Seiten.

3.1.12   Episode 9 in der Burnout-Geschichte

3.1.12.1   Selbstaufgabe
Je weniger die eigenen Burnout-Reize wahrgenommen werden, desto höher die psychische Reizbarkeit.

3.1.13   Episode 9 in der Burnout-Geschichte

3.1.13.1   Selbstaufgabe bis zum Gefühlsverlust

Als depressiv diagnostizierte Menschen beschreiben mit dem „Gefühl der Gefühl-
losigkeit" einen Zustand, der schon weit weg ist von Antriebslosigkeit und Traurigkeit. Es wirkt auf viele wie ein Fade-Out, wie der Verlust der Konturen gegenüber
sich selbst und anderen.

Spätestens jetzt ist es höchste Zeit für eine Abkehr vom bislang Praktizierten!
Im Folgenden sehen Sie den Ausstieg aus dem Burnout.

3.1.14   Episode 10 in der Burnout-Geschichte

3.1.14.1   Erforschung und Ausstieg aus dem Burnout

Nun der symbolische Lastenberg als Kontur.

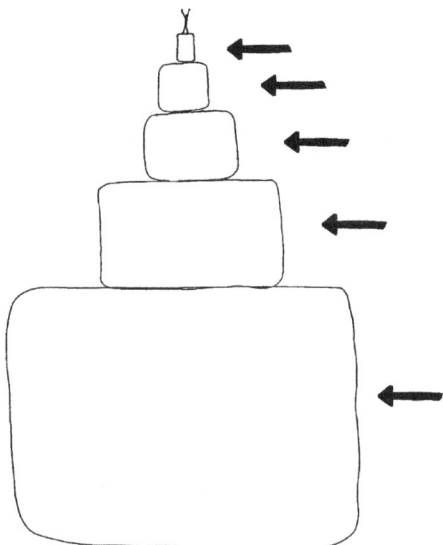

Kennen Sie Personen, bei denen eine ähnliche Lastenfülle zu beobachten ist? Haben Sie bei sich selbst schon einmal ein solches Ausmaß erlebt?

Wo stehen Sie aktuell mit Ihren Belastungen? Was für ein Gefühl haben Sie beim Betrachten der Bildgeschichte?

Zeichnen Sie Ihre eigene Bildgeschichte. Illustrieren Sie, was zu Erschöpfungszuständen führt, aber sonst kaum greifbar ist. Zeichnen Sie Ihren eigenen Lastenturm.

Zeichnen Sie Ihren Lastenturm so, dass eine Figur unter dem Turm steht, die alles stemmt. Stellvertretend für Sie. Für jedes Thema, das Sie als Belastung erleben, skizzieren Sie oben den nächsten Lastenkasten. Schreiben Sie das Thema hinein. So lange, bis Sie Ihre wesentlichen Belastungen gesammelt haben.

Zu den Belastungen zählen nicht die typischen, milden Alltagsthemen wie Pausenbrote, Einkäufe und Wäsche. Wenn ich *milde* schreibe, will ich damit nicht den Eindruck erwecken, sie würden keine Zeit und Energie kosten. Im Gegenteil. Diese Themen werden in ihrer Wirkung oft nicht wahrgenommen. Sie werden übersehen hinter den großen Themen, die im Morgengrauen Menschen im Bett hin und her werfen und von ihnen Antworten und Lösungen verlangen, die es in dieser Form nicht geben kann: zu knappe Termine, zu hohe Anforderungen, überzogene Erwartungen an Output, finanzielle Belastungen, Konflikte am Arbeitsplatz, Beziehungsthemen – und das morgendliche Erwachen und Grübeln selbst, in dem es sich auch um dieses Erwachen dreht.

Zentrale Frage: Wie fühlen Sie sich und für sich, wenn Sie sich Ihren persönlichen Lastenturm ansehen? Nehmen Sie sich dafür eine Weile Zeit. Wenn Ihnen die Tränen kommen, wenn Fassungslosigkeit entsteht, so ist das ein gutes Zeichen. Rührung ist ein sicherer Indikator dafür, dass Gefühle spürbar werden, die sonst womöglich ignoriert worden waren (s. auch Abschn. 4.11).

Wie geht es nun weiter?

- Schneiden Sie Papierstreifen zurecht, die der Breite Ihrer Lastenkästen entsprechen.
- Sehen Sie sich alle im Lastenturm notierten Themen genau an. Prüfen Sie, wo Sie die Verantwortung übernehmen bzw. behalten können – und wo definitiv nicht. Definitiv keine Verantwortung können Sie generell und überall dort übernehmen, wo Sie keine Kontrolle, d. h. keinen direkten und möglichst ungestörten Einfluss haben. Keine Verantwortung haben Sie z. B. dafür, ob ein Nachbar drei Häuser weiter die Badewanne überlaufen lässt. Logisch. Und doch lassen sich gerade pflichtbewusste Menschen oft dazu verführen, die Verantwortung für Projekte zu übernehmen, auf die sie kaum oder zu wenig ungehinderten Einfluss nehmen können. Oft auch für solche Themen, bei denen es einfach nicht nötig ist.
- Über welches Job-Thema haben Sie die Kontrolle? Beispiel: Pünktlich am Arbeitsplatz sein. Oder: Rechner zum Feierabend ausschalten. Oder: Analysedaten zur Marktentwicklung besorgen, die belastbar sind und sich als Basis für eine Kampagne eignen.
- Bei welchem Job-Thema haben Sie keine Kontrolle? Beispiele: Laune Ihres Abteilungsleiters. Entwicklung des globalen Marktgeschehens. Erfolgreiche Anzeigenschaltung, wenn das Budget zu gering ist. Termingerechte Ablieferung eines Konzeptes, für dessen Erstellung wesentliche Daten fehlen.
- Decken Sie alle Kästen mit Papierstreifen zu, die Themen beinhalten, über die Sie – zumindest derzeit – keine Kontrolle haben.
- Was sehen Sie jetzt? Sie sehen, wenn Sie es genau geprüft haben, erfüllbare Aufgaben. Für diese können Sie die Verantwortung übernehmen. Nun geht die Entlastungsarbeit weiter, denn es liegen womöglich noch zu viele Aufgaben vor Ihnen – zu viele für einen Tag, eine Woche, einen Monat. Priorisieren Sie also, strukturieren Sie, besorgen Sie sich fehlende Informationen und gehen Sie mit Augenmaß an die Umsetzung. Sie können das unternehmen, nachdem Sie realistisch mit den Projektbeteiligten die Fristen betrachtet haben: ob diese zu den Zeiten passen, die es für die Erfüllung der Aufgaben nun einmal braucht. Damit es gut wird.

- Aufgaben im Lastenturm, bei denen Sie wegen fehlenden Einflusses (Kontrolle, Zugang, Übersicht, Handlungsmöglichkeiten) aktuell keine Erfolgsaussichten haben können, setzen Sie auf Wiedervorlage. Fragen Sie sich bei Gelegenheit: Was würde ich gerne ändern, obwohl es außerhalb meines Möglichkeitsbereiches liegt? Wie komme ich da heraus? Mit wem spreche ich? Wo könnte ich mir Informationen, Zugang, Handlungsvollmacht holen, um aus einer unkontrollierbaren Gemengelage einen strukturierten Arbeitsprozess zu entwickeln? Was gebe ich explizit ab? Explizit heißt womöglich: auch durch Mitteilung und Absage an jene, die bislang etwas von Ihnen erwartet hatten, z. B. permanent den Streit zwischen zwei Kollegen zu schlichten oder liegengebliebene Aufgaben anderer zu übernehmen.

Was fühlen Sie, wenn Sie eine tragbare Lastenmenge sehen? Ach – Sie hören eine innere Stimme zu sich sagen, wann Sie das alles, was Sie abgedeckt haben, schaffen sollen? Genau das ist eine Dynamik, die typischerweise in die Selbstüberforderung führt.

Verlassen Sie sich auf ein gesundes „Alles zu seiner Zeit". Priorisieren entsteht nicht durch das Anfertigen von To-do-Listen. Es entsteht durch vorübergehendes Weglassen nicht dringlicher und derzeit nicht erfüllbarer Aufgaben – und die regelmäßige Prüfung, ob zu einem späteren Zeitpunkt tatsächlich Dringlichkeit entstanden sein wird. Zu prüfen ist auch, ob und wie sich eine unerfüllbare, lückenhaft gestellte Aufgabe durch das Gewinnen von Informationen in eine lösbare Aufgabe verwandeln lässt.

Change-Box: Wie Sie die Symbolisierung von Lasten nutzen können
Sie sehen anhand des von Ihnen gezeichneten Lastenturmes, welche physischen Ausmaße die Belastungen annehmen können, die Sie sich auferlegen (lassen). Halten Sie von jetzt ab wöchentlich Rückschau, Umschau und Ausschau. Zeichnen Sie immer wieder einen neuen Lastenturm. Irgendwann landen Sie dann bei gut zu stemmenden Tagesportionen. Heben Sie alle bisherigen Lastenturmzeichnungen auf, um Veränderungen für sich zu dokumentieren. Bewerten Sie die Lasten nach Ihren zeitlichen Möglichkeiten. Fragen Sie sich: Wo habe ich heute die Kontrolle, die Übersicht und die Handlungsmöglichkeit? Wo sind Lasten, die ich im Verantwortungsblindflug zu schultern versuch(t)e? Übrigens: Wer Verantwortung übernimmt, wo die Kontrolle fehlt, handelt tatsächlich verantwortungslos.

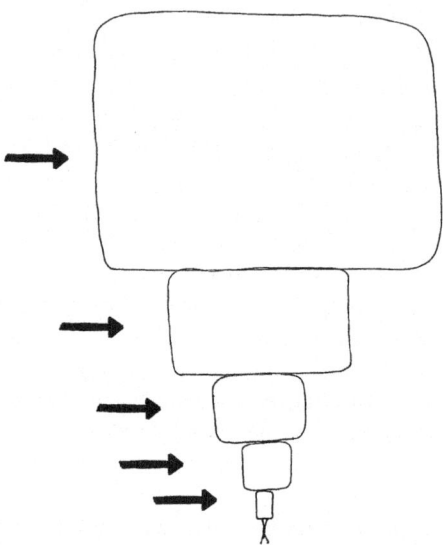

So wird Veränderung möglich: Wenn Sie wie oben beschrieben vorgehen, können Sie einen Teil Ihrer Projekte und Belastungen auf Wiedervorlage setzen. Von anderen Themen verabschieden Sie sich würdevoll. Ihre nicht mehr verfolgten Ziele und Projekte sollten Sie in gute Hände weitergeben: das Ehrenamt, die Leitung der Unternehmens-Fußballmannschaft, die Rolle des Betriebsrates – je nachdem, was vom Zeitaufwand her nicht (mehr) in Ihren Alltag passt und was Sie deshalb abgeben wollen. Und natürlich dürfen. Nach und nach können Sie Ihr persönliches, gesundes Maß an Belastung finden. Dieses Maß steht nicht in Ratgebern. Kein Coach kann es Ihnen liefern, auch keine Human-Research-(HR-)Abteilung. Das gesunde Maß Ihrer beruflichen wie privaten Lasten steht auf einem anderen Blatt: auf Ihrer persönlichen, weltweit einzigartigen Lastenturm-Bildgeschichte. Sie finden später im Abschn. 6.1 unter „Problemzone im Burnout-Kreislauf" weitere Hinweise auf diese Veränderung.

Hintergrund der Symbolisierung von Lasten: Das Gehirn arbeitet vor allem bildorientiert. Deshalb können wir uns einen Sachverhalt, einen Vergleich, eine Energiebilanz usw. dann am besten vorstellen, wenn wir sie uns vor Augen führen. In Form von Grafiken und Skizzen wird schnell klar, was sich mit Worten nicht formulieren lässt. Sobald ich erschöpften Menschen Bilder wie die hier gezeigten vorlege, wird ihnen klar, was sie bisher mit sich gemacht haben. Viele sind zu Tränen gerührt und erschüttert über das stille Heldentum, das sie für sich oder im Dienst einer vermeintlich höheren Sache gelebt haben.

Wofür das alles? Was sind unsichtbare Motive für Verausgabung?
Was habe ich davon? Ein Gehalt. Ruhm? Meine Ruhe? Unabhängigkeit? Endlich die ersehnte Lebensberechtigung?

Denkmäler sind kein Ersatz für Gesundheit

Von zur Schau gestellten, selbstschädigenden Heldentaten hat keiner etwas. Von den heimlichen, nicht schädlichen übrigens auch nicht. Die Familie nicht und auch nicht die Agentur bzw. die Marketingabteilung des Unternehmens. Das ist zwar vom Kopf her einleuchtend, aber es ist nützlich, auch auf der emotionalen, der unwillkürlich agierenden Ebene für Klarheit zu sorgen.

Change-Box: Wollen Sie sich wirklich ein Denkmal setzen?
Wenn Sie das nächste Mal eine überformatige Aufgabe sehen, stellen Sie sich ein Denkmal vor. Eine Seite von Ihnen, die Anerkennung vermisst, könnte oben stehen und sagen:

> „Ich habe alles für diesen Moment gegeben und das Unmögliche möglich gemacht. Ich habe mich verausgabt, um endlich einmal hier oben zu stehen."

Veränderung wird möglich, indem Sie sich fragen: Lohnt sich das in diesem Fall? Oder wäre ein Platz an einer weniger exponierten Stelle hilfreich, der mit mehr Ertrag, langfristiger Reputation und Anwesenheit beim familiären Abendessen verbunden sein könnte?

Es zahlt sich aus, eine Aufgabe differenziert zu betrachten und sich ein genaues Briefing geben zu lassen. Denken Sie aber nicht, Sie könnten mit dem Denken alles lösen. Ich gehe davon aus, dass die meisten Burnout-Kandidaten mindestens ahnen, wenn sie einen riskanten Lebensstil führen. Es ist jedoch nur zu einem kleinen Teil eine Frage des Wissens oder des Verstandes, die Weichen für eine ruhigere Gangart zu stellen. Emotionale Faktoren spielen eine Rolle.

Emotionen sind immer stärker und schneller als der Verstand – bis wir sie sowohl auf der emotionalen als auch rationalen Ebene erkennen, einordnen und dosieren können.

Emotionen bleiben auch dann schneller, wenn sie eingeordnet sind. Aber wir können dann besser mit ihnen umgehen, wenn wir die geeigneten Werkzeuge einsatzbereit haben.

Sehen wir uns jetzt einige starke Emotionen an, mit denen im Marketing Geld verdient wird. Diese Emotionen sind auch dafür verantwortlich, dass Mobbing überhaupt möglich wird. Sie führen dazu, dass wir nicht mehr bei uns sind, sondern bei den anderen, die es vermeintlich besser erwischt haben.

Sobald diese Gefühle uns übermannen, sind wir außer uns.

„Neid und Missgunst für alles Gute" – eine Burnout-Ursache
Da wir uns mitten in einem Marketingbuch befinden, hier wieder etwas Werbung. „Neid und Mißgunst für 99 Mark" lautete die Headline auf dem Ursprungs-Motiv der Neid-Kampagne von Sixt. Abgebildet war ein Porsche 911. Später gab es Abwandlungen davon – allerdings nicht so viele, wie Neid und Missgunst hervorzubringen vermögen.

So lange es darum geht, natürliche Gefühle aus den Niederungen des Emotionsrepertoires für ein Sportwagenmotiv ins Positive zu kehren, ist das auf eine gewisse Weise witzig.

Es gibt ein anderes Neid- und Eifersuchtsmotiv, das uns täglich begegnen kann. Dieses Motiv sehen wir nicht als Anzeige oder Banner. Es äußert sich in Verhaltensweisen, Gemunkel, ich will hier nicht gleich schreiben: Mobbing. Obwohl …

Gemeint ist das menschliche Motiv, aus dem heraus Anzeigenideen, Headlines, Konzepte in Präsentationen (sofern keiner sie raubt und als die eigenen ausgibt) ausgelacht werden und in Schubladen verschwinden, obwohl sie das Zeug zu Weltklasse haben. Nein. Richtig muss es heißen: **weil** sie das Zeug zur Weltklasse haben.

Mitarbeiter einer Abteilung oder einer Werbeagentur, in der seit Wochen oder Monaten ohne Ertrag über einer Werbemaßnahme gebrütet wurde, können es einem übel nehmen, wenn man als freier Texter oder Gestalter mit einer Skizze des Weges kommt. Und wenn die Skizze zeigt, wie einfach die Kampagne sein könnte, die man danach mit einem halben Tag Groblayout und Rohtext dem Kunden zeigen kann. Dem sie dann auch noch gefällt. Es darf oft nicht sein, was so einfach sein kann.

Auf diese Weise wurden schon Kreative abserviert. Manche von ihnen suchen den Fehler womöglich bis heute bei sich selbst. Das Phänomen des Neides ist selbstverständlich nicht auf das Marketing beschränkt. Überall, wo Menschen mit Hirn und Herzblut etwas entwickeln, ist das mit Schmerz bei denen verbunden, die eine weniger gute Idee bzw. Performance oder keine in die Welt setzen. Das gilt auch für alle Bereiche der darstellenden und bildenden Kunst.

Wie Sie sich davor schützen? Zweite Wahl liefern?
Weniger zu leisten wäre keine Lösung. Die Antwort ist, da Sie nichts gegen den Neid anderer unternehmen können: Planen Sie den Neid ein. Nehmen Sie es hin, dass zu exzellenter Arbeit immer auch Menschen zählen, die Ihnen das nicht gönnen können. Lernen Sie, mit dem Neid zu arbeiten und zu leben. Vor allem aber: Bedauern Sie nicht andere, die Sie beneiden oder die Sie womöglich verletzten könnten, wenn Sie eine bessere Idee zeigen. Zeigen Sie Ihr Können. Alles andere würde in eine Situation führen, in der Sie mit sich nicht im Reinen sind.

Viel Neid, viel Schutz!
Sie werden nicht darum herumkommen, sich einen Schutz aufzubauen. Hierfür
gibt es speziell in der Hypnotherapie und im hypnosystemischen Ansatz von Dr.
Gunther Schmidt (Schmidt 2018) zahlreiche Konzepte zur Abgrenzung in Richtung übergriffiger Menschen und Persönlichkeitsanteile, die übers Ziel hinaus-
schießen.
Wenig hilfreich wäre es, wenn Sie sich hierfür eine Art Panzer oder Stahlschild
vorstellen. Damit würden Sie sich abschotten. Es gibt ein inneres Bild, mit dem Sie
sowohl sich selbst schützen als auch mit Ihrem Umfeld in Kontakt bleiben.

Change-Box: So können Sie sich mit inneren Bildern schützen
Stellen Sie sich eine durchlässige Hülle oder Schicht vor, die Ihnen einerseits
den Austausch mit Ihrer Umgebung ermöglicht, Angriffe aber gleichzeitig ab-
prallen lässt. Es gibt extrem reißfeste Textilfasern. Stellen Sie sich einen Um-
hang, ein Gewand oder eine Decke aus einer Spezial-Textilfaser vor.
    Dieser Stoff kann z. B. die Eigenschaft haben, verbale Sticheleien, ge-
rümpfte Nasen, Kopfschütteln, Kantinengetuschel und verächtliche Laute
herauszufiltern. Wann immer eine Neidäußerung auftaucht, prallt diese am
Spezialstoff ab, fällt zu Boden und wird in eine seltene Form von Anerkennung umgewandelt. Die Spezialbeschichtung des Spezialstoffes verwandelt
alle neidvoll geäußerten Aussagen in kleine Leuchtbuchstaben, die sich auf
dem Boden zum Klartext hinter der versuchten Abwertung zusammenfügen
wie „Diese Idee hätte ich auch so gerne gehabt" oder „Gerne wäre ich mit
Dir im Team, dann wäre das auch von mir gewesen".

3.2   In welcher Fortsetzungsgeschichte leben Sie?

Fortsetzungsgeschichten in der Zeitung sind ein gutes Mittel, um die Leser bei der
Stange zu halten. Würde jeden Tag dieselbe Geschichte abgedruckt, hätte sich bereits ab Tag zwei die Langeweile gemeldet. Im „echten" Leben aber sieht es oft
anders aus.

Hier erzählen und lesen viele Menschen jeden Tag dieselbe Kurzgeschichte, die sie mit ihrem Leben verwechseln (frei nach Max Frisch „Mein Name sei Gantenbein", Frisch 1975). Eine wirkliche Fortsetzung findet oft nur als Wiederholung statt, nicht aber als Weiterentwicklung.

Der Wechsel der Straßenseite – ein erfrischend anderer bzw. abgewandelter Gedanke: Es braucht nicht viel, um eine Entwicklung in Gang zu setzen. Das einzige, was die Menschen davon abhält, ist das Vorwort, das sie allen Veränderungsoptionen voranstellen. Ich formuliere es bewusst vorsichtig, damit Sie wissen, dass dies nicht meine Ansicht ist:

Wer meint, es bedürfe gewaltiger Anstrengungen (Umbaumaßnahmen, Erdbewegungen, Runderneuerungen) im Leben, um überhaupt etwas zu verändern, z. B. den Umgang mit sich selbst, der Arbeit und dem Privatleben, wird es genau so erleben.

Viele Menschen sind davon überzeugt, dass es in ihrem Leben kaum neue Kapitel geben kann, die sich deutlich von den bisherigen unterscheiden. Diese Ansicht ist es, mit der sich viele davon abhalten, einer kleinen Veränderung Raum zu geben.

Am Anfang des Buches wurden Marketingelemente versprochen. Hier eine Werbeanzeige, die das Thema Storytelling über sich selbst zum Thema hat. Zielgruppe sind an sich alle Menschen, die mindestens eine Eigenschaft miteinander vereint: das Interesse daran, ihre Arbeits- und Lebenskonzepte sinnvoll zu verändern.

Wie wird heute Ihre Ich-Story?
Danach fragt Sie das folgende Motiv:

Wie wird heute Ihre Ich-Story?

Welche Geschichte haben Sie sich heute über sich selbst erzählt, als Sie aufgestanden sind?

Die Geschichte von der Person, die das Leben heute so lebt und erlebt wie gestern? Oder die Geschichte von der Person, die in jedem (z. B. auch in diesem) Moment eine neue Erfahrung erzeugen kann, aus der sich neue Geschichten ergeben?

Welche Geschichte über sich selbst erzählten Sie sich eben noch zu heute, gestern und den letzten zwei Wochen?

Soll der heutige Tag eine Wiederholung oder Ihre persönliche Fortsetzungsgeschichte sein? Wie würde was auf Sie wirken?

Möchten Sie heute ein neues Kapitel beginnen, einen neuen Absatz schreiben, Wörter verwenden, die Sie schon lange nicht mehr oder noch nie gebraucht haben?

Was werden Sie am Abend über heute sagen, wenn sich das Heute als die Fortsetzungsgeschichte mit interessanter Entwicklung herausgestellt haben wird?

Wie wird morgen sein, wenn Sie dann über heute feststellen werden:

Seit gestern ist etwas anders.

Heute: Teil einer unbekannten Geschichte

3.3 Forschungsvertrag mit sich selbst inklusive Geduldserklärung

Gerade die kleinen Veränderungen sind es, die auch im größeren Format Veränderungen bewirken können. Manche wirken sofort, andere benötigen ein paar Tage. Deshalb sind Aufmerksamkeit und Geduld die Eltern oder Mentoren der Veränderung.

Aufmerksamkeit braucht es, um Veränderungen überhaupt zu bemerken.

▶ Führen Sie ab heute ein Veränderungstagebuch (am besten mit Ihrem gut schreibenden Stift): Machen Sie jeden Tag eine kleine Veränderungsnotiz. Sonst vergessen Sie viele der Veränderungen für immer.

Stellen Sie sich vor, Sie sehen auf Ihrem heutigen Weg durch den Tag immer wieder ein Plakat, auf dem steht: „Etwas ist heute ein klein wenig anders. Was es genau ist, wird erst am Abend sichtbar".

Was macht Ihr Gehirn? Es begibt sich von alleine auf die Suche. Ist der Kollege immer noch so nervig? Ist dieses Projekt immer noch so schwierig, oder zeigt sich bald ein etwas anderer Umgang damit?

Change-Box: Geduld per Post – dreimal am Tag
Selbst wenn Sie sich am Morgen vornehmen, heute geduldig mit sich zu sein, kann sich dieser Vorsatz schon am Mittag in Luft aufgelöst haben. Der Alltag bringt es oft so mit sich.

So bleiben Sie in Ihrer Geduld: Richten Sie sich bei Ihrem E-Mail-Provider eine tägliche Erinnerung ein, die Ihnen dreimal per E-Mail an Ihre private E-Mail-Adresse geschickt wird. In dieser Mail schreiben Sie:

„Ich bin auch heute wieder offen dafür, mich von mir selbst überraschen zu lassen. Veränderung ist auf meiner Seite. Meine Fähigkeit zum Wandel stabilisiert mich."

Sie werden sich wundern, wie schnell Sie damit zu mehr Geduld kommen können.

Wie – Sie meinen, drei E-Mails am Tag könnten Sie bald schon nerven? Eine gute Gelegenheit, genau daran Geduld zu lernen. Sobald die automatisierte E-Mail eintrifft, sagen Sie sich: Diese automatisierte E-Mail hilft meinem Gehirn dabei, einen neuen Brauch einzurichten: Reflexartig geht mein Gehirn in Zusammenarbeit mit dem Körper in eine entspannte Position – und gibt den Dingen den Raum und die Zeit, die für (diese Aufgabe/dieses Projekt/diese Begegnung usw.) erforderlich sind.

Literatur

Frisch, Max. 1975. *Mein Name sei Gantenbein*. Berlin: Suhrkamp.
Schmidt, Gunther. 2018. *Einführung in die hypnosystemische Therapie und Beratung*, 8. Aufl. Heidelberg: Carl Auer.

Burnout-Prävention und -Intervention: Was kann ich tun?

4

Kommen wir nun zur Systematik beim Umgang mit dem Phänomen Burnout. Wir können ihm in drei Stufen begegnen:

- Präventiv: in einer als gesund erlebten Phase, die bereits Risiken bergen kann.
- Interventionell: wenn Kraft und Kontrolle bereits nachgelassen haben und eine Reorganisation der inneren Kräfteverhältnisse erforderlich ist.
- Kurativ: mit Therapie, Beratung und Coaching bzw. Hospitalisierung (Klinikaufenthalt).

Präventiv kann heißen, dass Sie stets für eine gute Ernährung sorgen, für erholsamen Nachtschlaf und eine klare Job Description haben, der sich auch entnehmen lässt, was Sie alles als Arbeitnehmer leisten müssen und wo die Privatperson beginnt. Dazu zählt, dass Arbeitsthemen an der Arbeitsstelle bleiben und das Schlafzimmer ein Privatbereich ist und bleibt. An dieser Stelle gleich die leicht ketzerische Frage, wie gut sich Werber (falls sie es in Präsentationsphasen überhaupt tun) z. B. in Präsentationsvorbereitungsphasen ernähren.

Nicht immer lassen sich diese drei Stufen scharf voneinander trennen. Denn während eine innere Seite womöglich Hoffnungslosigkeit wähnt, ist eine andere Seite bereits oder wieder am Hoffen und am Herstellen von Veränderung.

© Springer Fachmedien Wiesbaden GmbH, ein Teil von Springer Nature 2020
J. Faupel, *Burnout-Prävention und -Intervention im Marketing*,
https://doi.org/10.1007/978-3-658-24453-8_4

4.1   Burnout-Prävention: das eigene Wohlergehen in den Mittelpunkt stellen

Vorbeugen ist besser als Bohren – dieser Dental-Werbespruch war schon in meinen Kindertagen ein Klassiker. Mit dem Vorbeugen waren bereits in den 1960er-Jahren das Zähneputzen und der regelmäßige Zahnarztbesuch gemeint. Damit sollte einem der Schmerz erspart bleiben. Eine gute Gleichung, die an sich zu allen Lebensbereichen passen sollte, in denen ich jetzt etwas tun kann, um für später etwas zu sichern.

Wie aber wollten Sie ausgerechnet einem Burnout-Syndrom vorbeugen? Wie kann das gelingen, da doch Ehrgeiz, Leistung und die aus heutigen Motivationsprogrammen bekannte Extra-Meile untrennbar mit Beruf und Erfolg verbunden sind? Burnout-Prävention will auf den ersten Blick nicht so recht zu Spitzenleistung und Selbstoptimierung passen. Aber auf den zweiten ganz sicher.

Vorwürfe und Vorurteile abbauen

Wie macht sich der Arbeitnehmer vom latenten Vorwurf und Selbstvorwurf der unbilligen Schonung frei, wenn er sein Wohlergehen in den Mittelpunkt stellt? Das kann gelingen, indem er den Vorgesetzten und den Personaler davon überzeugt, dass ein gesunder Arbeitnehmer der beste Arbeitnehmer ist. Durch Handlungen, nicht durch Absichtserklärungen.

Zieldilemmata aufdecken

Viele Unternehmen, Unternehmer und Arbeitnehmer stecken in einer Zwickmühle hinsichtlich der Vorgaben für ihre Input-Output-Rechnung, die oft lautet: „Volle Leistung ohne Ausfälle!"

Um den Widersinn dieser Gleichung zu entdecken, lohnt sich ein Blick in Arbeitsbereiche außerhalb des Marketings:

* Die Fertigungshallen des Maschinenbaus. Keine Maschine läuft dort dauerhaft an ihrer Leistungsgrenze.
* Das Gesundheitswesen: Keine Belegschaft in einem Krankenhaus hält auf lange Sicht die Bedingungen eines Katastropheneinsatzes aus.
* Der Individualverkehr: Der Verschleiß und der Kraftstoffverbrauch von Verbrennungsmotoren steigen unter dauerhafter Höchstlast überproportional an.

Doch ausgerechnet für die Gesundheit des Individuums scheinen wesentliche Erkenntnisse aus der Soziologie und der Materialwirtschaft nicht zu gelten. Dieses Phänomen ist sowohl bei Menschen, die selbst in den Burnout gehen, zu beobachten, wie bei Menschen in deren Umfeld.

4.2   Burnout-Intervention: ärztliche Therapie plus Erstversorgung mit Ressourcen

Wie die Depression ist auch das Ausgebranntsein ein potentiell lebensbedrohlicher Zustand. Schnelle professionelle Hilfe ist daher unverzichtbar. Das erste und das letzte Wort haben hier die Allgemeinärzte bzw. Internisten. Hier finden Sie daher nicht einmal andeutungsweise Anhaltspunkte für eine Selbstdiagnose. Stellt der Arzt einen Zustand fest, der eine sofortige Freistellung aus einem Arbeitskontext anzeigt, so ist dies der erste Schritt. In einer Reihe von Maßnahmen.

Entscheidend ist für die betroffenen Menschen, die das Arztzimmer als High-Performer betreten und als Patienten verlassen, das Folgende:

- Die Diagnose Burnout-Syndrom ist der Startpunkt zur Wiederherstellung von Kraft und Gesundheit.
- Das diagnostizierte Burnout-Syndrom kann als Befreiung dienen aus einem lebensbedrohlichen Kreislauf aus Selbsttäuschung und Beschwichtigung eines Umfeldes, das häufig etwas ahnt, aber nicht an die Betroffenen herankommt.
- Die beiden vorgenannten Tatsachen wiederum können als Einladung genutzt werden, ab sofort mit den eigenen Ressourcen zu arbeiten und nicht mehr gegen sie.

Der Umstand, dass die Einheit aus Körper und Seele den Burnout-Zustand herzustellen vermochte, ist eine Ressource. Wie auch Schmerzempfindlichkeit eine Fähigkeit ist und kein Nachteil.

Im Idealfall nutzt der im Burnout-Syndrom angekommene Mensch diesen Zustand wie ein Basislager für den Aufstieg zu einer generellen Lebens-Metaperspektive. Im Gegensatz zum Basislager bei einer realen Bergbesteigung sind hier im Burnout alle Vorräte erschöpft. Da ist fast nichts mehr. Dieses „fast nichts mehr", diese Leere kann der ideale Ausgangspunkt sein, den Geist freizumachen von aufdringlichen Anforderungen – und die Sinne zu einer Metaperspektive aufsteigen zu lassen:

Change-Box: Drei Fragen für Veränderungen

- Was habe ich bis jetzt für wichtig erachtet – für den jeweiligen Tag, die Woche, das Jahr?
- Wie haben sich meine Bewertungen und Rangordnungen auf meine unmittelbare und langfristige Gesundheit ausgewirkt?
- Wie wird mein Leben aussehen, wenn ich den Radius meiner Betrachtungen weiter fasse?

4.3   Ergebnis- und Leistungsideale in Anlehnung an Pareto

Der italienische Ökonom Vilfredo Pareto hat das nach ihm benannte Pareto-Prinzip beschrieben. Es ist eine Faustregel, die besagt, dass in der Wirtschaft oft mit nur 20 Prozent der Ressourcen bereits bis zu 80 Prozent eines gewünschten Ergebnisses erzielt werden können. Nehmen wir an, Sie wollen mit Anzeigen Personen aus Ihrer Zielgruppe erreichen, um Produkte zu verkaufen. Sie haben 1000 Euro Budget. Nach Pareto würde es reichen, für 200 Euro Anzeigen zu buchen, um bis zu 80 Prozent der verfügbaren Waren zu verkaufen, weil Sie mit diesem Budget den relevanten Teil Ihrer Zielgruppe erreichen können. Für die zu 100 Prozent Abverkauf fehlenden 20 Prozent müssten Sie nach Pareto weitere 80 Prozent der Ressourcen verwenden – also zusätzlich 800 Euro; somit bleiben im 100-Prozent-Fall keine Ressourcen übrig. Anders ausgedrückt: Um auf 100 Prozent denkbaren Ertrag zu kommen, muss zusätzlich viermal so viel Aufwand betrieben werden. Soweit, so gut. Das sind Werte, die auf einer Theorie beruhen. Es gibt allerhand Kritik am Pareto-Prinzip, weil es – oberflächlich betrachtet – dazu verleiten könnte, nicht den denkbar besten Erfolg anzustreben, sondern zu früh aufzugeben. Tatsächlich kann uns die gelegentliche Erinnerung an die 20-80-Regel von übertriebenem Eifer für Nebensächlichkeiten abhalten.

4.4   Veränderungen – wenig hilft viel!

Warum ist hier von wenig die Rede, obwohl Sie wahrscheinlich doch einiges ändern wollen? Es soll Sie davor bewahren, sich zu viel vorzunehmen. Wenn Menschen das Wort Veränderung hören, denken viele an große Aktionen. Auswandern, umziehen, Weltanschauung wechseln, 30 kg abnehmen, ein anderer Mensch werden, mit allen im Einvernehmen leben. Leider – oder zum Glück – wird das meistens nichts. Doch warum funktionieren die Alles-anders-Konzepte so gut wie nie? Weil sie nicht zur Lebensrealität passen. Wahrscheinlich ist das auch ein Glück, sonst würden ständig Völkerwanderungen stattfinden, Menschen alle paar Monate den Job und den Lebenspartner wechseln und keine neuen Erfahrungen mit sich selbst machen.

▶   Wenig hilft viel.

So einfach ist es: Vergleichsweise Kleines, das umgesetzt wird, hilft natürlich viel mehr als das Große, das in Gedanken steckenbleibt. Denken Sie z. B. an das Müllraustragen. Wer den Müll aus der Küche oder dem Arbeitszimmer zur Mülltonne trägt, bewegt auf globaler Ebene wenig. Auf einer anderen Ebene ist er sehr erfolgreich. Müllentsorgung ist Aktivität. Weit mehr als das verkrampfte Brüten über einer Lösung. Mit dem Müllraustragen beginnt ein Lösungsmodus, in dem weitere Lösungsansätze folgen können.

Und noch etwas: Je kleiner die Einheiten sind, in denen Sie etwas verändern, desto größer werden die Gesamteffekte. Hierzu habe ich vor einigen Jahren eine Technik entwickelt. Sie war aus einer Eigenschaft hervorgegangen, die ich am liebsten gestern abgelegt und losgeworden wäre. Alle Welt redet vom Fokussieren und wie wichtig das sei. Zweifellos ist es wichtig, sich voll und ganz auf eine Sache einzulassen, sich einem Thema hingebungsvoll zu widmen. Allerdings sind hier alle Menschen verschieden. Der eine Mensch versteht es, seine aufkommenden Ideen und Geistesblitze auszublenden. Der andere wiederum bekommt ein schlechtes Gewissen, wenn er nicht jeden Gedanken mit der nötigen Aufmerksamkeit ausstattet.

Es zählt zu meinen Eigenschaften, dass mein Gehirn pausenlos Lösungen produziert. Ganz gleich, ob es überhaupt ein Problem gibt, eine Lösung ist schnell gefunden. Irgendwie rührend, wenn ich es aus heutiger Sicht betrachte. So lange ein solcher Prozess willkürlich in den Tag hineinlief, endete jeder Tag ähnlich, und zwar im Chaos. Jeder Versuch, mich zu mehr Disziplin zu zwingen, bei einer Sache zu bleiben und mich nicht ablenken zu lassen, verschärfte bei mir das Problem. Ich wurde immer unruhiger. Bis ich mich bald täglich in einem Zustand wiederfand, der in etwa folgendem Bild entsprach:

Die Ideen kamen, als hätte es eine Springflut in der Kanalisation gegeben, die alle Kanaldeckel in einer Straße gleichzeitig die Höhe schleuderte. Alarm. Es existierte eine schier unermessliche Projektvielfalt, in der ich so gut wie täglich oder eher stündlich fast ertrank. Es war ein Zustand wie auf einer Neugeborenenstation. Ich alleine, gehetzt zwischen gefühlt Dutzenden von alleine nicht überlebensfähigen, aber laut rufenden Projekten. Jedes rief am lautesten: Hier, wende dich mir zu! Alle hatten Hunger, aber durch das nur sporadische Auftauchen am einen oder anderen Projektbettchen machte ich die Sache nicht besser. Ich wusste, dass Kreativität eine enorme Ressource ist. Aber wie der Ölscheich gut daran tut, wenn er sein Rohöl abfüllt, verarbeiten lässt und verkauft, statt es aus der Ölquelle ungenutzt in die Wüste laufen zu lassen, so wollte auch ich meine Ressourcen besser zu fassen und zu nutzen lernen.

Hier begann ich mit einer Auto-Intervention, die es in sich hatte. Statt mich weiterhin dazu zu zwingen, mindestens eine Stunde oder einen halben Tag lang stillzusitzen und bei einem Projekt zu bleiben, tat ich das Gegenteil.

Ich stellte einen Wecker auf 15 Minuten und verlangte von mir, mich genau diese 15 Minuten einer Sache zu widmen. Keine Minute länger. Beim Klingeln musste das Projekt gewechselt werden. Und wissen Sie, was das Erstaunliche war?

Dadurch, dass Zeit mit einem Mal sehr knapp war – 15 Minuten sind auf den ersten Blick nicht viel – geschah enorm viel in diesen kurzen Projektzeiten. Gelegentlich „ertappte" ich mich dabei, dass ich ein wenig überzog und den Wecker einige Male in den Schlummermodus versetzte.

Ich ließ mich „gewähren" – das heißt, ich bremste mich nicht im Fortschritt. Die plötzlich aufkommende, intensive Lust, länger bei einem Projekt zu bleiben, war das Gegenteil dessen, was ich erwartet hätte. Ich hätte eigentlich gedacht, ich würde beim Weckerläuten erlöst zum nächsten Projekt springen, doch ich wollte bleiben, die Sache zu Ende bringen. Weil die Zeit knapp war und nicht beliebig lange. Es gab natürlich auch Phasen, in denen ich die Abwechslung willkommen fand.

Change-Box: Paradoxe Selbstintervention
Jeder Arbeitstag besteht aus 32 einzelnen 15-Minuten-Episoden. Machen Sie für eine Woche lang in Konzept- und Ideenfindungsphasen den Versuch, für eine Tätigkeit, die Ihnen besonders schwer zu fallen scheint, maximal 15 Minuten anzusetzen. Und dann *geplant abzubrechen*, etwas anderes im Zusammenhang mit Ihrem Job zu tun, um die Ursprungstätigkeit nach 15 Minuten *geplant fortzusetzen*. Idealerweise entwickeln Sie zwei Kampagnen oder Projektpläne parallel. Es braucht dabei nur genügend Aufmerksamkeit hinsichtlich der Dateien, die Sie öffnen und schließen.

Erinnern Sie sich an die inneren Filmsequenzen in Kap. 1, die uns das Gehirn immer wieder einspielt? Nun stellen Sie sich vor, Sie würden schon jetzt einen Teil der Programmgestaltung Ihrer inneren Film- und Trailer-Welt übernehmen. Das heißt: Sobald Sie merken, dass in Ihnen oder in Ihrem Umfeld etwas aufzieht, das nach Überforderung aussieht, bauen Sie ein Kommunikationssignal ein. Einen Störer. Einen Reminder. Eine innere Weiterleitung (wie die 301-Weiterleitung im Internet von nicht mehr existierenden URLs auf die aktuellen, s. Abschn. 4.5).

Der Reihe nach. Erst einmal sehen wir uns an, was zu Überforderungsgefühlen führen kann, schon bevor eine einzige Leistung erbracht wurde.

Beispiel für ein inneres Überforderungsszenario: Sie haben schon genug im Kalender stehen, aber Ihnen fällt ein, dass da noch der Pitch ist … und die Kollegen könnten sicher etwas Entlastung gebrauchen. Warum also nicht heute und morgen etwas länger bleiben?

Dabei ahnen Sie, dass, wenn Sie das machen, Ihre aktuellen Jobs darunter leiden. Denn Sie stellen eine aufkommende innere Unruhe fest, weil Sie für Ihren Mediaplan noch kein Konzept haben. In diesem Fall wäre Ihrer inneren, besonders kollegialen und sozialen Heldenseite (das ist wertschätzend gemeint) herzlich zu danken und sie dazu einzuladen, Sie bei der Finalisierung Ihrer eigenen, der aktuell vorrangigen Aufgabe zu begleiten.

▶   Zumutungen sind in Wahrheit Herausforderungen, etwas zu verändern.

Beispiel für eine von außen kommende Zumutung, die in eine Überforderungssituation münden kann: Sie haben übers Wochenende eine Reise zur Hochzeit Ihrer besten Freundin geplant. Da kommt der Agenturchef triumphierend mit der Zusage zu einem Pitch in die Abteilung. „Leute, Urlaubssperre! Die große Chance. Alle müssen ran. Gibt auch Pizza." (Als wenn Sie sich für Pizza eine neue Freundin kaufen könnten.)

In solchen und ähnlich gelagerten Situationen bedienen Sie sich mit der Hilfe dieses Buches der gängigen Mittel aus dem Baukasten der Marketing- und Online-Marketing-Welt, um Musterunterbrechungen zu erzielen:

- ein Störer wie auf einem Flyer
- ein Trailer
- ein Ticker
- ein Banner
- ein Interaktions- oder Opt-in-Element wie auf einer Website
- ein Hörfunkspot
- ein imaginierter Link bzw. eine Weiterleitung auf eine andere (Lebens)seite

Solche Marketingmittel können Sie in Form von Merkzetteln und Bildern in Ihren Alltag integrieren – wie in dem Beispiel mit der Nordsee im Spiegelschrank in Abschn. 2.1.

Bevor wir auf Marketingmaßnahmen eingehen, sehen Sie sich die Definition von Mustern und ihren Unterbrechungen an.

Was sind Musterunterbrechungen? Warum sind sie wichtig? Was ein Muster auf einer Tischdecke, einem Kleid und einer Krawatte ist, wissen Sie. Die Muster, um die es hier geht, sind Ordnungsmuster. Jedes System, z. B. eine Familie, eine Werbeagentur oder auch ein Markt, strebt nach Stabilität. Stabilität erzeugt Sicherheit.

Wenn Sie jetzt einwenden, Sicherheit in einem negativ erlebten System wäre nicht erstrebenswert, so stimmt das. Allerdings funktioniert diese Form der Sicherheit vermutlich wie eine Entlastung für das Gehirn. Nachdenken kostet Energie. Im Sinne des Energiesparens ist es am günstigsten, wenn ein sattsam bekanntes Muster geritten wird. Ich verwende in der Beratung gerne ein bestimmtes Bild: das Regal.

4.5 Was zählt zu den Mustern: Was liegt für das Gehirn vorne im Regal?

Für Klienten, die davon berichten, dass sie gegen bestimmte Denkschleifen oder auch Handlungsmuster nicht ankommen (was bei fairer Betrachtung des Gehirns gar nicht gehen kann), habe ich ein einfaches Bild entwickelt. Es ist die Vorstellung, das Gehirn oder ein Beauftragter des Gehirns würde, bevor ein Gedanke oder eine Handlung zu beobachten ist, wie in einem Gedankenregallager oder Handlungsmusterdepot die jeweils passende Reaktion aussuchen. Wie in einem echten Vorratsregal liegt manches weiter vorne, anderes jedoch weiter hinten. Jetzt sehen wir uns an, wie sich dieses Bild im Alltag nutzen lässt:

Ein bestimmtes Verhalten oder Denken liegt für das Gehirn im übertragenen Sinne vorne im Regal. Wir müssen nicht über unsere Handlung nachdenken, wenn wir zum Beispiel eine rote Ampel sehen. Auf die Bremse zu treten liegt vorne im Regal. Häufig liegt daneben eine Bewertung wie „Schlecht, schon wieder rot". Zusammen ergibt das ein Denk- und Verhaltensmuster und Reaktionen. Das Stresshormon Cortisol wird ausgeschüttet; der Puls erhöht sich; die Ungeduld steigt. Verändern ließe sich so ein Roteampelmuster z. B. damit, dass der Mensch folgenden Gedanken aus dem Regal zieht: „Andere bezahlen für ein mittelmäßiges Selbstbeherrschungsseminar 1500 Euro und investieren ein Wochenende. Ich lerne hier Geduld in Weltklasse-Qualität innerhalb von 90 Sekunden. Kostenlos. Beim besten Lehrer: bei mir selbst."

Das ist eine bewusst überzogene Schilderung, ein anfangs leicht absurd wirkendes Bild. Aber sonst merkt (sich) das Gehirn nichts. Suchen Sie sich zur Musterunterbrechung am besten etwas, das Sie zum Schmunzeln bringt. Hochgezogene Mundwinkel haben eine Wirkung auf das Gehirn. Wie wir intuitiv lächeln, wenn uns danach ist, wird uns auch danach sein, wenn wir absichtlich lächeln.

An dieser Stelle die Bitte an Sie, das nun folgende kurze Selbstinterview, das Sie als 5-Minuten-Veränderungsgelegenheit betrachten können, durchzuführen. Es kann Hinweise auf das liefern, was Ihr Gehirn bislang aus dem Regal nimmt – und was es stattdessen wählen könnte.

Selbstinterview: Bestandsaufnahme – Informationsbeschaffung – Ziele – Kleiner Schritt

1. **Bestandsaufnahme:** Was können Sie jetzt sehen, wahrnehmen, hören, fühlen? Was erleben Sie als Zwickmühle? Wo sehen Sie einen Loyalitätskonflikt?
2. **Informationsbeschaffung:** Welche Informationen liegen bisher vor? Um welche neuen Aspekte, Sichtweisen, Perspektiven können Sie Ihre Einschätzung erweitern? Wie gelangen Sie zu diesen neuen Aspekten?
3. **Ziele:** Was wäre eine gewünschte Veränderung? Wie sieht Ihre Situation aus, sobald die Veränderung erreicht ist? Woran erkennen Sie die Veränderung zuerst?[1]
4. **Kleiner Schritt:** Was wäre ein kleiner Schritt im Sinne der aktuell am einfachsten herstellbaren Veränderung (Beispiel: Kollegen kontaktieren, Zimmer lüften, Müll raustragen)? Gehen Sie den Schritt, um dann zu sehen, welche Veränderungen er gebracht haben wird.

Muster können wie Vergrößerungsgläser sein, wie Filter, durch die wir auf etwas oder auf jemanden sehen. Ähnlich ist es übrigens mit den Kunden, um deren Aufmerksamkeit sich das Marketing bewirbt. Es geht darum, die Muster der bisherigen Wahrnehmung so lange und so intensiv zu stören (mit *stören* ist hier gemeint: zu verändern, zu garnieren, zu variieren), dass sie in ein neues Muster übergehen, z. B. zum inneren Dialog, in dem sie sich nach „Abwägen von Für und Wider" für einen Kauf entscheiden.

Ich schweife ab. Absichtlich. Denn das Thema Muster und Musterveränderung begleitet uns ab jetzt auf jedem Schritt.

Weiter mit den Mustern auf Tischdecken, Kleidern und Krawatten. Diese sind in der Wirkung den Denk- und Verhaltensmustern nicht unähnlich.

▶ Wie wirkt eine Totenkopf-Frühstücks-Tischdecke auf Sie?

Bedenken Sie, dass ein Denkmuster auf den Menschen ähnlich wirken kann wie ein gedeckter Tisch in einem Raum (Situation), den Sie gerade betreten. Es ist nicht schwer vorzustellen, dass eine Tischdecke mit Totenköpfen ein anderes Frühstückserlebnis spendet als eine Decke mit Zitronen oder Schmetterlingen.

---

[1] Abgeleitet von der „Wunderfrage" nach dem amerikanischen Kurzzeit-Therapeuten Steve de Shazer.

Um Denk- und Verhaltensmuster zu identifizieren und zu verändern, kann daher die Frage „Wie ist der Tisch hier gerade gedeckt? Und wie wirkt sich das auf mein Empfinden aus?" hilfreich sein. Dies ist keine wissenschaftliche Erklärung und auch keine Begrifflichkeit aus der ordentlich betriebenen, richtlinienkonformen Psychologie. Das Beispiel ist absichtlich so gewählt. Schließlich soll ein Unterschied zur Therapie- und Beratungslehrbuchmentalität sichtbar werden. Eine Totenkopftischdeckensituation ließe sich so umgestalten, dass man (gedanklich) etwas über die Totenköpfe näht. Oder überall Blumenvasen verteilt, bis kein Totenkopf mehr sichtbar ist. Oder aber die Decke durch eine andere ersetzt.

Wissen Sie, was gerade passiert? Während vor Ihrem inneren Auge Ihr persönliches Bild von einer absurden Tischdecke auftaucht, können parallel bereits Suchprozesse in Ihrem Gehirn beginnen. „Welche Situationen gibt es sonst, in denen ich absurde Muster sehe – oder bisher noch nicht wahrgenommen habe?" Ungemein praktisch ist an solchen Suchprozessen, dass sie unwillkürlich einsetzen und ablaufen. Für das Gehirn reicht ein attraktives Angebot, ein initiales Ordnungsmuster (Lexikon der Psychologie o. J.), um weitere Muster zur Aktivität, zur Schwingung oder Eskalation, wie auch immer, anzuregen. Attraktiv ist hier neutral zu verwenden, also nicht nur im Sinne von schön oder erstrebenswert. Auch ein umgestürzter Baum, in den der Blitz eingeschlagen hat, ist eine Attraktion für das Gehirn. Weil er sich von allen anderen Bäumen unterscheidet und eine dramatische Geschichte erzählt.

Nach dem Ausflug zu den Mustern auf Tischdecken, Kleidern und Alltagen wenden wir uns der Frage zu, wie Sie Ihre Muster absichtlich so stören (verändern), dass sie anders wirken. Es geht nie darum, ein Muster auszuradieren oder zu löschen. Das Gehirn vergisst nichts. Alles wird abgelegt, mehr oder weniger sinnvoll gruppiert und kann in den erstaunlichsten Situationen plötzlich auftauchen. Ein Gedankenblitz. Eine Idee. Eine Erfindung. Eine Werbekampagne. Mit einem Mal ist etwas entstanden, das in dieser Verbindung vorher nicht bekannt war. Das Ursprungsmuster bleibt existent, auch wenn es verändert wurde. Um nichts anderes geht es hier beim Störer, den wir hilfsweise von einem Werbeflyer in unser Bewusstsein übernehmen können, umtexten, von „Bis 30.11. wechseln" (Autoversicherung) zu „Das erinnert mich an …" (z. B. eine Situation, in der ich mich gut geerdet fühle).

Bis 30.11. wechseln und sparen	„Das erinnert mich wieder an …

Links der Störer, wie er in einer Anzeige oder auf einem Flyer auftauchen könnte – rechts ein gedachter Störer für den Alltag. Nun gut, gedacht ist er jetzt schon nicht mehr, denn Sie sehen ihn ja. Aber Sie können zumindest so tun, als würden Sie ihn sich denken.

Wie können Sie einen nützlichen Störer zur Musterunterbrechung so in Ihr Bewusstsein integrieren, dass er bei der nächsten Gelegenheit von alleine (unwillkürlich) auftaucht? Das geht recht einfach. Es braucht nur ein wenig Übung und Geduld, bis der Störer zum Selbstläufer geworden ist. Suchen Sie sich einen Umstand in Ihrem Alltag, der Sie nervt, den Sie ändern möchten.

Damit alle Leser etwas davon haben, demonstriere ich Ihnen das Installieren eines Störers an einem konkreten Beispiel: Nehmen wir an, jemand zuckt regelmäßig bei einem bestimmten Geräusch zusammen. Es kann sich natürlich auch um eine konkrete Dialogsituation handeln, z. B. wenn ein Kunde das Honorar drücken will oder unbezahlte Überstunden und Wochenendarbeit angedroht werden. Um nun eine konkrete Situation mit einem nützlichen, stärkenden und musterverändernden Störer auszustatten und damit das innerliche „Zusammenzucken" und „Genervtsein" zu verhindern, fragen Sie sich zunächst, wie Ihr persönlicher Störer aussehen bzw. wie er sich anfühlen könnte.

Könnte das ein neonfarbener Stern sein, der links oben in Ihrem Gesichtsfeld aufblinkt, wenn Sie „zu teuer" hören? Oder ist es eher eine Hand, die sich auf Ihre Schulter legt und Ihnen spürbar den Rücken stärkt, wenn gerade jemand ungeduldig fragen sollte „Wie, noch nicht fertig?"

Was wäre außerdem in einer Situation, die Sie als unangenehm, schwächend oder anderweitig veränderungswürdig erleben, ein hilfreiches Signal, das Sie an Ihre Ressourcen erinnert? Bleiben wir bei den Honorarverhandlungen. Zur Entwicklung einer Musterveränderung (aus Verunsicherung wird eine Stärkung Ihrer Selbstsicherheit) könnten Sie sich z. B. vorstellen:

Immer dann, wenn ein Kunde das Agenturhonorar nachverhandelt oder eine kostenlose Pitchpräsentation verlangt, sehe ich vor meinem inneren Auge eine Zeitrafferpräsentation meiner besten Anzeigenmotive und die zustimmenden Gesichter der Kunden. Und ich weiß: Meine Arbeit ist ihr Geld wert. Immer.

Aus dieser Sicherheit heraus können Sie gut arbeiten.

Jetzt noch der Trailer. Stellen Sie sich vor, Sie wären auf dem Weg in die Agentur oder würden einen Kunden besuchen. Eine Person, der Sie in Kürze begegnen, ist Ihnen nicht sympathisch. Sie merken das an einem Gefühl im Bauch oder in den Schultern. Hier läuft, während Sie auf dem Weg in die bevorstehende Situation sind, ein Trailer, ein kleiner Ankündigungsfilm ab. Mit erheblicher Wirkung. Ihr Gehirn antizipiert (nimmt vorweg), was „gleich passieren wird" – „wieder der nervige Herr X, der immer so schnell Ergebnisse sehen will und mir keine Zeit zum Nachdenken geben will." Wenn Sie bei diesem Trailer bleiben, werden Sie bzw. Ihr Gehirn die Situationen vermutlich immer wieder ähnlich gestalten. Ihr Gehirn bahnt damit ein bestimmtes Verhalten. Wie nun können Sie einen solchen Trailer umgestalten? Sie können ein Happy End einbauen. Heute, ja heute aber ist es anders. Herr X sieht sich die ersten Skizzen und Drafts an und räumt zusätzliche zwei Wochen Bearbeitungszeit ein. Weil er erkennt, dass die Agentur auf dem richtigen Weg ist. Zwei andere Methoden, um den Trailer zu verändern: Sie halten ihn an oder lassen ihn in Zeitlupe laufen.

Auch der Ticker ist ein gutes Beispiel. Nachrichtenticker mit Börsenkursen oder „Breaking News" laufen unten durch Fernsehbilder, Filme, Reportagen. Ähnlich den Untertiteln, die Filme ohne Synchronübersetzung in verschiedenen Sprachen erlebbar machen. Stellen Sie sich einen Ticker vor, der Ihnen in eine Alltagssituation etwas einspielt, das Sie gerade gar nicht gebrauchen können. Als Sie beim Kunden stehen und die neue Kampagne präsentieren sollen, taucht mit einem Mal +++ schaffst du nicht +++ nicht sehr plakative Idee +++ Kunde schickt uns heim +++ am unteren Rand des Raumes auf, in dem die Marketingabteilung sich versammelt hat. Wie gut werden Sie vermutlich präsentieren? Die Veränderung könnte so aussehen: +++ schaffst du nicht – *denkt sich jeder mit Lampenfieber* +++ nicht sehr plakative Idee – *und gerade deshalb exzellent für diesen seriösen Kunden* – +++ Kunde schickt uns heim – *und engagiert uns* +++

Wir haben den Ticker lediglich ergänzt, denn gelaufen ist er ohnehin.

Sie können jedes Element, das Ihnen aus dem Marketing und Onlinemarketing bekannt ist, in einem für Sie und von Ihnen passend gemachten Format in den Dienst Ihrer Gesundheit, Ihres Wohlbefindens, Ihres Mutes und Ihrer Zufriedenheit stellen. Wenn ich schreibe: jedes, dann meine ich das auch so.

Ein hilfreicher Gedanke für Veränderungen ist es, die 301-Weiterleitung aus dem Internet in unser Repertoire der Alltagsbehandlung aufzunehmen.

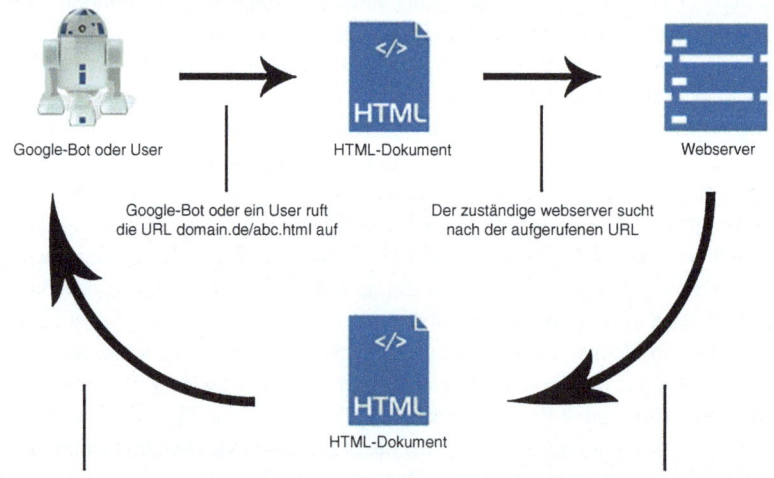

Google-Bot oder User   HTML-Dokument   Webserver

Google-Bot oder ein User ruft die URL domain.de/abc.html auf   Der zuständige webserver sucht nach der aufgerufenen URL

HTML-Dokument

Der Webserver antwortet dem anfragenden Client mit einem HTTP-Statuscode 301 und teilt ihm zugleich die neue URL der angeforderten Ressource mit: domain.de/xyz.html

Der Webserver kann die aufgerufene URL nicht finden, da sie nicht mehr verfügabar ist. Da aber eine 301-Weiterleitung zu einer neuen URL eingerichtet wurde, weiß der Webserver wo sich das angeforderte HTML-Dokument befindet.

Frag SISTRIX: tech. Schaubild einer 301-Weiterleitung

Die Ziffernfolge 301 steht in der Serversprache für Weiterleitungen. Diese Serveranweisung wird eingesetzt, wenn ein Dokument oder eine Webseite nicht mehr an der bisherigen Adresse verfügbar ist. Der Webbrowser und die Crawler der Suchmaschinen werden an eine neue Adresse weitergeleitet. So gut wie ohne Verzögerung. Und jetzt stellen Sie sich vor, dass auch Ihr Gehirn dazu in der Lage ist, die Aufmerksamkeit von einem inneren Bild, von dem einen bedrohlich wirkenden Gedanken und Zustand zu einem anderen Zustand weiterzuleiten.

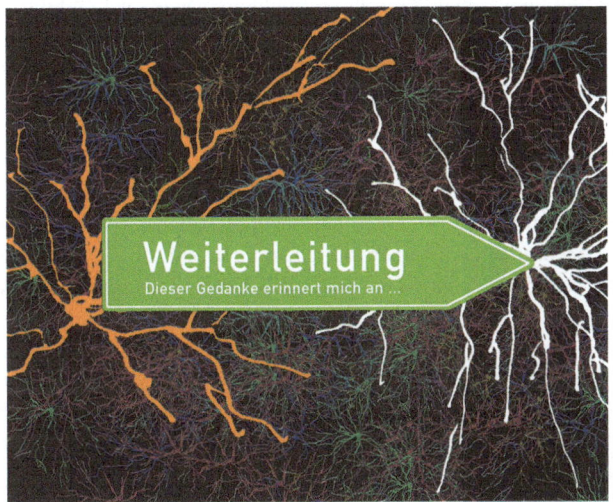

Am einfachsten können Sie sich „automatische" innere Weiterleitungen vorstellen, indem Sie an eine Situation denken, in der Sie unfreiwillig abgelenkt wurden. Hier können Sie ergänzen: „Das erinnert mich daran, dass ich ja eigentlich …"

Sie werden sehen: Da bei Ihnen die Ablenkung unwillkürlich, also unabsichtlich und ungeplant exzellent funktioniert, sind Sie auch produktiv ablenkbar. Nutzen Sie die bewusste Ablenkung und Umlenkung der Aufmerksamkeit von einem unerwünschten Zustand in Richtung eines veränderten, erwünschten Zustandes. Es ist eine Fähigkeit. Auf neue Gedanken kommen, das ist hier das Mittel der Wahl.

Innere Filme, wie die eingangs genannten, laufen pausenlos vor unserem inneren Auge ab, auch wenn wir schlafen. Sie entstehen in unserem Gehirn. Und sie sind meistens keineswegs zufälliger Natur. Auch die weniger nützlichen laufen einfach, und sie sind nicht böse gemeint, wie Sie im nächsten Abschnitt sehen werden.

4.6   Der schlechteste Moment ist oft ausgerechnet der beste

Jener Moment, den wir nicht mehr wollen, ist der ideale Zeitpunkt, um uns aus ihm zu befreien. Wenn ich gerade mittendrin bin, geht es am besten:

- Contenance lerne ich am besten im Autobahnstau, wenn der Termin immer näher rückt und nichts mehr geht, ich im Funkloch stehe, der Akku des Telefons nachlässt und das Ladegerät im anderen Sakko steckt: daheim im Schrank.
- Wo ist mehr Entwicklungsraum für Zuversicht als im Gefühl tiefster Hoffnungslosigkeit?
- Was bietet mehr Anknüpfungspunkte und Nahtflächen für Frieden als innere Zerrissenheit?

Das liest sich paradox? Gut so. Dann hat es gute Chancen, in Ihrer Erinnerung einen Platz zu bekommen. An keiner Stelle kann der Mensch so viel Pragmatismus entwickeln wie in dem Moment, in dem er scheinbar nichts mehr tun kann.

Change-Box: Paradoxe Kurzzeitintervention – im Stau Geduld lernen
Gehören Sie zur Gruppe jener Personen, die aus der Haut fahren könnten, wenn es nicht schnell genug geht? Glückwunsch, dann zählen Sie zu den Machern – und Sie verfügen über ein schnelles inneres Rückmeldesystem. Beides ist eine Stärke, die Sie künftig nutzen können. In der Überschrift steht zwar „ – im Stau Geduld lernen", doch Sie können diese Intervention für alle denkbaren Situationen verwenden:

- Chef verschiebt den Termin nach vorne.
- Kunde will den Etat kürzen, obwohl das Geld schon verplant ist.
- Noch-Nicht-Kunde will eine kostenlose Erstpräsentation.
- Sie sollen Überstunden schieben und gleichzeitig daheim am Abendbrottisch sitzen.

In der nächsten Überforderungssituation sagen Sie sich: *Andere zahlen viel Geld für Seminare und Workshops, um Strategien zu lernen, z. B. für Rhetorik, Präsentationskunst, Survival oder Selbstbeherrschung. Ich bekomme [diese Situation hier] ohne Termin und kostenfrei. Ich erfahre, wie sich [Contenance, Geduld, Zuversicht – was immer Sie gerade am meisten benötigen] in mir ausbreitet. Live.*

Hierzu berichte ich Ihnen aus meiner Beratungspraxis. Im Rahmen von Supervision arbeite ich auch mit Personen, die als anankastisch definiert, d. h. als Besitzer sogenannter Zwangsstörungen, beschrieben werden. Hier arbeite ich ebenfalls mit paradoxen Interventionen. Eine Person, in deren Kopf die Idee entstanden war, sie würde eine bestimmte Gedankensorte nie wieder loswerden, hat sich mit genau diesem Paradoxkonzept herausgearbeitet. Die Person schrieb mir: „Ich war wirklich davor aufzugeben und konnte einfach nicht mehr. Habe mir dann Ihren Satz zu Herzen genommen: *Wenn es schwierig ist, sind das die idealen Bedingungen für Veränderungen* – und siehe da, es klappt immer besser ..."

Unterschiedsbildungen – von Null auf Eins ist schon viel
Machen Sie sich bewusst: Wundersame Wendungen entstehen so gut wie immer aus einer Not heraus. Not macht womöglich auch deshalb erfinderisch, weil irgendwann alle nicht der Lösung dienenden Umstände und Aktionen entfallen. Die Voraussetzung für das Gelingen ist das bewusste Sich-Einlassen auf kleine, kleinste Schritte, auf Babyschritte.

4.7 Aufschieben wird zum Burnout-Auslöser

Für das Aufschieben kursiert ein zur Mode gewordenes Fremdwort: Prokrastination. Es beschreibt das ständige Aufschieben von Tätigkeiten – und auch dieses Phänomen kann in den Burnout führen. Der Begriff kommt von lateinisch *procrastinare* = vertagen.

Wer das eine vertagt, zieht das andere vor. Natürlich sind längst nicht alle Priorisierungen angemessen. Unter ihnen gibt es auch erratische, fehlerhafte. Als erratische Priorisierungen bezeichne ich innere, falsch angelegte Vorfahrtsregelungen, die zu Kollisionen im Außen führen. Beispiel: Die Steuererklärung steht an. Das Finanzamt hat bereits die Abgabe angemahnt und ein Zwangsgeld angedroht. Angesichts dieser gefühlten Bedrohung des Alltagsfriedens startet ... ein innerer Werbefilm für ein soziales Projekt in der eigenen Familie.

Das soziale Projekt heißt am einen Tag „Bügelwäsche" und bekommt einen hohen Prioritätsstatus. Am anderen Tag sind es die „Fenster im Wohnzimmer", die dringend geputzt werden müssen. Oder ein Großeinkauf Grillkohle, der zur Idee der Einladung der lieben alten Freunde führt. Diese Einladung muss am Rechner gestaltet und verschickt werden – ist ja auch für den Zusammenhalt der Familie und überhaupt.

Kaum ist ein solches, ethisch einwandfreies Projekt gefunden, kann die Steuererklärung getrost auf Wiedervorlage gesetzt werden. Meint man. Der innere Werbefilm hat es ermöglicht.

Wie geht diese Geschichte weiter?

Nach einigen Stunden setzt sich der Bügler oder Fensterputzer erschöpft hin und bewundert sein Werk. Es folgt etwas Öffentlichkeitsarbeit, die von Würdigung innerhalb des Sozialverbundes (Familie) belohnt wird. Eine runde Sache. Keiner bekommt mit, dass das Finanzamt bereits die Abgabe der Steuererklärung angemahnt hat. Das hat Zeit für später. Jetzt geht es um die „Low Hanging Fruits" – ein Lieblingsbegriff in der Marketingszene für schnell mögliche Erfolge, der hier ganz gut passt.

Was genau ist hier passiert? Was war emotional mit der Steuererklärung verbunden?

Es lohnt sich, das Phänomen des Aufschiebens oder der erratischen (fehlerhaften) Priorisierung etwas genauer zu betrachten. Offensichtlich war das Erledigen der Steuererklärung mit der Vorstellung von viel Mühsal und Entbehrung verbunden. Der einsetzende Zorn des Finanzamtes schien über der Sache zu hängen. Hinzu kam eine Vorstellung vom Sortieren und Tabellenführen, die in etwa das Arbeitsausmaß eines Pyramidenbaus erahnen ließ. Da erscheint es logischerweise besser, die produktive Flucht zu ergreifen. Die Flucht in eine bessere Welt, in der Anerkennung und Wohlwollen an der Tagesordnung sind. Und so entstand das Bügel-Fensterputz-Projekt. Im Sinne der kurzfristigen Schmerzvermeidung war das Substitut gut geeignet. Langfristig ist das Aufschieben ein Gift, wie jeder insgeheim weiß.

Uns interessiert an dieser Stelle der Vorgang, der zum Aufschieben geführt hat. Denn genau genommen ist jede Form von Arbeitsüberlastung auch eine Form von Aufschieben. Aufgeschoben wird die Selbstfürsorge, die Zuwendung zu sich selbst.

Irgendwann wird Prokrastination womöglich Einzug halten in die bedrückende Ehrenhalle der psychiatrischen Erkrankungen. Irgendwann taucht das Aufschieben im DSM, dem „Diagnostic and Statistical Manual of Mental Disorders" auf, in dem so viele normale Alltagsphänomene als psychische Störungen gelistet sind. Dieses psychiatrische Handbuch wird von vielen kritisch gesehen, weil in den letzten Jahren immer mehr natürliche Phänomene – etwa die Trauer eines Menschen über den Verlust eines Freundes oder des Arbeitsplatzes – als Störung angesehen wird. Wer heute nach dem Tod einer nahestehenden Person länger als der DSM-Norm entsprechend trauert, gilt im Sinne des DSM bereits als krank. Allen Frances, amerikanischer Psychiater und ehemaliger Mitautor des DSM, hat mit dem Buch „Normal: Gegen die Inflation psychiatrischer Diagnosen" als einer der Hauptkritiker am DSM hervorgetan. Im deutschsprachigen Raum haben wir dafür den ICD-10 (http://www.icd-code.de/icd/code/ICD-10-GM.html).

Untersuchen wir das Phänomen Prokrastination anhand des Hinauszögerns der Steuererklärung. Es ist recht einfach. Aber nur auf den ersten Blick. Zuerst die oben beschriebene, triviale Version, die überwiegend auf der Schmerzvermeidung basiert:

Wer nicht Steuerberater oder Wirtschaftsprüfer ist, verbindet (assoziiert) in der Regel gedanklich Schmerzen oder mindestens Unwohlsein mit der Steuererklärung. Mit dem Ziel der Schmerzvermeidung sucht sich der Mensch – bzw. sein Gehirn – eine Ersatzbeschäftigung, einen anderen Job. Wenn Flucht an den Strand oder ins Kino nicht gelingt, dann zumindest etwas, das sofort präsentierbare Erfolge bietet, womöglich noch etwas Anerkennung und Ruhm. Soviel zum trivialen Vermeidungsverhalten.

Auf den zweiten Blick wird das Aufschieben vielschichtig – und es ist nicht mehr so leicht mit einer Charakterschwäche zu erklären. Man kann es auch so sehen: Ein gewissenhafter Mensch, der es als Frage der Ehre erachtet, immer die richtigen Entscheidungen zu treffen, wird es sich dreimal überlegen, wenn er eine aus seiner Sicht gewichtige Entscheidung trifft. Und wenn er auch nach dreimaligem Nachdenken keine Option mit 100-prozentiger Sicherheit gefunden hat, entscheidet er nichts, vertagt das Projekt. Punkt. Ähnliches tritt ein, wenn entscheidende Informationen zur Durchführung eines Projektes fehlen. Es kann sich um den Anschluss der neuen Telefonanlage für zu Hause handeln. Wenn eine Anleitung zum einfachen Anschluss fehlt, bleibt die Telefonanlage eben im Karton. Spätestens hier wird klar, dass Aufschieben erstens nicht gleich Aufschieben ist und zweitens durchaus einen Sinn haben kann. Es ist die Wiedervorlage mit der Hoffnung auf zwischenzeitliche, von alleine einsetzende Situationsverbesserung.

Das Gehirn tritt in solchen Fällen wie eine Arbeitsvermittlungsstelle auf. Als Zeitarbeitsagent bietet es im Tausch gegen eine liegengelassene Steuererklärung oder eine unlösbar erscheinende Aufgabe eine auf den ersten Blick sinnvolle Tätigkeit im Haushalt an. Dass dabei die Prioritäten durcheinandergeraten, spielt für Funktionen wie Frustvermeidung und Lustgewinn kaum eine Rolle. Kurzfristiger Gewinn hat Vorfahrt – bis wir einen erweiterten, langfristigen Gewinn für uns entdecken und etablieren. Dieser langfristige Entscheidungsgewinn ist aber anzustreben und sich immer wieder bewusst zu machen. So kann der Prokrastinations-Burnout abgewendet werden.

Was ist ein langfristiger Entscheidungsgewinn?

In den späten 1960er- und den frühen 1970er-Jahren führte der Psychologe Walter Mischel das legendäre Marshmallow-Experiment durch. Genaugenommen handelte es sich um viele Einzelexperimente, von denen etliche der Versuchsdesigns filmisch festgehalten wurden. Die Experimentreihe zeigt in eindrucksvoller Weise, wie sich Lebensgeschichten und Karrieren entwickeln. Das Experiment beginnt mit einer einfachen Versuchsanordnung. Kindern im Schulalter wird von einer Psychologin ein Marshmallow serviert. Die Psychologin schlägt dem Kind jeweils ein Geschäft vor: Wenn es für einige Minuten der Versuchung widersteht, das Marshmallow zu essen, erhält es als Belohnung ein zweites. Die Psychologin verlässt für eine Weile den Raum, während eine Kamera festhält, wie das eine Kind den Verzicht übt – und das andere der Versuchung erliegt.

Das Experiment zeigte: Jene Kinder, die den vorübergehenden Verzicht auf spontanen Lustgewinn (Verzehr einer Süßigkeit) schafften, indem sie auf einen späteren, nominell höheren Wert (Belohnung des Abwartens durch Verdopplung des Süßigkeitsvorrats, ähnlich einer Verzinsung) setzten, wurden zu erfolgreicheren Erwachsenen.

Wie komme ich aus dem kräftezehrenden Aufschieben heraus?

Wer seine Kraftspeicher schon lange entleert und innerlich an der obersten Dispo-Linie gelebt hat, ist in einem Grenzbereich. Hier kommt es natürlicherweise zu Situationen, die wir anfangs für ausweglos halten. Wie soll man sich da noch motivieren – bzw. wie gelingt es, die Motivationsdauerschleife in eine Phase der Selbstfürsorge überzuleiten?

Der Verzicht auf eine Übersprungshandlung wie Fensterputzen bei anstehender Steuererklärung ist eine Leistung. Nicht das Fensterputzen ist eine Leistung (es ist nur Arbeit). Die Leistung liegt im Verzicht. Heute können wir zu solchen Verzichtsleistungen zum Beispiel zählen, wie lange wir es schaffen, auf Social Media und News zu verzichten. Wann haben Sie es das letzte Mal geschafft, einen gesamten Arbeitstag lang nicht die Nachrichten (in Ihrer Filterblase) und die Posts in Ihrem Netzwerk anzusehen?

Die Marshmallow-Langzeitstudie hat gezeigt: Offensichtlich ist die Fähigkeit zum zumindest gelegentlichen Verzicht auf „Low Hanging Fruits" eine der Grundvoraussetzungen für ein gelingendes Leben. Entscheidend war bei der Leistung in diesem Experiment die Fähigkeit zur gedachten Verbindung mit einem anderen, später einsetzenden Moment.

4.8   Vermeintlich Bekanntes mit neuen Augen sehen

Berechnend zu sein hat leider einen unverdient schlechten Ruf. Dabei sind wir permanent berechnend. Berechnung entlastet unseren Alltag und rettet uns immer wieder mal unser Leben. Das Gehirn errechnet pausenlos aus bereits gespeicherten Erfahrungen und irgendwann gebildeten Zusammenhängen jene Szenen, die sich mit den bereits erlebten Szenen decken oder von diesen abweichen. Szenen, die entstehen könnten, bestimmen unser Handeln bzw. Zögern oder Vermeiden. Vier Hauptkategorien schlage ich vor:

- bekannte Szenen
- unbekannte Szenen
- relevante Szenen und
- irrelevante Szenen

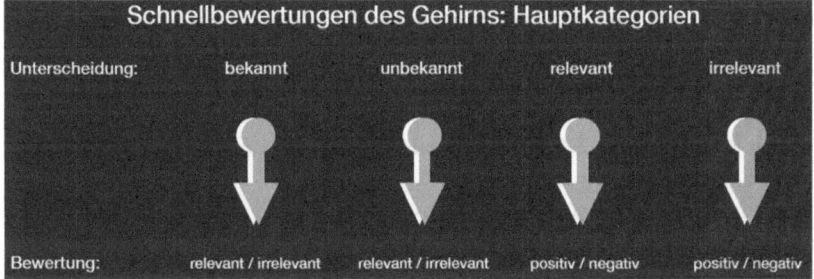

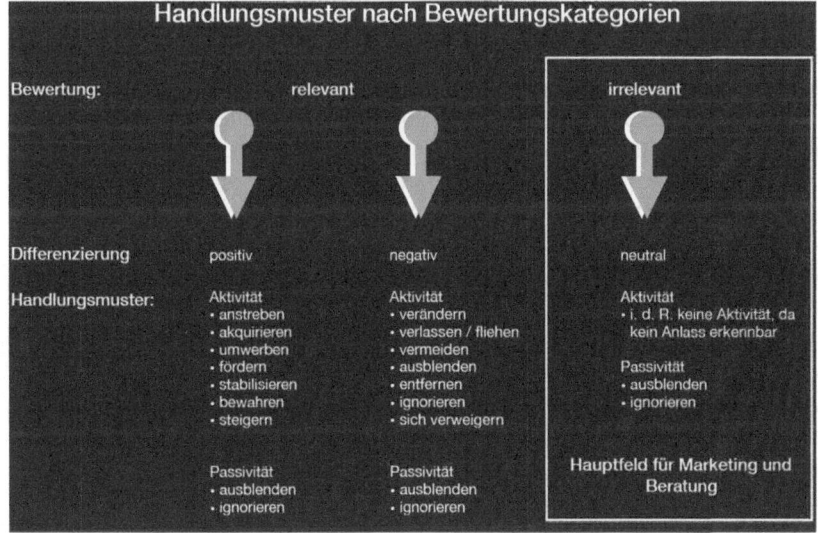

Diese Kategorien können in vielen Kontexten eine Rolle spielen:

- auditiv: Geräusch – Stimme
- taktil: Hitze, Kälte, Schärfe
- gustatorisch: Schärfe – das sollte ich mit Vorsicht genießen
- olfaktorisch: Rauch usw. sowie
- visuell: Symbole, Formen, Figuren

Aus ökonomischen und sicherheitsrelevanten Gründen entscheidet das Gehirn anhand von Erinnerungen und Vergleichen, wo Vorsicht geboten ist, wofür man sich interessieren und was man besser meiden sollte – bis zu jenen Signalen, die uns nicht oder nicht mehr auffallen, weil unsere Rezeptoren dafür noch nicht ausgebildet, noch nicht oder nicht mehr sensibel sind (Gewöhnungseffekt). Der Nachteil an dieser schnellen Abarbeitung von Bewertungsroutinen: Chancen und Schönheit werden oft übersehen, Möglichkeiten nicht erkannt, wenn etwas vorschnell unter irrelevant einsortiert wird.

Diese Einteilung können Sie übrigens sowohl für sich als auch für Ihre Marketingaktivitäten nutzen. Sie können einordnen, warum Sie auf manches anspringen und auf manches nicht. Sie können Voraussagen treffen hinsichtlich der Relevanz von Information für Ihre Zielgruppe. Wenn diese den Eindruck hat (das heißt nicht, dass es so ist), sie würde etwas bereits kennen, wird sie Ihre Anzeige, Ihre Website vermutlich nicht besonders beachten. Wenn aber Ihre Zielgruppe von sich aus feststellt, dass hier etwas Unbekanntes vorliegt UND dass das erstrebenswert sein könnte, haben Sie die Aufmerksamkeit auf Ihrer Seite.

Machen Sie einmal das Experiment, eine Stunde lang alles in Ihrer Umgebung nur nach diesen vier Kategorien einzusortieren – mit jeweils einer Ergänzung:

- bekannt – wirklich?
- unbekannt – wirklich?
- relevant – wirklich?
- irrelevant – wirklich?

Gehen Sie durch Ihr Haus, schreiten Sie die Haupteinkaufsstraße ab, kaufen Sie sich eine Hose oder ein belegtes Brötchen, gehen Sie in der Kantine oder im Restaurant essen. Mit diesen hier vorgeschlagenen vier Kategorien und den Ergänzungen können Sie sämtliche Bilder, die sich Ihnen zeigen, neu einordnen. Oder bestätigen. Je nachdem, ob Ihre bisherige Einschätzung der Rückfrage „ – wirklich?" standhält.

▶   Was Ihr Gehirn für Sie unter „bekannt" abgelegt hatte, können Sie
        sich jederzeit genauer ansehen – und Neues finden.

Ein Beispiel. Sie gehen aus dem Haus und sehen Ihren Nachbarn am Briefkasten stehen. Sie kennen ihn seit 12 Jahren und haben ihn daher unter „bekannt" abgelegt, Ihren Nachbarn. Seit dem Einzug in Ihr Haus sind jedoch die Kinder des Nachbarn weggezogen, und auch seine Frau sehen Sie kaum noch. Kennen Sie den Nachbarn also wirklich? Oder beziehen Sie sich auf einen Stand von vor einigen Jahren? Wenn Sie die Zeit haben und sich dem Nachbarn mit einem „Lange nicht miteinander gesprochen" nähern, lernen Sie etwas über ihn. Und wer weiß, womöglich ist das auch noch relevant für Sie, auch wenn Sie den Nachbarn bislang eher unter „freundlich, aber irrelevant" abgelegt hatten. Diesem Beispiel folgend, können Sie alle und alles neu betrachten, erforschen, erfahren.

Speziell für die Kreativbranche, aber auch für die Bereiche Marktforschung und Produktentwicklung ergeben sich hier ungeahnte Optionen. Stets geht es darum, beim eigenen Gehirn einen Antrag auf Aktualisierung des Wissensstandes zu stellen und eine Handlung abzuleiten. So ein Update dauert nicht lange, kann aber viel bringen.

Das funktioniert übrigens auch erstaunlich gut mit Lebenspartnern und Kollegen. Wer bewusst auf Details achtet, die bisher ausgeblendet wurden, entdeckt mit einem Mal eine Lachfalte, eine Ausprägung von Hilfsbereitschaft, Humor, etwas durchaus Liebenswertes. Und dass Sie jetzt nur nicht denken, das Buch dreht sich an dieser Stelle in einen Beziehungsratgeber: Alle diese Erfahrungen sind Gold wert für die Entwicklung von Marketingkampagnen, Produkten und Dienstleistungen. Wir „kommen" nur so lange nicht auf neue Ideen, wie wir die Dinge und Situationen des Lebens unter „bekannt" ablegen. Sobald wir die Alltagsszenen aus ihren Bekanntheitsschließfächern hervorholen, den Staub wegpusten und sie uns neu und von allen Seiten ansehen, kommen neue Ideen ganz von allein.

Wofür dieser Test?
Der Test soll Ihre Sinne dafür öffnen, wie oft Sie bisher dem Trugschluss aufgesessen sind, etwas längst zu kennen oder zu wissen. Die Dinge aus zusätzlichen Perspektiven zu betrachten befreit aus der Entweder-Oder-Falle – und kann dazu führen, Burnout-Zonen zu verlassen.

▶   Etwas genau wissen oder kennen zu meinen lässt einen in einen
     dumm wirkenden Zustand absacken, denn es würgt Forschungs-
     und Denkvorgänge vorzeitig ab.

Sobald das Gehirn etwas als bekannt eingestuft hat, fährt es die Aufmerksamkeit zurück. Das hat womöglich ökonomische Gründe, denn als größter Energieverbraucher im Menschen ist das Gehirn auch ein Energiesparer. Themen, Gegenstände, Menschen – alles, was irgendwie bekannt wirkt und unmittelbar weder als besonders erstrebenswert noch als unangenehm erscheint, wird abgenickt und nicht weiter beachtet. Neutral, irrelevant. Der Hund, der kaum hörbar drei Grundstücke entfernt zweimal bellt. Das Schreiben der Behörde mit dem Ersuchen um Antwort innerhalb von drei Monaten.

Auf der anderen Seite der Bewertungsskala: Alles nicht Erstrebenswerte, alles Bedrohliche oder Unangenehme wird angegriffen oder durch Flucht bzw. Umfokussierung vermieden. Für Vermeidungsoperationen stellt das Gehirn andere Mittel und Muster bereit, z. B. unendlich viel Ausdauer, Geduld und Kreativität, damit an die Stelle der Antwort an die Behörde z. B. ein familieninternes Sozialprojekt mit sicherem Lob treten kann, wie das schon weiter vorn bei Prokrastination beschrieben wurde.

Diesen Einstufungstest können Sie auch im Marketing gut nutzen, wenn Sie das nächste Mal kreativen Output liefern sollen. Das Geheimnis guter Marketingkommunikation ist die leichte Irritation, die dem Gehirn zugemutet wird, damit es aus dem Ruhemodus in die Aktivität kommt. „Halt, so war das nicht abgespeichert, da stimmt etwas nicht an diesem Kampagnenmotiv. Es sollte so und so aussehen, aber es sieht so nicht aus. Wie soll ich es einordnen, wenn nicht neu?" Das denkt kaum einer wortwörtlich, aber wenn sich aus dieser Wahrnehmung eine entsprechende Einschätzung (sympathisches, nützliches Produkt) ableitet, hat das Kampagnenmotiv seinen Zweck erfüllt. Nutzen Sie das Experiment auch für eine Aktualisierung solcher Gewohnheiten, die bislang zu Überlastungssituationen führten.

Zu den Ursprüngen der Hypnotherapie – Potential des Unbewussten entfachen

Milton Erickson, Begründer der modernen Hypnotherapie, war stets darauf aus, die Aufmerksamkeit seiner Patienten auf Reisen zu den eigenen Potentialen zu schicken. In „Milton Ericksons gesammelte Fälle" ist zu lesen:

„Grundsätzlich zielte Erickson darauf ab, die Menschen *zu inneren mentalen Suchprozessen einzuladen*. Dabei ging er von einem grundsätzlich positiven Menschenbild aus. Er nahm an, dass die Potentiale und Kompetenzen, die ein Mensch braucht, um sein Problem zu lösen, in den assoziativen, psycho-physiologischen, emotionalen und verhaltensrelevanten Prozessen bereits als Erfahrungsschatz gespeichert ist. Wenn eine Person diesen Erfahrungsschatz dennoch nicht zu ihrem Besten zu nutzen vermag, so liegt das nach Erickson daran, dass die gewohnten vorherrschenden Denk- und Erlebnismuster eines Menschen ihr keinen Zugang zu dem vorhandenen Potential ermöglichen.

Das heißt, dass das Potential des sogenannten Unbewussten quasi ein mit dem bewussten Denken unverbundenes Eigenleben führt" (O'Hanlon und Hexum 2010; Hervorhebung).

Stellen Sie sich jetzt vor, Ihr Unbewusstes würde ab jetzt diplomatische Beziehungen zum Bewussten aufnehmen. Im übertragenen Sinn an der grünen Grenze, auf einer erdachten Wiese in Ihrem Inneren, abseits von allem Medienrummel (reden Sie mit niemand darüber). Gehen Sie einfach davon aus, dass die beiden eine gemeinsame Sprache finden, wahrscheinlich schon haben.

Change-Box: Notieren Sie Überraschendes

Vertrauen Sie bei der nächsten Projektaufgabe darauf, dass sich Ihre beiden Seiten gegenseitig optimal unterstützen werden: die bewusste Seite, die in den Kalender sieht, und die andere Seite, die über einen kaum vorstellbar großen Vorrat an Ideen, Erfahrungen und ausbaufähigen Ansätzen verfügt.

Und jetzt: Beobachten Sie, was Sie in der kommenden Zeit überraschen wird.

Notieren Sie sich das; bewahren Sie Ihre Notizen in einem eigens dafür angelegten Ordner auf.

Die vermeintliche Irrelevanz ist das Hauptarbeitsgebiet

Gewohnheiten können wir uns so vorstellen, als würden aus den unbewussten Tiefen des Gehirns Grundanweisungen in den Alltag geschickt, die gedankenlos umgesetzt werden.

Auch hierfür habe ich aus dem Beratungsalltag eine Systematik abgeleitet. Es wird deutlich, dass ausgerechnet die (gedankenlos als so empfundene) vermeintliche Irrelevanz das Hauptarbeitsgebiet für Marketing und Aufmerksamkeitsarbeit wie Beratung/Therapie und Coaching ist. Dort liegen die größten Möglichkeiten für Veränderungen – und damit raus aus den Gewohnheiten.

Ausgerechnet das Feld der Irrelevanz aus der Tabelle aus Abschn. 4.7 sollten wir bearbeiten. Warum? Weil in den anderen Bewertungskategorien mit ihren diversen Handlungsautomatismen entweder positive Bewertungen (nur) verstärkt oder negative Bewertungen verändert werden müssten (i. d. R. hoher Aufwand für PR/Krisenkommunikation). Die Übersicht zeigt es. Dort, wo noch keine Aktivität ist, kann am meisten Aktivität entstehen.

Können wir das alles immer planen? Natürlich nicht. Vieles im Marketing ist nicht planbar. Deshalb ist es eine gute Idee, sich bei der Planung von Kampagnen und bei der Kreativarbeit auf Überraschungen einzurichten. Es kann so kommen, dass wir relativ rasch ein Motiv finden, das die Kampagne trägt. Ebenso kann die Situation eintreten, dass es eine Weile dauert bis zur Big Idea. Diese Feststellung ist nicht trivial. Sie ist elementar. Sobald wir uns mit beiden Entwicklungen abfinden, kann es schneller gehen mit dem Kreativitätsprozess.

4.9 Ungewissheit im Marketing – und die einzigen verlässlichen Größen

In der Unsicherheit häuslich einrichten
Marketing birgt so viele Unwägbarkeiten, dass es durchaus mit dem Handel mit Futures an der Börse verglichen werden kann. Eine Online-Marketingkampagne zum Beispiel ist ebenfalls eine Art Wette auf die Zukunft. Wir versuchen, mit datengetriebenen Analyse- und Planungsmethoden eine größtmögliche Trefferwahrscheinlichkeit für eine Kommunikation herzustellen, die es noch gar nicht gibt. Kommunikation ist tatsächlich noch nicht vorhanden, wenn ein Spot läuft oder ein Plakat klebt. In diesem Fall ist nur eine Absicht in der Welt.

Verfahren wie Predictive Analytics (die algorithmisch errechnete Wahrscheinlichkeit, dass ein Mensch eine bestimmte Entscheidung treffen oder dass eine Entwicklung eintreten wird) sind weit entwickelt, aber dennoch liegen die Trefferquoten nicht bei 100 Prozent.

Die 100 Prozent richtig würden wir schon gerne haben, denn schließlich hängen – in der bisherigen Denkweise – Ehre und Etat davon ab, ob unsere Kampagne bei den Kunden ankommt oder eben nicht.

Wenn Sie sich das etwas genauer ansehen, werden Sie verstehen, worauf es ankommt.

▶   Richten Sie sich in einer Potentiell unsicheren Welt so gut wie möglich ein, indem Sie sich z. B. sagen: „Auch wenn ich zweifle, bin ich sicher."

Sicher ist: Beobachtung erzeugt Veränderung, z. B. aufgrund der Annahme der beobachteten Subjekte, dass ein bestimmtes Verhalten von ihnen erwartet wird – oder dass sie ein bestimmtes Verhalten nicht zeigen sollten. Klassisches Beispiel ist das Poker-Face.

Was heißt hier häuslich in der Unsicherheit einrichten?
Es heißt, dass wir uns gemeinsam mit unseren Auftraggebern darauf zu einigen haben, bei Anwesenheit von Unsicherheit eine einmal entwickelte Kampagne durchzuführen. Und mit uns schon im Vorfeld einig darin zu sein, dass wir uns weiterhin achten und schützen werden (und dass dies auch von außen so kommt), auch wenn die Kampagne an der Zielgruppe vorbeizieht „wie ein Schiff in der Nacht" (David Ogilvy).

David Ogilvy ist ein gutes Stichwort. Eine der berühmtesten Kampagnen von ihm ist aus der Not geboren. Wie erfinderisch Not machen kann, sehen wir an der Situation, in der er in den 1960ern war, als Heathaway ihn beauftragte. Viel zu wenig Etat für eine mächtige Kampagne, d. h. mächtig im Sinne von medienpotent

(Mediapotenz). Die Kreativität brachte es hervor, aus vorhandenen und einfachen Mitteln (wichtiger Hinweis: was sind die Bordmittel, die jetzt zur Verfügung stehen?) eine plakative Idee entstehen konnte.

Von David Ogilvy stammt die Kampagne mit dem Mann mit der Augenklappe. Die Geschichte wird so erzählt, dass Ogilvy vom Kunden in die Agentur fuhr und den Taxifahrer anwies, vor einem Geschäft zu halten. In diesem erwarb er eine Augenklappe, mit der das Hauptmodel abgelichtet wurde.

Was sind verlässliche Größen?
Die einzigen verlässlichen Größen im Marketing sind hier aufgeführt. Einige beziehen sich nur auf eine Festanstellung:

- Standort (Adresse) der Agentur bzw. der Marketingabteilung in einem Unternehmen. Wenn Sie nicht freiberuflich sind. Sonst können Sie remote von überall aus arbeiten.
- Einkommen.
- Arbeitszeiten im Rückblick auf einen Zeitraum, denn angesichts für selbstverständlich gehaltener Überstunden speziell in Werbeagenturen lassen sich keine klaren Aussagen hinsichtlich der kommenden Tage und Wochen treffen.
- Abnehmende Lebenszeit.

Auftragsklärung und Vorgespräche

Das Ungleichgewicht, wie es in vielen Beratungsverhältnissen besteht:
links der vermeintliche Experte – rechts der vermeintlich unwissende Beisitzer (Klient / Patient)

Sie sehen hier die Verbindungsgeschichte zwischen Marketing und Burnout-Prävention mit einem weiteren Anzeigenmotiv. Das können Sie sich natürlich auch als Plakat vorstellen. Es soll Menschen mit Beratungsbedarf dazu ermuntern, sich in der Rolle des Kunden und des Experten für eigenes Empfinden zu sehen. Kein Coach, kein Psychotherapeut oder Berater kann stellvertretend für die Klienten entscheiden, was für die Klienten gut wäre. Hüten Sie sich also vor Personen, die Ihnen raten, Ihren Job zu kündigen – und vor solchen, die Sie zum Weiterreiten eines womöglich längst toten Pferdes anstacheln.

Alte Indianerregel: Von einem toten Pferd sollte man absteigen. Ergänzung von mir: Nach dem Absteigen sollte man nachsehen, ob das Pferd (der Job) wirklich tot ist oder z. B. nur Durst hat, z. B. Durst nach Anerkennung oder Klarheit. Was Menschen mit wirklich toten Pferden in Beziehungen und Projekten alles anzufangen versuchen, hat Arnold Retzer in „Systemische Paartherapie" auf wunderbare Weise gezeigt. In Abschn. 1.2 finden Sie mehr dazu.

Machen Sie einen ausreichend großen Bogen um Berater, die verblüffend genau „wissen", was Sie empfinden, was für Sie gut ist und was jeweils zu tun die beste Wahl wäre.

Wenn Sie zu einer Beratung gehen, gestalten Sie diese als eine reale Geschäftsbeziehung. Sie sind Kunde und geben der Auftragnehmerseite ein Briefing. Die wichtigste aller Fragen ist übrigens nicht: Wo und wie fangen wir an? Die wichtigste aller Fragen in jeder Therapie-, Beratungs- und Coachingsitzung ist bzw. müsste überall sein (weil sie viel zu selten gestellt wird):

▶   Wann hören wir auf?   Wann werden wir beide sehen, dass Sie Ihr
      Ziel erreicht haben und ich meine Aufgabe erfüllt habe? Das ist die
      zentrale Frage zu Beginn jeder Beratungsbeziehung.

Ein neues Leben beginnen?
Nicht alle Marketingleute und Werber können aus dem Job aussteigen und einen Biobauernhof oder eine Coachingfirma gründen. Die Sinnfindung kann auch in einem Job gelingen, der schon seit langem außer dem Gehalt kaum noch Erfreuliches bietet.

Das liest sich sonst immer so romantisch. Die Banker, die über Nacht auf das Thema Sinnsuche gestoßen sind und mit einem Mal alles richtig machen. Irgendwann scheint einiges dafür gesprochen zu haben, einen Job anzunehmen. Deswegen gehört der ehemalige Job aber nicht automatisch verteufelt, denn dies würde auch die mit ihm verbundene Lebensleistung in Abrede stellen.

4.10   Entscheidende Briefings mit allen Stakeholdern

4.10.1 Briefing und Auftragsklärung bei der Arbeit

Was ist ein Auftrag? Eine Negativdefinition ist einfacher: Wenn kein Auftrag vorhanden ist, führt dies oft zu Streit aller Art: vor Gerichten, in Abteilungen, zwischen Auftraggebern und Kunden. Und in uns selbst.

Warum führt ein nicht eindeutig erteilter Auftrag zu Streit?
Weil ohne die Verabredung über ein Werk keine Übereinkunft hinsichtlich des Ergebnisses erzielt werden kann. Jeder hat also nach Abschluss des Werkes aus seiner Sicht Grund genug, enttäuscht zu sein und Neuanfertigung bzw. Nachbesserung zu verlangen. Niemand will dafür verantwortlich sein, dass sich nicht jeder dasselbe dabei denken kann, wenn es beispielsweise heißt: Wir wollen die Markenbekanntheit steigern. Oft werden solche Luftschlösserziele in die Welt gesetzt.

Abteilungen und Kreativteams setzen sich bei Ebbe an den Strand und bauen eindrucksvolle Sandburgen, die beim Einsetzen der Flut (Marktgeschehen, Wettbewerber) einfach weggespült werden. Das ist einer der Hauptgründe speziell in der Kreativbranche und in Marketingdisziplinen für die Tendenz zum Ausbrennen.

Beim Handwerker, der in einer Wohnung eine Standardaufgabe leisten soll, ist die Auftragsklärung noch überschaubar. Der Sanitärtechniker kommt und wechselt die Mischbatterie in der Küche. Hier haben wir es mit einer trivialen Vorher-Nachher-Situation zu tun. Vorher: Wasserhahn tropft oder klemmt. Nachher: Wasserhahn (neu) funktioniert einwandfrei. Sollte sich innerhalb der gesetzlichen Gewährleistungsfrist ein Mangel zeigen, hätte der Handwerker diesen kostenfrei abzustellen. Soweit so gut. Aber was sagt uns das hinsichtlich kreativer Arbeit in Werbeagenturen und Marketingabteilungen von Unternehmen? Das Beispiel zeigt, dass es ein schlechtes Beispiel ist – bzw. dass die Bedingungen, unter denen Kreative arbeiten, oft beispiellos schlecht sind.

Verbessern lassen sie sich nur durch eine Präzisierung dessen, was erwartet wird. Dazu zählt auch die Erkenntnis über definitiv nicht erwartete Ergebnisse.

> **Change-Box: Präventionsangebot zwischen den Zeilen**
> Zum Schutz Ihrer Ressourcen vor Verausgabung klären Sie mit Ihrem Auftraggeber genau ab, was das Ergebnis Ihrer Arbeit sein soll. Hierzu zählt einmal Ihr Werk als Agentur, also z. B. ein Content für das Web, eine Anzeigenkampagne oder ein Direct Mail. Außerdem ist es wichtig, das gewünschte Ergebnis (Kommunikationsziel) Ihrer Arbeit zu formulieren. Das erleichtert es Ihnen, eine präzise Arbeit abzuliefern.

Kommen wir zu den Briefings, den freundlichen Selbstbriefings.

4.10.2 Zentrale Briefingfrage bei Beratung

„Woran werden Sie merken, dass unsere Beratungsarbeit in Ihrem Sinne abgeschlossen ist?"
Marketing lebt von konturierten Aussagen. Auch ein Beratungsprozess – sollten Sie in der Zwischenzeit professionelle Beratung, ein Coaching oder Supervision in Anspruch genommen haben – benötigt klare Verabredungen. Nehmen Sie als Richtlinie in Ihren Alltag mit, dass die Frage nach dem Abschluss einer Beratungsarbeit die *Mutter aller Briefingfragen* ist. Bevor die Zusammenarbeit losgeht, fragen wir, woran wir ihr erfolgreiches Ende erkennen.

Die Frage nach dem Ergebnis der Beratung ist die Essenz der Auftragsklärung.

- Wer sich und seinem Gegenüber (Geschäftspartner, Klient usw.) diese Frage nicht stellt, redet, zeichnet, gestaltet, textet und überlegt häufig ins Blaue hinein. An dieser Stelle des Buches werfe ich Marketing und Burnout-Beratung bewusst in einen Topf, denn im Hinblick auf die notwendigen Zielfragen sind diese Themen nahezu identisch.
- Wer am Start eines Weges und auf dem Weg immer wieder beschreiben und aktualisierend präzisieren kann, was das Ziel ist, der hat die Richtung. Die erforderlichen Schritte ergeben sich so gut wie von selbst.
- Das Fehlen einer Auftragsklärung kann in einen anstrengenden Eiertanz ausarten, bei dem alle Beteiligten schnell unzufrieden werden. Das kenne ich aus vielen Jahren in Werbeagenturen – und in Form von Berichten von Klienten über abgebrochene Beratungsbeziehungen.
- Wie komme ich darauf, Ihnen diese Fragestellung auch für das Marketing vorzuschlagen? Denken Sie an die Art, wie Briefings geschrieben und umgesetzt werden (wenn es überhaupt ein Briefing gibt). Irgendwo in der Copy Strategy sollte die Rede vom Kommunikationsziel sein. Mit dem Ziel der Kommunikation wird jedoch oft eine Aussage in Textform verbunden. Tatsächlich zählen zu den erreichbaren Zielen von Kommunikation andere Aspekte bzw. Ereignisse:

- Was werden die von uns angesprochenen „Buyer Personas" denken/fühlen/ unternehmen, nachdem wir unser Kommunikationsziel erreicht haben werden? Es ist eine Futur-II-Frage, die uns in die Pflicht nimmt, einen Zielzustand zu beschreiben.

- An welchem Verhalten und welcher Entwicklung werden wir erkennen, dass unser Kommunikationsziel erreicht wurde? Sie sehen, dass hier nach dem Erreichen des Ziels etwas beginnt. Eine Zielgruppe verhält sich in gewünschter Weise.
- Haben wir dies als konkret formuliertes Ziel vor Augen, können wir arbeiten.

4.10.3 Freundliche Selbstbriefings

Was ein Werbebriefing ist, wissen die Verantwortlichen in der Marketingabteilung und die Kreativen in der Werbeagentur. Zumindest haben es die meisten schon gehört. David Ogilvy forderte: „Give me the freedom of a tight brief". Viele Kunden liefern jedoch keine oder nur sporadische Briefings.

Das Briefing ist aber keineswegs eine lästige Formalität. Es ist der Königsweg zu gelingenden Anzeigen, Werbebriefen, Kampagnen. Wird beim Briefing geschludert, kommen die entscheidenden Informationen nicht bei der Zielgruppe an. Leuchtet ein. Und wird oft übersehen.

Fehlende Kontrolle über Arbeitsaufgaben hat einen unmittelbaren Einfluss auf das Erkrankungsrisiko. Hierzu schreibt Peter Buchenau in seinem Werk „Chefsache Gesundheit I":

„Die Bertelsmann-Stiftung zeigte 2010, dass die soziale Unterstützung der Mitarbeiter durch ihre Führungskräfte das Burnout-Risiko in den Unternehmen erheblich senkt. Bereits eine um 20 % intensivere Unterstützung seitens der Führungskräfte führt zu 10 % weniger Burnout-bedingten Krankheiten. Siegrist und Rödel (2005) haben festgestellt, dass das Risiko, in den kommenden 5 Jahren an einer Depression zu erkranken, sich um 70 % in einem 5-jährigen Zeitraum erhöht, wenn ein Mitarbeiter an seinem Arbeitsplatz chronisch hohen Anforderungen ausgesetzt ist wie künstlicher Termindruck und steigendes Arbeitsvolumen bei geringer oder fehlender Kontrolle über Arbeitsaufgaben." (Buchenau 2018)

Briefing an mich
In vielen Arbeitsbereichen finden täglich Briefings und Übergaben statt. Beim Schichtwechsel, wenn das eine Team nach Hause geht und das andere den Dienst antritt. Das ist in Krankenhäusern so, aber auch in Produktionsbetrieben.

Und was machen wir im Solo, wenn wir aus der Schlafschicht in die Wachschicht wechseln? Wie empfangen wir uns selbst?

„Guten Morgen, gut geschlafen ... schön, wieder aufgewacht zu sein und einen neuen Tag vor mir zu haben ... nun erst einmal einen Tee/Kaffee und dann warmlaufen für einen Tag, an dem ich Fehler machen darf und zwischen dem einen oder anderen

Fehler und komischen Gedanken immer wieder so etwas finden werde wie gelingende
Aufgaben, interessante Lösungsansätze, Menschen, denen ich zum ersten Mal begegne
… Menschen, denen ich schon oft begegnet bin, die ich aber neu kennenlernen will …"
Doch halt – läuft es wirklich so?

In vielen Fällen dürfte es doch eher so laufen: noch im Bett gedanklich die Präsentation oder die Kalkulation durchgehen, Zähneputzen, vor dem Spiegel kein gutes Wort für sich selbst, Frühstück – überbewertet! – Stau – Zeitdruck – Parkplatzsuche – innere To-do-Liste – Aufzug – Firma: andere treffen, die ähnliche Rituale wie man selbst hinter sich haben. Und Druck von allen Seiten.

Was sagen Sie innerlich zu sich, wenn Sie morgens in Bad gehen? Begrüßen Sie sich eigentlich? Oder besser gefragt:

Reden Sie überhaupt mit sich?
Wenn Sie mit sich ins Gespräch kommen – was ist der Stil Ihrer Selbstgespräche? Meinen Sie, sich nach den Jahren schon so sehr zu kennen, dass Sie sich unbemerkt und folgenlos ignorieren könnten?

An Selbstbriefings in Form interner Leistungsanweisungen mangelt es keinem, der in der Nähe eines Burnout-Syndroms arbeitet. Es geht nicht um Leistung, sondern um Einteilung, Priorisierung.

Freundliche Selbstbriefings können Sie am besten in solchen Situationen entwickeln und einüben, in denen früher (oder bis jetzt) zur Akkordarbeit aufgerufen wurde (wie schon an anderer Stelle bemerkt: Geduld lernen Sie am schnellsten im Autobahnstau).

Wie können Sie sich freundliche Selbstbriefings vorstellen?
Sie könnten sich hiermit an Ihren inneren Selbstfürsorgebeauftragten wenden. Den haben Sie noch nicht? Dann wird es Zeit. Mit der Selbstfürsorge beginnt der Ausstieg aus der roten Burnout-Zone. Jeder Mensch verfügt über eine Vielzahl von inneren Anteilen, die unterschiedliche Aufgaben übernehmen können. Eine Sorgfalts- oder Qualitätssicherungsseite ist auf jeden Fall dabei. Manche nennen sie den inneren Kontrolleur, aber diese Bezeichnung führt nicht zum gewünschten Ergebnis.

Das gewünschte Ergebnis ist der Ausgleich von Arbeit und Ruhe. Dieses Ergebnis können Sie damit erzielen, dass Sie jener Seite, die sich ohnehin Tag und Nacht treu um die Einhaltung von Prinzipien und Ordnungen kümmert, eine zusätzliche Aufgabe übertragen. Sagen Sie ihr, sie möge Sie bei allen Jobs fragen, ob Sie Ihre Energiereserven richtig berechnet haben.

Das können Sie sich so vorstellen wie auf diesem Bildmotiv:

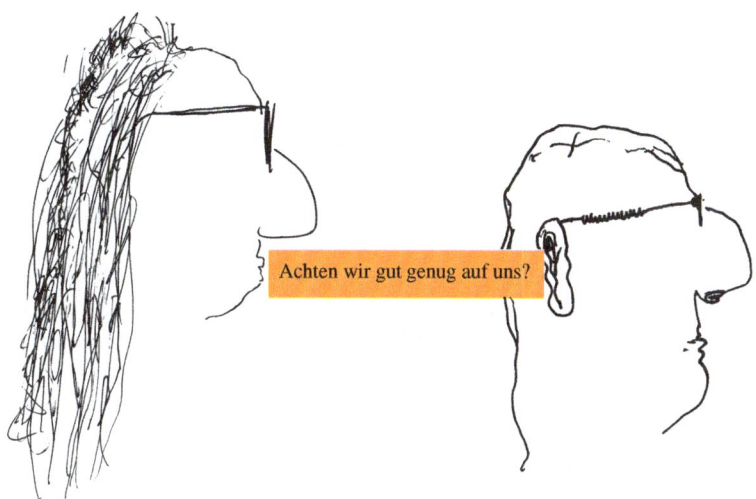

Oder Sie zeichnen sich ein völlig anderes Bild von einer inneren Seite, die Ihnen und allen anderen Seiten stets zur Seite steht. Es spielt keine Rolle, ob dieses Bild Ihre Zustimmung findet oder Ihren Widerspruch provoziert. Wenn es für Sie passt, in Ordnung. Wenn Sie sagen: nein, das bin nicht ich bzw. das sind nicht meine Seiten, dann ist es auch sehr gut. In diesem Fall scheinen Sie zumindest insgeheim schon eine Vorstellung davon zu haben, wie so ein innerer Dialog aussehen könnte.

▶   Eine innere Seite fragt die andere: Sind wir uns sicher und darin einig, dass diese Verantwortung oder Aufgabe im Einklang mit unserer Gesundheit steht?

Als Kontrastbeispiel ein unfreundliches Briefing aus dem Freibad. Eines schönen, wirklich schönen Morgens war ich im Freibad. Es mühten sich an diesem Tag mehr Körper als sonst, ihre Bahnen zu ziehen, denn eine Schulklasse hatte ein Viertel des Beckens für sich. Ich fühlte mich wohl und schwamm Slalom zwischen den ebenfalls ausweichenden Badegästen, wenn auch langsam. Es funktionierte.

Bemerkenswert indes waren etliche ältere Damen mit Betonung auf älter. Sie praktizierten eine maligne Art des Schwimmens. Besonders aber eine maligne Art des Kommentierens. Und so trug es sich zu, dass ich Bahn um Bahn, die ich zog, den einander bekannten ältlichen Schwimmerinnen begegnete, die sich darin bestätigten, wie furchtbar und schrecklich es sei heute. Und die keinen Millimeter von ihren Bahnen abrückten, als zählten diese zu einem selbstverständlichen Teil der Rente.

Was hat dies mit dem Thema Burnout zu tun?
Der Umstand, dass Menschen es fertigbringen, an einem Junimorgen in einem gepflegten Schwimmbecken in der Natur das Adjektiv furchtbar zu gebrauchen und sich in dieser Beschreibung auch noch fortwährend gegenseitig zu bestätigen, zeugt prinzipiell von einer *Fähigkeit*.

Es ist die Begabung, ja regelrecht ein Talent, einem Umstand gleich welcher Natur ein Etikett zu versehen, das ihn zum Gegenstand des Etiketts werden lässt. So hatten die Damen im Wasser das Medium, in das sie eingetaucht waren, kurzerhand in ein furchtbares Schwimmerlebnis umetikettiert. Ähnliches kann uns im Marketingalltag und im privaten Alltag passieren. Die Art der Beschreibung eines Phänomens, einer Situation, Aufgabe usw. wirkt sich auf das Beschriebene aus. Zur Erinnerung: Der chilenische Neurophysiologe Humberto Maturana (Maturana und Varela 1990) sagte: „Alles, was gesagt wird, wird von einem Beobachter gesagt." Jede Beschreibung enthält bereits einen Anteil von Bewertung, weil sie dem einen Detail mehr Bedeutung beimisst als einem anderen.

Change-Box: Briefing am Morgen
Stellen Sie sich jeden Morgen vor den Spiegel und geben Sie sich selbst ein eindeutiges und freundliches Briefing. Das kann so lauten: *„Ich werde zu mir stehen, wie auch immer der Tag heute läuft. Wenn etwas nicht sofort gelingt, erinnert mich das daran, dass ich auf dem Weg bleibe und mir selbst assistieren werde. Das Tempo unserer Zeit ist oft eine Zumutung. Ich nehme mir die Zeit, die ein gutes Ergebnis benötigt."*

4.11   Bitte mit Gefühl: sich selbst für voll nehmen

Viele Menschen haben verinnerlicht, dass es besser wäre, ihre Gefühle zu ignorieren. So ordnen sie ihre Empfindungen als unangemessen oder falsch ein bzw. wollen sie austricksen, loswerden. Ein krasser Fehler, weil Gefühle in jedem Fall wirken. Wenn sie abgewertet oder übergangen werden, wirken sie sogar besonders stark. Hier lässt es sich unterscheiden zwischen Abwertungen, die von außen kommen und jenen Infragestellungen von Empfindungen, die sich über innere Dialoge und Haltungen zeigen. Kaum etwas wirkt stärker als ein Gefühl, das zu unterdrücken versucht wird. Eindrucksvoll hat das einer der größten Beobachter aller Zeiten illustriert.

Im Wein liegt – hier – die Wahrnehmung: Loriot

Die wahrscheinlich einprägsamste und schnellste Darstellung der Infragestellung von Gefühlen auf diesem Globus stammt von Loriot. In der Szene mit der Weinprobe (Vertreterbesuch). Sehen Sie sich den Filmausschnitt an, damit Sie die Absurdität der Gefühlsverneinung sehen.

Vicco von Bülow als Vertreter Blümel des Weinguts Pahlgruber & Söhne reicht Frau Hoppenstedt (Evelyn Hamann) ein Glas „77er Oberföhringer Vogelspinne". Nachdem sie probiert hat, fragt er: „Was spüren Sie auf der Zunge?" Frau Hoppenstedt sieht ihn entrückt an: „So ein pelziges Gefühl." „Falsch!" korrigiert Herr Blümel sofort: „Die Oberföhringer Vogelspinne ist blumig und überrascht durch ihre fruchtige Frische."

Falsch! Deine Gefühle, Deine Wahrnehmungen sind falsch! (Größtmögliche Infragestellung einer Person). Das Geschmackserlebnis war angeblich falsch. In der genialen Filmszene ist das natürlich umwerfend komisch.

Im echten Leben kann es einen tatsächlich umwerfen, wenn die eigenen Gefühle verleugnet, infrage gestellt oder sogar als krank bezeichnet werden. Einige Beispiele:

- Wenn der Erwartungsdruck im Job steigt, während die Informationen immer dünner werden …
- Wenn der Tonfall kälter wird, weil die Agentur einen wichtigen Kunden verloren hat …
- Wenn die Gereiztheit zunimmt, weil abends zu Hause jemand wartet, während die Agenturnachtschicht beginnt …
- Wenn die Nacht um halb vier endet, weil der kommende Tag schon im Halbschlaf durchlebt wird …
- Wenn einem hinter der Heldenmiene zum Heulen ist und die große Sinnfrage auftaucht …

Dann zählt all das dazu. Das ist das Leben. Und es ist ein fataler Fehler, das zu übergehen. An fehlende Erholung kann sich niemand anpassen.

Es handelt sich natürlich nicht um eine Anpassungsstörung, wenn jemand mit einem Situationsungleichgewicht nicht klarkommt. Es ist eine adäquate Reaktion,

- ein Gefühl von Beeinträchtigung und Bedrängnis zu verspüren,
- sich zurückzuziehen,
- ein erhöhtes Aufkommen von Sorgen zu erleben oder
- Angst und Verstimmung zu erleben.

Hier liegt einer der großen Trugschlüsse in unserem von Defizitbeschreibungen determinierten Gesundheitssystem.

▶   Nicht die Fähigkeit der Anpassung ist gestört. Würde man sich an einen Jobverlust oder ausufernde Überstunden anpassen, käme das der Resignation, einer Kapitulation gleich.

Niemand sollte sich daran anpassen, keinen Job oder einen krankheitsfördernden Arbeitsalltag zu haben. Menschen, die ihr Leben als gelingend erleben, passen ihre Umgebung bzw. ihren Bezug dazu so lange an sich an, bis sie Stimmigkeit erleben. Wenn sich ein Mensch in einem System der Repressalien an seine Umgebung anpasst, kann er selbst zum Unterdrücker werden – beginnend bei sich. Er wird anfangen, seine Anliegen zu ignorieren. Und wenn sie sich heftig genug zu Wort melden, wird er zuerst die Anliegen unterdrücken und dann seine Mitmenschen. Das ist leider nur allzu menschlich.

Wenn sich jemand in die Enge getrieben fühlt und Angst (lat. angustus, eng) verspürt, wenn er nachts wach liegt, weil eine geniale Idee verlangt wird, aber zu wenig Informationen über das Ziel vorhanden sind: dann ist das eine gesunde Reaktion.

Alles also im grünen Bereich, was das Vorhandensein Ihrer Meldesysteme betrifft, wenn sich diese melden. Wer in der Nähe der heißen Herdplatte zurückschreckt, hat Glück. Oft benötigt nicht die Einzelperson eine Behandlung. Das System, in und mit dem sie interagiert, benötigt eine Umschau. Es lohnt sich, die Geschäftsbedingungen für das Zusammenleben auf der Arbeitsebene und der Ebene des Privatlebens neu zu verhandeln.

▶   Was sich krank anfühlt, ist oft ein Beweis für Gesundheit. Seele und Körper sind hochkompetent darin, Unstimmigkeiten zu melden.

Alles hat auf irgendeine Weise mit allem eine Wechselwirkung. Ein klares Ziel kann zu einem geradlinigen Weg führen. Eine unklare Situation, ein Nebelfeld in Verbindung mit dem Auftrag „Lauf!" führt zum Zögern. Viele Systeme sind im Menschen wechselweise am Wirken – zum Wohle des Menschen. Empfindet ein Mensch, dass eine Bedingung nicht stimmig ist, so sind Irritation und Rückzug gesunde Reaktionen.

Literatur

Buchenau, Peter. 2018. *Chefsache Gesundheit I*. Wiesbaden: Springer Gabler.

Lexikon der Psychologie: Stichwort Attraktoren. o. J. https://www.spektrum.de/lexikon/psychologie/attraktoren/1580. Zugegriffen am 22.01.2019.

Maturana, Humberto R., und Francisco Varela. 1990. *Der Baum der Erkenntnis. Die biologischen Wurzeln des menschlichen Erkennens*. München: Scherz.

O'Hanlon, William H., und Angela L. Hexum. 2010. *Milton H. Ericksons gesammelte Fälle*. Stuttgart: Klett-Kotta.

Erschöpfungszustände richtig einordnen und steuern

5

Keine Erschöpfung zu empfinden ist ähnlich gefährlich, wie keinen Schmerz empfinden zu können. Oft wird aber unterschieden in legitime und vermeintlich eingebildete Kraftlosigkeit bzw. in anerkannte und nicht anerkannte Erschöpfung. Lernen Sie, diese beiden Zustände zu trennen.

5.1 Gesunde Erschöpfung – erst in den Wald und dann ins Bett

Seit wann ist Erschöpfung gesund, fragen Sie jetzt vielleicht? Betrachten wir es von der anderen Seite. Keine Erschöpfung zu empfinden ist ähnlich gefährlich, wie keinen Schmerz empfinden zu können. Schmerzunempfindlichkeit würde unweigerlich nach kurzer Zeit zum Tod führen. Unsere Haut als Übergang und Trennung zur Außenwelt markiert die erste äußere Schmerzgrenze. Als Urerfahrung lernten Kinder die Herdplatte und die Kerzenflamme kennen. Bevor die Helikoptereltern erfunden wurden. Schmerz ist, so weh er tut, sinnvoll und lebensnotwendig.

Erschöpfung ist ebenfalls lebensnotwendig. Sie schickt den Menschen ins Bett oder auf den Autobahnrastplatz, bevor es zum Sekundenschlaf kommt. Alles also gut soweit?

Nicht ganz. Denn es wird offensichtlich unterschieden in legitime und eingebildete Kraftlosigkeit bzw. in anerkannte und nicht anerkannte Erschöpfung.

© Springer Fachmedien Wiesbaden GmbH, ein Teil von Springer Nature 2020
J. Faupel, *Burnout-Prävention und -Intervention im Marketing*,
https://doi.org/10.1007/978-3-658-24453-8_5

5.2   Anerkannte und nicht anerkannte Erschöpfung

Jeder hält es wohl für normal, wenn der Feldarbeiter nach einem Tagwerk in der sengenden Sommersonne erschöpft in den Feierabend geht. Beim Arbeiter sieht man schließlich, was er den ganzen Tag geschafft hat. Spargel gestochen, Heu eingefahren, Rüben geerntet – die Erschöpfung wird anerkannt. Die Leistung ist bewiesen, weil sie eindeutig sicht- und messbar ist. Niemand würde einen Feldarbeiter unentgeltlich bis in die Nacht weiterarbeiten lassen. Weil irgendein Termin ansteht. Oder warum auch immer. Es würde Verstärkung geholt werden. In Marketingabteilungen oder Werbeagenturen sieht das oft anders aus. Die Erschöpfung ist nicht direkt sichtbar, zum Beispiel in Form eines Sonnenstichs, sondern sie spielt sich fast ausschließlich in den Menschen ab.

▶ Nicht anerkannte Erschöpfung ist gefährlich, da sie nie zu gesunder Erschöpfung werden kann und somit einen einflussreichen Burnout-Faktor darstellt.

5.3   Gesunde Erschöpfung entsteht nur durch Selbstachtung und -respekt

Es ist keine Kunst, andere mit Komplimenten und Geschenkkörben auszustatten, wenn das Leben gelingt und die Sonne aufs Konto scheint. *Glückwunsch, da haben Sie aber etwas erreicht, Respekt – weiter so.* Wenn wir selbst einen Lauf haben, kann der Blick in den Spiegel zum Fest werden.

Aber was ist, wenn es gerade oder schon etwas länger nicht so läuft?

- Wenn wir uns in Überstunden und Nachtschichten abmühen und doch noch keinen Ertrag sehen?
- Wenn trotz Akquise und Anzeigen keine neuen Kunden oder Etats kommen?
- Wenn die Kampagne nicht konvertiert?
- Wenn Kundenzahlungen ausbleiben?
- Wenn wir ständig erschöpft sind, gereizt, missmutig, mutlos und niedergeschlagen?

Dann ist es meistens nicht weit bis zur Selbstabwertung. Hier brauchen wir Aufbauhilfen. Gerade in solchen Phasen benötigen wir Selbstachtung und Respekt wie sonst nie. Woher nehmen, wenn nicht stehlen? Sich schenken und sich schenken lassen.

Aha, wenden Sie ein, und wie sollte das bitte gelingen? Ausgerechnet in einer Phase, in der es mir mittelmäßig oder schlechter geht, soll ich mich zu Wertschätzung überwinden?

Mit Anstrengung würde es nicht gelingen. Es braucht möglichst kleine Veränderungen, positive Irritationen des Bildes, das sich Ihnen gerade präsentiert. So kann sich der Moment aufhellen. Das Gehirn ist schnell und hilfsbereit und passt sich an, wenn Licht aufkommt. Nehmen wir an, Sie sind gerade in einer Phase der Niedergedrücktheit, weil die Arbeit zu viel und die positiven Entwicklungen zu wenig geworden sind. Mit welchem Blick schauen Sie auf die aktuelle Lebenslage – und wie sieht es aus heutiger Sicht in einer Woche, einem Monat aus? Düster? Grau? Gar nicht? Für das Gehirn spielt es keine Rolle, wie genau Sie ihm dabei helfen, sich als Apotheker zu betätigen.

Das Rezept für nützliche Botenstoffe ist Farbe. Oder Musik. Oder Geschmack. Etwas, das Sie auf der Sinnesebene erfassen können. Keiner verlangt, dass Sie es gleich genießen. Es reicht, wenn Sie sich damit beschäftigen.

> **Change-Box**
> Blumen, Musik, ein schönes Abendessen und Treffen mit Freunden können zwar keine Erholung ersetzen – aber sie können zeigen, dass es Zeit für Erholung ist. Wenn also ein Kurzurlaub nicht möglich ist, legen Sie etwas ein, das als Vorankündigung von Erholung Wirkung hat. Im Sinne von: „Erschöpfungszustand ist erkannt, alle Systeme fahren eine Stufe herunter."

Bevor Sie das nächste Mal mit Kreativität und Engagement mit der Entwicklung einer Werbekampagne oder einer Produktkommunikation beginnen, schließen Sie zudem einen Vertrag mit sich:

Ich werde mir mit Wohlwollen und Wertschätzung begegnen, auch wenn ich nicht sofort den erdachten Ertrag aus meiner Arbeit sehe. Ich werde mir darüber hinaus auch dann treu bleiben, wenn aus dem einen oder anderen Projekt nichts weiter übrigbleibt als die Erkenntnis: hat nicht sollen sein, aber gut, dass ich es versucht habe.

Hier sei auf das Buch „Respekt: Wie wir durch Empathie und wertschätzende Kommunikation im Leben gewinnen" von Helmut Ebert und Sven Pastoors verwiesen (Ebert und Pastoors 2017).

Bemerkenswert erscheint mir insbesondere der Verweis auf die vier wichtigsten strategischen Ebenen [https://link.springer.com/chapter/10.1007/978-3-658-17237-4_3]:

als „Grundlagen einer respektvollen, strategischen Kommunikation ... die Ihnen helfen, respektvoll Ihre Ziele zu erreichen." Ebert und Pastoors beschreiben diese Ebenen wie folgt:

- andere führen,
- miteinander kommunizieren,
- sich integrieren und
- sich selbst treu bleiben.

Für das Thema Burnout-Prävention möchte ich die ersten drei strategischen Ebenen um eine Dimension erweitern: den Bezug auf sich selbst.

Während sich das bemerkenswerte Buch von Ebert und Pastors auf die Interaktion und Kommunikation mit anderen bezieht – also eher die interpersonale Dimension beschreibt, geht es hier in erster Linie um das, was in uns selbst stattfindet. Die inneren Dialoge. Die Attacken gegen unseren angeblichen inneren Schweinehund (die Theorie vom destruktiv-faulen Anteil in uns kann übrigens als weitgehend widerlegt angesehen werden).

Was heißt nun *andere führen, miteinander kommunizieren, sich integrieren und sich selbst treu bleiben* mit Bezug auf sich selbst? Und wie bekommen wir es hin, zu gesunder Erschöpfung zu kommen?

5.3.1   Andere führen – aber richtig interpretiert

Viele verbinden mit Führung speziell in der Arbeitswelt Begrifflichkeiten wie Machtwort, Entscheidung, Unterordnung. Dies ist hier aber nicht gemeint. Erstens bezieht sich Führen hier nicht auf Hierarchie, sondern auf Gleichrangigkeit. Es geht um die Gleichrangigkeit unserer inneren Seiten, um das Gewinnen und Lenken von Aufmerksamkeit. Respekt ist das Thema dieses Kapitels.

▶ Führung ist in erster Linie Diplomatie im Inneren.

Die nächsten Beispiele zeigen, mit welchen Bildern und Begriffen Sie *andere führen* für sich übersetzen können. Hierzu schlage ich Ihnen ein Bild vor. Es steht stellvertretend für die Ordnung, in der unsere inneren Seiten miteinander unterwegs sind. Natürlich können wir uns auch viele andere Bilder vorstellen. Ich habe genügend in meinem Archiv. Hier aber geht es um die Frage, wer vorne geht, tonangebend. Wir können uns sicher darauf einigen, dass auf dem Weg ins Schwimmbad eine andere Seite vorneweggeht als auf dem Weg zu einem Kunden, der angekündigt hat, das Agenturhonorar neu verhandeln zu wollen.

Welche Seite Ihrer inneren Seiten geht in diesem Moment voran? Welche Seite hat heute welche Gedanken, Anliegen und welche Ziele? Wie wird es sich auswirken, wenn eine andere Seite zusätzlich nach vorne kommt und über die nächsten Schritte berät?

Jede gedachte nun folgende Szene beginnt mit „Während …". Das ist kein Stilfehler, sondern bewusst so gewählt. Es zeigt, dass hier Ambivalenz stattfindet – Gleichzeitigkeit sowohl des einen als auch eines anderen Anliegens. Da ist ein wichtiger Unterschied zu den sonst häufig propagierten Absolutheitsformulierungen wie: „Ich muss mir absolut sicher sein, dass …"

Hier also das Ambivalenzprogramm:

„Während meine Leistungsseite schon wieder nach neuen Jobs und Rekorden fahndet, nimmt meine Wertschätzungsseite sie gemeinsam mit der Gelassenheitsseite an der Hand und zeigt ihr, was sie schon längst geschafft hat."

„Während meine Qualitätskontrollseite das Werk (den Tag, die Besprechung, den Kampagnenerfolg, die Kundenpräsentation) noch misstrauisch von allen Seiten beäugt, steht meine Anerkennungsseite daneben, nickt anerkennend, kaum merklich mit dem Kopf, zeigt auf diesen Umstand und jenen gelungenen Aspekt. Und die Anerkennungsseite dankt der Qualitätskontrollseite dafür, dass sie nicht einfach so alles durchgehen lässt, sondern darauf achtet, dass ein gutes Ergebnis erzielt wird."

▶ Ambivalenz ist der Schlüssel zur Handlung.

Sie werden sehen, dass jede Seite in Ihnen gut wegkommt bei dem inneren Dialog, der ab heute, ab hier und jetzt zu Ihrem Repertoire innerer Gesprächskultur zählen könnte ... wenn Sie es auf Wertschätzung und Wohlwollen anlegen. Nebenbei bemerkt: Sie bekommen Respekt und allseitige Wertschätzung nicht immer – bzw. oft nur selten (sic!) von Außenstehenden, von Kunden, von Chefs, Social Media oder dem Finanzamt, an das Sie einen Teil Ihres Einkommens abgeben.

Werden Sie daher zu Ihrem eigenen Respekt-Hauptlieferanten. Hier noch einige Szenen, die Sie sich zwischen Ihren inneren Seiten vorstellen können:

„Während meine Kreativseite ungeduldig wird, weil sie noch keine geniale Kampagnenidee produziert hat, mit der sie stolz durch die Agenturflure schweben kann, zeigt meine Gelassenheitsseite auf die Arbeiten der letzten Jahre. Sie lässt sie vor meinem inneren Auge nach und nach vorüberziehen und nennt noch einmal ausführlich die Gründe, aus denen ich den Job hier bekommen habe. Sie sagt zu mir: Irgendetwas dürfte dafür gesprochen haben, dich hier anzustellen oder zu buchen. Schließlich haben dich deine Auftraggeber nicht in einem Zustand geistiger Umnachtung geholt."

Während meine Sinnfrageseite die Kreativseite fragt, was das denn nun werden soll und ob das nicht eine völlig abgehobene, irre Idee ist, kommt meine Vertrauensseite dazu und sagt der Sinnfragenseite: Du weißt, ich verlasse mich auf unsere Kreativseite, also lassen wir uns gerne überraschen, was sie dieses Mal macht. Sollte es wirklich keinen Sinn ergeben, dann findet sie etwas anderes. Jetzt speziell zum Thema Burnout-Prävention:

„Während meine Ausdauerseite sagt: *Alles bestens, Nachtschlaf ist überbewertet,* nimmt sie meine Selbstfürsorge in den Arm und sagt zu ihr: Wir schätzen deinen unermüdlichen Einsatz. Nur gibt es in uns auch solche Anteile, die dich mit Energie beliefern. Dein Körper zum Beispiel stellt dir die meiste Energie zur Verfügung, wenn du seine Regeln im Auge behältst. Einigen wir uns darauf, dass du mit derselben Ausdauer und Konsequenz, mit der du deinen Jobs und Projekten nachkommst, auch nach den Erfordernissen der anderen Seiten schaust. Auf lange Sicht kommt so für alle am meisten heraus."

Damit wertschätzen Sie Ihre Arbeit und Ihren Einsatz, Sie erkennen aber auch Ihren Körper und eine mögliche Erschöpfung an und respektieren wichtige Regeln im Umgang mit Ihrem Körper.

Sobald Sie die gleichzeitige Existenz mehrerer Anliegen anerkennen, können Sie Ihre Aufgaben mit mehr Gelassenheit priorisieren. Der Stress nimmt sofort ab, wenn Sie den Anspruch an gleichzeitige Erledigung aller Aufgaben, die sich aus Anliegen ergeben, ersetzen durch ein „alles zu seiner Zeit."

► „Nachtschlaf ist überbewertet" ist so ein – nach außen hin witzig vorgetragener – Satz, der im Alltag zu verheerenden Wirkungen führen kann. Er passt perfekt zu der Bemerkung „Wohl einen halben Tag Urlaub genommen", die ich in meiner Werbeagenturzeit hörte, wenn jemand abends einigermaßen pünktlich die Agentur verließ.

So entstehen Verhaltensregeln und Heldenmythen bei Werbern, so manipulieren sich speziell die jungen Leute in der Werbung selbst. Die Quittung für die Missachtung der Gesundheit kommt eines Tages. Die Alternative: Sie lesen dieses Buch weiter und setzen den Inhalt so um, dass es zu keiner Missachtung Ihrer Gesundheit kommt. Nicht durch Sie und nicht durch Ihr Umfeld.

Bisher haben wir uns die Interaktion diverser Seiten auf einer szenischen Ebene angesehen. Darüber hinaus und ergänzend können Sie sich eine Dialogebene vorstellen. Die nächsten Beispiele zeigen, wie Sie im Sinne von *miteinander kommunizieren* plus *integrieren* eine innere Dialogkultur etablieren.

5.3.2   Miteinander kommunizieren und sich integrieren – innerlich mitreden und Wertschätzung einbauen

Selbstgespräche kennen alle Menschen. Es gibt erfreuliche innere Dialoge – aber diese meistens dann, wenn es uns gut geht. Zudem sind da aber auch die verbalen inneren Kleinkriege, die überwiegend in den Morgenstunden stattfinden, während andere noch schlafen. Als Kulisse für destruktive Dialoge findet man oft das Gedankenkarussell. Wie soll ich diesen Tag schaffen? Was wird der Kunde sagen? Wird das den Chef überzeugen? Haben die Kollegen letztens hinter meinem Rücken über mich geredet? Wie bekomme ich noch eine weitere Idee?

Solche Selbstgespräche laufen ohne Regie und ohne Redezeiten. Sie nehmen keine Rücksicht auf den Nachtschlaf und die Konzentration. Jene inneren Anteile, die gerade besonders viel mitzuteilen haben, reden frei heraus und werden nicht müde, sich endlos zu wiederholen. Schon einmal erlebt?

Wie können Sie hier weiterkommen – bzw. ist ein Weiterkommen überhaupt möglich? Sicher nicht, indem Sie ein innerliches Redeverbot aussprechen. Das wird nicht befolgt werden. Leisten Sie einen Beitrag.

Change-Box: Ergänzen Sie die Sätze, die Ihnen durch den Kopf gehen, mit Wertschätzungsattributen

An jeden inneren Satz im Desasterdialog können Sie anhängen:
* … und was, wenn es in guter Intention geschah?
* … wir sind doch noch gar nicht fertig damit …
* … na und?
* … und wie wirkt es, wenn wir uns die gelingenden Teile ansehen?

Nun bleibt noch der Aspekt der Treue zu sich selbst. Es ist für die langfristige Wirkung einer Veränderung von entscheidender Bedeutung, dass wir zu uns treu sind. Wie eingangs dieses Kapitels beschrieben, ist es ein Leichtes, in einer Erfolgsphase zu applaudieren. Ganz anders sieht es aus, wenn wir uns selbst nicht grün sind. Womöglich deshalb, weil wir eine Entscheidung getroffen haben, die sich als schlecht herausgestellt hat (obwohl wir nicht wissen können, niemals, was die Alternative gewesen wäre und wie sie sich ausgewirkt hätte). Viele sind auch deshalb mit sich unzufrieden, weil sie keine Entscheidung treffen. Im Weg steht hier oft der Anspruch, unbedingt die richtige, die optimale und somit „einzig richtige" Entscheidung zu treffen. Hier bleibt vielen nur die Stagnation (vorsichtshalber nichts tun, statt etwas Falsches) als vermeintliche Nichtentscheidung, obwohl es ja bereits eine Entscheidung ist, sich nicht für eine Option zu entscheiden.

Wie können Sie dem Entscheidungsdilemma mit voller Wertschätzung entkommen? Dr. Gunther Schmidt, Initiator und Wegbereiter des hypnosystemischen Ansatzes, hat hierzu eine eindrucksvolle Demonstration entwickelt. Er steht an einer Stelle und beschreibt, warum es wichtig ist, vom heutigen Standpunkt aus einen Vertrag mit seinem zukünftigen Ich zu schließen. In diesem Moment geht er einige Schritte und dreht sich um. Aus der Perspektive des künftigen Ich – also nach einer Entscheidung – sagt er zum aktuellen Ich (dessen Position er für diese Darstellung kurz verlassen hat): „Ich werde zu dir stehen, auch wenn sich deine Entscheidung nicht als die beste erwiesen haben wird." Dann geht er zurück auf die Startposition und sagt in Richtung gedachtes Zukunfts-Ich: „Auf dieser Basis können wir zusammenarbeiten, ich werde meine Entscheidung treffen." Der fiktive Dialog ist zwar sicher nicht wortgetreu wiedergegeben. Aber auch die hier nacherzählte Darstellung dieser im Entscheidungsvorfeld szenisch aufgebauten Vertragsbeziehung kann es verdeutlichen:

Sobald wir uns selbst treu sind und auch für den Misserfolgsfall treu zu bleiben geloben, und zwar auch in solchen Situationen, in denen wir uns früher von uns abgewandt hätten, sind Veränderungsprozesse machbar.

Wenn Ebbe ist im Erfolgsfluss, braucht es die Treue zu sich selbst. Ein alter amerikanischer Film zeigt in eindrucksvoller Weise, wie durch ein Gerücht eine Bank um ein Haar an ihre Zahlungsunfähigkeit kommt. Es ist eine Telefoniesituation zu sehen, die von Gespräch zu Gespräch immer weiter eskaliert. Bis in der Stadt vom angeblich bevorstehenden Bankrott einer Bank die Rede ist. Dies spricht sich wie ein Lauffeuer herum, und so stürmen viele Kunden die Bank, um ihr Bargeld abzuheben. Dies wirkt sich bedrohlich auf die Bank und ihre Barbestände aus. Als die Direktion der Bank bereits das Ende des Instituts kommen sieht, entsteht im Film plötzlich Unruhe am Ende des Tumults, am Eingang zur Bank. Ein Mann wedelt mit einem Bündel Banknoten und ruft: „Lassen Sie mich durch, ich will einzahlen!" Und während er sich den Weg durch die Menge bahnt, löst sich diese auf wundersame Weise auf, zunächst noch zögerlich und ungläubig, dann beruhigt, dann sicher. Die Leute verlaufen sich. Aufs Einzahlen kommt es an. Dann bekommen Sie auch von sich selbst immer wieder Kredit. Und zwar – wie eingangs angekündigt: Einzahlen und Treue sind genau dann gleichsam am schwierigsten und am meisten notwendig, wenn kaum Gründe zu bestehen scheinen.

▶ Die Talsohle der eigenen Ressourcen kann der Wendepunkt in Richtung Regeneration sein.

5.3.3   Sich selbst treu bleiben – handeln Sie bei Erschöpfung angemessen

Oft ist es einfacher, sich auf dem Umweg über andere ein Verhalten für sich selbst abzuleiten. Wie gehen Sie mit jemand um, der Sie erkennbar müde um eine Sitzgelegenheit und ein Glas Wasser bittet? Würden Sie sich ihm zuwenden? Wenn Sie jetzt ein Nicken bemerken, erinnern Sie sich daran, dass Sie mit sich selbst mindestens so gut umgehen sollten wie mit anderen. Sonst geht es allen nicht so gut. Ihnen nicht und Ihren Mitmenschen nicht.

Haben Sie einen gelben Buntstift? Wenn nicht, besorgen Sie sich einen. Malen Sie die Sonnenblume aus. Das wird Ihr Gehirn in einen aktiven Zustand versetzen – und den können Sie jetzt besonders gut gebrauchen.

Malen Sie diese Sonnenblume aus

Farbmangel führt zu
Schwarzweißdenken und
Alltagsgrau.

Schenken Sie sich und
anderen deutlich
wahrnehmbare, plakative
Wertschätzung.
Immer wieder.

Speziell für das Kolorieren
der anfangs
grauen Tage.

Hierzu ein Zitat aus Henning Becks „Biologie des Geistesblitzes": „Wenn ein bestimmtes Areal von Nervenzellen ständig aktiviert wird, weil immer dieselbe Information eintrifft (zum Beispiel ein Bild oder ein Ton), so passt sich diese Nervenzellregion dieser Stimulation an. Bei kurzfristigen Prozessen spricht man von Habituation – das bedeutet so viel wie „Gewöhnung". Ein Nervensystem gewöhnt sich beispielsweise schnell an einen lauten Knall, sodass man nicht so sehr erschrickt, wenn es zum zweiten Mal laut knallt. Die Grundlage für die Habituation ist, dass bei einem Impuls, der an einer Synapse ankommt, mit der Zeit nicht mehr so viele Botenstoffe ausgeschüttet werden und sich der Impuls so in der nächsten Zelle abschwächt. Unwichtige, sich häufig wiederholende Reize und Nervenimpulse werden somit abgeschwächt und das Gehirn nicht mit unwichtigen Informationen überlastet." (Beck 2013).

Leider werden nicht nur unwichtige Informationen ausgeblendet. Wer lange genug die Warnlampe wegen fehlenden Kühlwassers ignoriert und feststellt, dass so schnell nichts passiert, fährt seinen Motor kaputt. Wer die Briefe des Finanzamtes nicht öffnet (ausblendet), ändert nichts an der Abgabepflicht seiner Erklärung. Und nun das Entscheidende in Sachen Burnout:

Wer lange genug Herzstolpern, Verdauungsbeschwerden, Gedankenkreisen, Ein- und Durchschlafschwierigkeiten und Gefühle generalisierter Sinnleere erlebte, stuft diese nicht mehr als Ausnahme ein, sondern als die Regel.

Das Gehirn sortiert und interpretiert solche Signale nicht mehr in einem Kontext, der nach Veränderungen der auslösenden Umstände streben ließe. Das Gehirn definiert die Warnsignale als falsch und isoliert sie zu einer Störung, die es zu bekämpfen gelte. Als Kampfmittel kommen häufig Alkohol, Essen und andere Substanzen infrage, die kurzfristig die Illusion einer Besserung auslösen. Fertig ist der negative Kreislauf, in dem immer mehr Signale ignoriert und übertüncht werden.

Die im Zustand wacher Gesundheit aktiven Meldesysteme sacken nach und nach in sich zusammen. Sogar der Zustand von Alexithymie (wörtlich: die Unfähigkeit, Gefühle zu lesen). kann eintreten. So entsteht ein fataler Arbeitsauftrag an das Gesundheitswesen:

▶ „Defekt beseitigen! Ich muss funktionieren!" Aber – handelt es sich beim Burnout um einen Defekt?

Wenn Therapeuten und Ärzte den Defektbeseitigungsauftrag annehmen, coachen und therapieren sie die betroffene Person in Richtung „Wiedererlangung der Arbeitsfähigkeit, sprich: Funktion". Bestand vor dem Burnout-Syndrom die Funktion der Person darin, in einem komplexen Zwickmühlensystem eine hohe Performance zu liefern, ist durch einfaches Zurückcoachen an den Arbeitsplatz die nächste Burnout-Episode vorgezeichnet.

Erst das Aufdecken von Zwickmühlen und eine neue Ordnung in den sie betreffenden Bereichen versprechen langfristig eine Besserung.

Die Hauptarbeit für und mit Menschen in Burnout-Bedingungen besteht also darin, sie zum Wahrnehmen, Lesen und Einordnen ihrer Gefühle zu befähigen. Und somit die ungesunde Erschöpfung zu umgehen.

5.4   Warum ein Experiment von 1966 so aktuell ist: der Valins-Effekt

Der nach dem Psychologen Stuart Valins benannte Valins-Effekt besagt: Der Mensch (im Experiment waren es Männer) ist dazu in der Lage, durch Bewertungen seines Aktivierungszustandes Emotionen zu erzeugen. Diese Emotionen tauchen in Abhängigkeit von der Bewertung des Menschen auf, nicht in Abhängigkeit von der tatsächlichen neuronalen bzw. psychosomatischen Erregung.

Das Valins-Experiment in Kurzform: 1966 sollten drei Gruppen von Männern erotische Fotos („Playboy") bewerten. Alle hatten beim Betrachten der Bilder Kopfhörer auf. Alle dachten, sie würden ihren eigenen, beim Versuch gemessenen Herzschlag in Echtzeit hören. Tatsächlich war das nur bei einem Teil der Gruppe der Fall. Die Kontrollgruppen hörten vom Versuchslabor eingespielte Herztöne. Das Ergebnis: Immer dann, wenn die Teilnehmer angestiegene Herzfrequenzen hörten, gingen diese mit positiveren Bewertungen der Bilder einher als wenn keine Erhöhung der Herzfrequenz zu hören war. Erstaunlich daran war, dass die Bewertungen unabhängig davon entstanden, ob der Anstieg der Herzfrequenz im eigenen Körper stattfand oder über Kopfhörer nur vorgetäuscht wurde.

Der Valins-Effekt in der Burnout-Prävention
Gehen wir für die folgenden Gedanken davon aus, dass der Valins-Effekt für Männer wie für Frauen gilt. Jede und jeder kann es also nach entsprechender Bewusstmachung und Selbstinstruktion selbst bewerkstelligen, durch bewusstes Bewerten bestimmte Emotionen auszulösen. Wenn nun ein Zustand von Erschöpfung spürbar wird, hat die Person die Wahl z. B. zwischen folgenden und weiteren Entscheidungen der Bewertung:

• Meine Müdigkeit zeigt mir: Ich habe den Beruf verfehlt.
• Ich bin grundsätzlich ein leistungsschwacher Mensch.
• Ich brauche jetzt einen Kaffee, um noch eine Runde zu arbeiten.
• Ich fühle mich erschöpft, benötige wohl mehr Zeit/mehr Informationen/eine Zielklärung.

Oder auch:

• Ich hole mir Unterstützung.
• Ich habe viel geleistet und mache Pause/für heute Feierabend.

Zusammenfassung: Unser Befinden und unser Verhalten haben mit dem Einordnen und Bewerten von physischen Zuständen zu tun. Das können positive wie negative Erregungszustände sein, aber auch Phänomene wie Erschöpfung und der Wunsch nach Rückzug. Abhängig von den aktuellen Kontextbedingungen und der eigenen Lebensgeschichte kann das Gehirn häufig auftretende Signale als irrelevant bewerten und somit ausblenden. Andere wiederum können für wichtig erachtet werden, auch wenn sie dies nicht unbedingt sein müssen. Wie der Mensch sein Leben und seine Möglichkeiten wahrnimmt, beschreibt und nutzt, hängt so gut wie immer von Entscheidungen ab.
Die Fähigkeit, sich beim Bewerten von Phänomenen zu beobachten und verschiedene Bewertungen zu testen, hat jeder Mensch. Sie kann geschult werden.

Literatur

Beck, Henning. 2013. *Biologie des Geistesblitzes – Speed up your mind!*, 138. Berlin/Heidelberg: Springer Spektrum.

Ebert, Helmut, und Sven Pastoors. 2017. *Respekt – Wie wir durch Empathie und wertschätzende Kommunikation im Leben gewinnen*. Wiesbaden: Springer.

Literatur

So sieht der Burnout-Kreislauf aus – und so verlassen Sie ihn

6

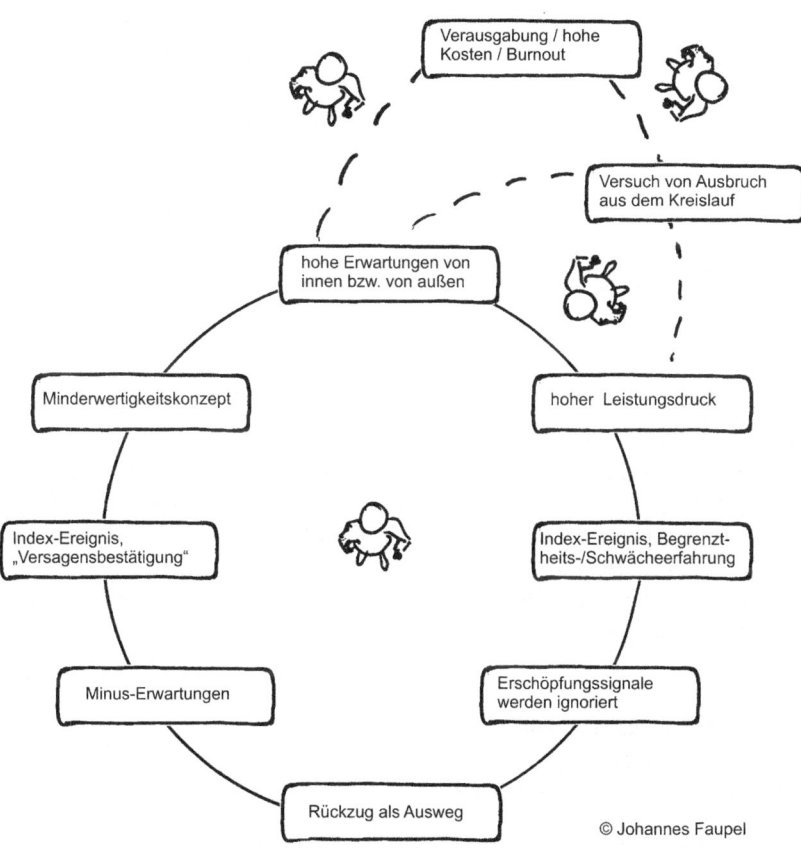

Verausgabung / hohe Kosten / Burnout

Versuch von Ausbruch aus dem Kreislauf

hohe Erwartungen von innen bzw. von außen

Minderwertigkeitskonzept

hoher Leistungsdruck

Index-Ereignis, „Versagensbestätigung"

Index-Ereignis, Begrenztheits-/Schwächeerfahrung

Minus-Erwartungen

Erschöpfungssignale werden ignoriert

Rückzug als Ausweg

© Johannes Faupel

© Springer Fachmedien Wiesbaden GmbH, ein Teil von Springer Nature 2020
J. Faupel, *Burnout-Prävention und -Intervention im Marketing*,
https://doi.org/10.1007/978-3-658-24453-8_6

Albert Einstein soll gesagt haben, man könne eher einen Atomkern spalten als ein Vorurteil. Nehmen wir Einstein beim Wort und spalten das Vorurteil bzw. das Muster *nicht*.

Wenn wir uns beim Burnout-Syndrom das Vorurteil in Form eines laufenden Musters ansehen, können wir auch dazu übergehen, das Vorurteil zu erweitern, auszuschmücken, das Muster im Vorurteil minimal zu stören. Stellen wir uns das Burnout-Syndrom wie ein Spinnrad vor, könnten wir die Achse hemmen oder etwas an der Außenseite anbringen, was das Spinnrad in eine Unwucht bringt. Und schon bräuchten wir es nicht mehr zu bekämpfen. Es würde von alleine den Dienst quittieren.

Schon mit etwas Bewusstmachung kann hier manches anders werden.

6.1   Die Problemzone

Mit dem Wort Problemzone verbinden viele Menschen vor allem jene Stellen am Körper, an denen sie ungewollt zunehmen.

Das passt vom Vergleich her an sich gut, denn Probleme nehmen ebenfalls ungewollt zu (wenn auch selten von alleine).

Bei ernährungsbedingtem Übergewicht sind sich die meisten einig. Eine Ernährungsveränderung und regelmäßige Bewegung bringen die gewünschte Veränderung. Wir sehen bei der Nahrung einen Zusammenhang zwischen dem, was wir zu uns nehmen und dem, was unser Körper daraus macht. Wohlgemerkt, beim Thema physischer Input leuchtet das ein. Ganz anders sieht es schon aus, wenn wir uns ansehen, was wir sonst so zu uns nehmen.

Wie entsteht im Marketingalltag das Übergewicht, das motivierte Menschen in die Knie zwingen kann?

* Überformatige Pläne
* Zu viele Projekte auf einmal
* Unklare Aufträge
* Fehlende/mangelhafte Bezahlung

Was wird alles als Problem in der Kreativwirtschaft angesehen?

* Fehlende Einfälle
* Tage, die rein äußerlich fruchtlos verstreichen – ja, man muss es aushalten, dass lange Zeit nichts Ertragreiches auf dem Skizzenblock steht
* Überstunden – das Phänomen der durchgemachten Nächte vor Präsentationen ist so alt wie die Werbung selbst

Menschen mit vielen Bällen in der Luft sind symptomatisch in unserer Zeit.

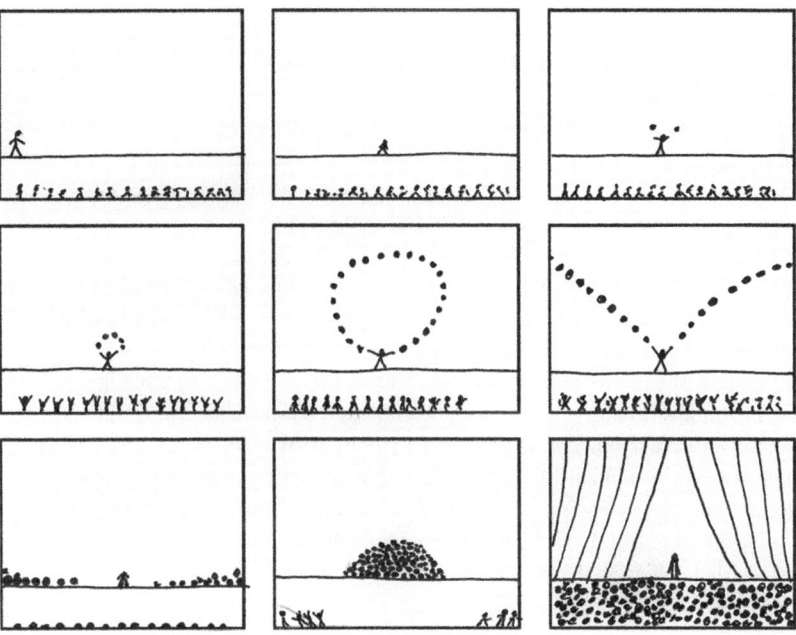

6.2 Die Lösungszone

Projektübergewicht und Ernährungsübergewicht. Da liegen Welten dazwischen. Auf den ersten Blick. Wollte man einer trivialen Logik folgen und das Projekt- oder Verantwortungsübergewicht wie das ernährungsbedingte Übergewicht behandeln, bräuchte man nur folgende Gleichung aufzustellen:

Weniger Projekte + mehr Ausgleich und Sport = kein Burnout = (weitgehend) optimaler Zustand

Aber so einfach ist es nicht. Gehen Sie mit einer solchen Forderung mal zu Ihrem Vorgesetzten oder zum Kunden.

Es müsste also einen anderen Weg geben. Einen, den alle mitgehen. Bei dem alle einsehen, dass hier die Quelle für Effizienz und Erfolgt liegt. Dort, wo wir uns in der Lösungszone bewegen.

6.2.1 Veränderung beginnt mit einer Selbstbildveränderung

In die Lösungszone gehört z. B. eine Veränderung des Selbstbildes. Die Hypnotherapie berücksichtigt das Phänomen, dass der Verstand schnell an seine Grenzen stößt, auch wenn er sein Selbstbild verändern will. Grenzen werden immer dann sofort deutlich, wenn der Verstand zu verstehen versucht, was er bislang nicht verstanden hat. Das kommt in etwa der Absurdität der Erzählung des Barons von Münchhausen gleich, der sich am eigenen Schopfe aus dem Sumpf zieht.

Die Bemühungen, einzig auf der kognitiven Ebene in Verbindung mit guten Verhaltensvorsätzen sämtliche Vorgänge im komplexen, *psychosomatischen System Mensch* unter Dach und Fach und vor allem unter Kontrolle und Befehlsgewalt zu bringen, scheitern natürlicherweise. Dieses Scheitern ist regelmäßig z. B. bei den Therapieabbrüchen in der Verhaltenstherapie zu besichtigen. So gut wie nie mangelt es an der Einsicht, welche Lebensführung zu gedeihlichen und welche zu ungünstigen Umständen führt. Der Mensch kann spüren, wie es ihm wann geht, auch wenn er es noch so sehr zu verdrängen versuchen wollte. Veränderung kommt dort an ihre Grenzen bzw. findet nicht mehr statt, wo Selbstbilder zu stark verändert werden sollen. In die Marketingsprache übersetzt würde das heißen:

▶   Der Markenkern des Menschen ist nicht mehr erkennbar. So könnte man es in die Marketingsprache übersetzen, wenn jemand seine Identität, seine Werte und seine Anliegen nach und nach aufgibt, verliert. Wegen des Verlustes der Markenidentität sind schon viele Unternehmen in Bedrängnis geraten.

Wenn sich ein Mensch täglich als kreatives Arbeitstier definiert bzw. definieren lässt, kann er nicht am nächsten Tag den Müßiggang zum neuen persönlichen Markenzeichen erheben. Das glaubt er sich selbst nicht. Die Rückmeldungen aus seinem Beziehungssystem wären dazu geeignet, ihn wieder in seine Ursprungsrolle zu drängen. Daran wird sichtbar, dass eine Veränderung in zu großem Umfang an der fehlenden Glaubwürdigkeit und den Wechselbeziehungen mit den Umgebungssystemen scheitern würde. Das innere System sind die vielstimmigen Anliegen, Überzeugungen und Ansprüche. Zum äußeren System zählen Lebenspartner, Kollegen, Familie, Kunden und Konkurrenten.

Was kann unternommen werden, wenn jemand trotz gewonnener Einsichten nicht zu einer Lebensstiländerung findet? Es wird darum gehen, alle Persönlichkeitsanteile einzubeziehen und anzusprechen, die Motivation und Motive beeinflussen.

Hierzu lohnt es sich, etwas tiefer einzusteigen und sich anzusehen, welche Anteile in uns welche Bewertungen vornehmen und welche Auswirkungen wiederum diese Bewertungen haben.

Ich lege mit diesem Buch Wert auf eine enge Verbindung zwischen Marketing und systemischer sowie hypnosystemischer Beratung. Wenden wir uns nun der SWOT-Analyse zu. Sie eignet sich ausgezeichnet für die produktiv-kritische Selbstschau.

6.2.2   Selbstbildveränderung durch eine eigene SWOT-Analyse

Wofür steht SWOT?

Die Abkürzung SWOT setzt sich aus Strength, Weakness, Opportunities und Threats zusammen. Es interessieren uns also die Stärken, Schwächen, Möglichkeiten und Hindernisse. Dabei spielen nicht nur die realen, von jedem überprüfbaren Gegebenheiten eine Rolle, etwa eine Mauer oder Ressourcenmangel als Hindernisse. Auch die vermuteten Gegebenheiten in einer Lebenssituation sind einzubeziehen, denn die Grundannahmen über unser Leben lassen es zu dem werden, was wir feiern oder beklagen, je nachdem. Jeder Mensch hat seine eigenen Grundüberzeugungen von sich. Diese können, müssen aber nicht mit dem Bild übereinstimmen, das die Umgebungen zeichnen. Max Frisch hat in „Mein Name sei Gantenbein" Herrn Gantenbein sagen lassen: „Jeder erfindet sich irgendwann eine Geschichte, ... die er für sein Leben hält" (Frisch 1975).

Die SWOT-Analyse führen wir aus zwei Blickwinkeln durch. Einmal beschreiben Sie, was aus Ihrer Sicht die aktuellen Stärken, Schwächen, Möglichkeiten und Hindernisse in Ihrem Leben sind.

Ein systemisch und hypnosystemisch (vgl. auch Schmidt 2018) orientiertes Buch wie dieses bezieht immer auch das System ein, in dem etwas gesagt und getan wird.

Im zweiten Teil dieser SWOT-Analyse stellen wir deshalb die Frage: Was glauben Sie, wie Außenstehende Ihre Stärken, Schwächen, Möglichkeiten und Hindernisse einordnen? Das ist übrigens eine typisch systemische Frage.

Interessant ist, ob Außenstehende irgendwelche Hindernisse sehen und – falls überhaupt – welche Schwächen. Wenn Sie gedanklich die Positionen anderer Personen einnehmen und zu beschreiben versuchen, was diesen an Ihnen auffällt, kommen Sie zu einer Außenperspektive. Manche sagen dazu auch „Blick von außen."

Um Ihre eigene SWOT-Analyse durchzuführen, sind folgende Arbeitsmittel notwendig:

• Privates Notizbuch (also kein Buch, das in einem ungünstigen Moment bei Ihrem Arbeitgeber oder Kunden versehentlich auf der falschen Seite aufgeschlagen werden könnte)
• Schreibwerkzeug
• Geduld (kann eine Stunde und mehr dauern, sorgen Sie also für eine Phase ungestörten Arbeitens für sich selbst)
• Kontinuität, da Wiederholungen einzuplanen sind. Je nach Tagesform und auch in Abhängigkeit von bereits umgesetzten Veränderungen fällt eine SWOT-Analyse am einen Tag so, eine Woche darauf aber womöglich schon etwas anders aus. Daher ist es günstig, wenn Sie Ihre persönlichen SWOT-Analysen mindestens dreimal auf Wiedervorlage setzen, am besten im Monatsabstand. Erst dann sehen Sie Veränderungen und können mit einem guten Gefühl am Ball bleiben. Handhaben Sie es so, dass Sie Ihre heutige SWOT-Analyse in einem Ordner abheften und auch mit den folgenden Untersuchungen Ihrer Stärken und Schwächen usw. verfahren. In der Zeit bis zu Ihrer dritten SWOT-Analyse sehen Sie sich die Ergebnisse der bisherigen Analysen nicht an, erst am letzten Tag. Warum? Weil damit die Unterschiede sichtbar werden, und weil Sie nicht versucht sein werden, auf dem Weg bis zur dritten Analyse zu sehr auf sich zu achten

SWOT-Analyse: zuerst Ihr Blick auf sich selbst und dann die Außenperspektive

Strength
Kennen Sie Sätze wie „Tu dich nicht so hervor"? Haben Sie jemals die Aufforderung „Sei bescheiden" gehört? Dann liegen in diesem folgenden Absatz viele Entdeckungsmöglichkeiten für Sie.

- Was sehen Sie als Ihre Stärken an? Schreiben Sie sie hier auf oder in Ihr Notizbuch:
  - _____
  - _____
  - _____
  - _____
  - _____
  - _____
  - _____
  - _____

- Wenn Sie sich ohne viele Worte bewerben sollten, was würden Sie als die drei
  besten Einstellungsgründe auf Ihr T-Shirt drucken lassen (nur Substantive)?
  1. _____
  2. _____
  3. _____

Weakness

Nehmen Sie sich auch für diesen Punkt ausreichend Zeit. Gemeint ist hiermit
jedoch nicht, dass Sie möglichst viele Fehler bei sich finden sollen. Im Gegenteil geht es darum, Umdeutungsoptionen und Spielraum für Neubewertungen
zu finden. „So habe ich das bis jetzt noch gar nicht gesehen" wäre ein guter
Satz bei der Beschäftigung mit den Ihnen zugeschriebenen Schwächen. Hinter
Schwächen verbergen sich oft Fähigkeiten, die nur noch nicht zur Blüte gebracht wurden.

- Was bewerten Sie bei sich als Schwäche? Notieren Sie das hier oder in Ihr Notizbuch. (Die Tatsache, dass Sie etwas als Schwäche bewerten, heißt nicht, dass
  es sich um eine Schwäche handelt, mehr dazu weiter unten).
  - _____
  - _____
  - _____
  - _____
  - _____
  - _____

• Beispiele für noch nicht zur Blüte gebrachte Fähigkeiten: Welche Sprüche und Erzählungen gab es in Ihren jungen Jahren? Etwa „Der/die ... ist immer so verträumt" oder „Du wirst ja nie fertig mit deinen Sachen" oder „Wenn du dich immer verzettelst, kommst du nicht zu einem Ergebnis". Schon einmal gehört? So oder so ähnlich. Nehmen wir uns diese drei vermeintlichen Schwächen vor. Es geht hier (wie auch sonst in diesem Buch) um die Neubewertung und die Utilisation (Nutzbarmachung) von Phänomenen, die vordergründig wie Schwächen aussehen, aber keine sind. „Immer so verträumt" kann auch heißen: mit der besonderen Gabe ausgestattet, hinter die Dinge zu sehen, deren Umfeld zu betrachten und bereit zu sein, Verknüpfungen (Assoziationen) herzustellen, auf die man sonst nicht so leicht kommt. Sehen wir uns auch einen von diesen „ermutigenden" Sätzen wie „Du wirst nie fertig mit deinen Sachen" an.

Eine solche Bewertung kann ein hilfreicher Hinweis auf eine andere Stärke sein: Gründlichkeit (nicht Perfektionismus, das wäre schon wieder eine Abwertung). Gründlichkeit freilich sollte nicht dazu führen, dass wir einen Projektstand erst dann zeigen, wenn wir ihn für Weltklasse halten (und deshalb ewig brauchen).

Gründlichkeit im Marketing könnte sich zum Beispiel an positiven Antworten auf Fragen wie die folgenden messen lassen:
• Habe ich bei diesem Motiv/Kampagnenplan die zentralen Kampagnenziele im Auge behalten?
• Kann sich der Kunde/Creative Director etwas darunter vorstellen, wenn ich hier zunächst skizziere, wie die Kampagne laufen soll?
• Weiß ich, ob und wie sich meine Idee crossmedial (in allen Formaten online und im Print) umsetzen lassen wird?

Wenn Sie hier öfter mit Ja als mit Nein antworten können, lassen Sie es erst einmal gut sein und laden Sie zum Schulterblick ein. Schließlich noch der Hinweis auf das Verzetteln: Der berühmte Tanz auf vielen Hochzeiten ist in der Tat grenzwertig anstrengend und so gut wie nie zielführend; weil eben alle Feste gefeiert werden und somit de facto keines richtig.

Zeit für eine Relativierung. Hinter der Beobachtung, jemand verzettele sich, stecken auch die Bereitschaft und die Fähigkeit zur Vielfalt. Der Tatendrang. Der Fleiß. Hilfreich ist hier eine wertschätzende Führung, am besten Selbstführung in Richtung maßvoller und zielgerichteter Fleiß. Grundsätzlich gehören Eigenschaften wie die hier beschriebenen auf die Liste mit den Stärken. Als Rohdiamanten, die noch Schliff vertragen.

- Was glauben Sie, was andere von Ihnen erwarten, wie Sie sich zu ändern hätten? Wie könnten Sie diese Annahme auf Richtigkeit hin überprüfen?

Erwartungen und Erwartungserwartungen (unsere Vorstellung, was andere von uns erwarten könnten) können zu Überlastung und Überfrachtung führen. Wenn wir hohe Erwartungen unterstellen, aber nicht wissen, worauf sie sich genau beziehen, können wir unendlich viel leisten, aber es wird niemals genug sein. Weil wir kein Ende sehen, keinen Zustand der Vertragserfüllung. Hier sind wir wieder an dem Punkt, der beim Kapitel „Auftragsklärung" besprochen wird. Wenn ich nicht weiß, was erwartet wird, kann ich als Auftragnehmer nicht passend liefern. Die Auftraggeberseite wird ihrerseits enttäuscht sein, weil man nicht „richtig" geliefert habe.

Rollenzuschreibungen kennen wir aber schon seit eh und je: aus Systemen (Familie, Abteilung, Verein, Firma, Peer Groups) werden Mythen und Rollenzuschreibungen überliefert und übernommen. Meistens geschieht dies stillschweigend – häufig auch ohne es zu reflektieren. Jemand wird in eine Familie hineingeboren und sieht z. B., wie der Vater täglich Überstunden schiebt und auch Arbeit in die Wochenenden und die Ferien mitnimmt. Das macht man dann so. Bis man es hinterfragt.

Opportunities
Bei den Möglichkeiten gibt es viele Möglichkeiten. Das ist gar nicht so tautologisch, wie es sich liest.

Zwischen „wir haben keine Wahl" und „die Qual der Wahl" liegt ein weites Spektrum. Jenen, die ihre Situation als eingeengt erleben, möchte man zurufen „Schaut euch doch erst einmal um." Die anderen, die von Blüte zu Blüte (Projekte, Kunden) eilen und sich für nichts entscheiden, würde man einen etwas eingeengten (fokussierten) Blick wünschen. In Abschn. 1.10 ist Heinz von Foersters „Ethischer Imperativ" bereits beschrieben:

▶ „Handle stets so, dass die Anzahl der Wahlmöglichkeiten größer
   wird!" Heinz von Foerster, Ethischer Imperativ

Weiter zum Burnout-Syndrom: Gehen wir davon aus, dass es ein anlassbezogener Grund (im Zusammenhang mit dem Thema Burnout) war, aus dem Sie dieses Buch in die Hand genommen haben. Wo würden Sie gerne eine Option gewinnen?

- Welche Möglichkeiten kennen Sie, um sich vor Überlastung zu schützen?
- Welche Rückmeldungen Ihres Umfeldes haben Sie bis jetzt zwar gehört, aber nicht wahrgenommen – im Sinne von umgesetzt?

- Welche Kunden haben noch nichts von Ihren Angeboten gehört?
- Wie können Sie diese Kunden erreichen?
- Was ist in Ihrem Umfeld an Marketingleistungen gefragt?
- Wie können Sie künftig mit weniger Aufwand zu Ideen kommen und diese präsentieren?
- Und jetzt weg von der Leistungsseite zur Ressourcenschonung: Welche Möglichkeiten sehen Sie, etwas für Ihren Kräfteerhalt zu veranlassen?

Formulieren Sie auch Ihre eigenen Fragen und schreiben Sie die Antworten auf alle Fragen in Ihr Notizbuch.

Threats
Restriktionen (Grenzen und Einschränkungen) und die Beschäftigung mit ihnen können in so manchem Fall die Entscheidung reifen lassen, ein Projekt einzustellen. Oder eine neue Strategie einzusetzen.
Stellen Sie sich die folgenden Fragen und schreiben Sie die Antworten auf:

- Was setzen Sie gesundheitlich aufs Spiel, wenn Sie im Job weitermachen wie bisher? Die Gegenfrage ist ebenfalls interessant:
- Was setzen Sie jobtechnisch aufs Spiel, wenn Sie sich gesundheitlich nicht schützen?
- Wer oder was (Personen, Restriktionen, Ideen über Ihr Leben) hindert Sie aus Ihrer Sicht bislang daran, eine notwendige Veränderung herbeizuführen?
- Was könnten Sie als heilsame und hilfreiche Grenze definieren?

Und was mache ich mit den Erkenntnissen?
Die hier gewonnenen Erkenntnisse liefern Ihnen eine wertvolle Außen- bzw. Metaperspektive: also das, was auch in einer Supervision im Mittelpunkt steht. Wenn Sie zwischendurch einen Blick von oben auf eine Situation einnehmen, haben Sie ausreichend Distanz für eine einigermaßen neutrale Betrachtung und Bewertung.

6.2.3   Selbstbildveränderung durch eine von anderen durchgeführte SWOT-Analyse

Lassen Sie die SWOT-Analyse von jemand anderem für Sie durchführen
Wenn Sie aktuell keine Möglichkeiten haben sollten, mit externen Beratern ein professionelles Audit durchzuführen, können Sie das jetzt selbst unternehmen. Da

sich dieses Buch eindeutig auf die Arbeit mit und für Ressourcen konzentriert, betrachten wir hier ausschließlich Ihre Stärken. Versetzen Sie sich dazu in die folgende Situation:

Nehmen wir an, Sie würden in einem Café sitzen und feststellen, dass man am Nachbartisch offensichtlich über Sie redet, allerdings ohne Ihre Anwesenheit zu bemerken. Je länger Sie das Gespräch mitverfolgen, desto deutlicher wird, dass man ausgesprochen anerkennend von Ihnen spricht.

Versetzen Sie sich in dieses fiktive Gespräch.

Welche Ihrer positiven Eigenschaften, die Sie selbst nicht bei sich bemerken oder bisher für selbstverständlich hielten, kommen am Nachbartisch im Café zur Sprache?

Was überrascht Sie dabei?

Was haben Sie andere vielleicht schon einmal über Sie sagen hören, aber nicht zugelassen?

Welche Ihrer Stärken, Tugenden und Möglichkeiten werden in einem fiktiven Gespräch zwischen anderen Menschen mit Ihnen zur Sprache kommen? Notieren Sie diese hier oder in Ihr Notizbuch:

- _____
- _____
- _____
- _____
- _____
- _____
- _____
- _____

Und was ist mit den Schwächen?

Vereinbaren Sie mit sich, dass Sie ab jetzt nur jene Ihrer Handlungen und Unterlassungen zu Ihren Schwächen zählen, die zur Vernachlässigung Ihrer Selbstanerkennung und Ihres Selbstschutzes beitragen. Sobald Sie diese Denk- und Handlungsweisen bemerken, wirken sie nicht mehr so schädigend wie unbewusst laufende Muster – s. hierzu die inneren Spots am Anfang des Buches:

- Die Dauerwerbesendung „Wie ich mich unentbehrlich machen könnte".
- Der Report „Was ich heute schon alles versäumt habe".

Literatur

Frisch, Max. 1975. *Mein Name sei Gantenbein*. Berlin: Suhrkamp.
Schmidt, Gunther. 2018. *Einführung in die hypnosystemische Therapie und Beratung*, 8. Aufl. Heidelberg: Carl Auer.
von Foerster, Heinz. *Ethischer Imperativ*, https://de.wikipedia.org/wiki/Ethischer_Imperativ.

Kampagne für Ihr Wohlergehen entwickeln 7

Wie könnte eine Kampagne aussehen, die Sie ab heute für sich entwickeln und mit der Sie sich eigene Kommunikationsziele setzen? Ich gebe Ihnen einen Vorschlag an die Hand:

- **Kommunikationsziel:** Ich will eine so gute Selbstfürsorge erreichen, dass ich bei Kräften bleibe.
- **Werbestrategie:** Ich positioniere die Werbebotschaft so, dass ich ihr auf Schritt und Tritt begegne, z. B. drucke ich sie in Gedanken auf die Hemden meiner Chefs und Kunden.
- **Werbebotschaften:** Ich halte Maß, um überdurchschnittliche Leistung zu bringen. Ich arbeite nach klarem Briefing. Ich übernehme ausschließlich lösbare Aufgaben.
- **Budget:** Kostenlos.
- **Aufwand:** täglich 12-mal 30 Sekunden. Innehalten. Durchatmen. Loslassen.
- **Maßnahmen und Medien:** Täglich morgens und abends 10 Sekunden vor dem Badezimmerspiegel sehr breit lächeln. Auch ein künstliches Lächeln ist für das Gehirn ein Zeichen von Wohlbefinden.
- **Zeitraum:** Ab jetzt und für immer. Mit der Großzügigkeit, jederzeit auch Phasen von „Nachlässigkeit" erleben zu dürfen und immer wieder zur Kampagne zu finden.

© Springer Fachmedien Wiesbaden GmbH, ein Teil von Springer Nature 2020
J. Faupel, *Burnout-Prävention und -Intervention im Marketing*,
https://doi.org/10.1007/978-3-658-24453-8_7

Ans Werk. Für Sie als Marketingmensch wird die erste Selbstfürsorgekampagne ein Heimspiel – auch wenn es Mühe macht. Wie alles, was gut werden soll.

7.1   Kreativität braucht Mut und Durchhaltevermögen

Kreativität wirkt auf viele wie ein Wagnis. Und ja, es ist eine Unternehmung mit ungewissem Ausgang. Man setzt sich hin. Ein weißes Papier, leer wie ein Freibadschwimmbecken mitten im Dezember, starrt einen an. Gnadenlos. Der Stift in der rechten Hand. Zögerlich. Dann ein erster Strich, sagen wir: eine Plakatwand. Und ein Motiv drauf, etwas, irgendetwas.

Und jetzt stellen Sie sich vor: Was müsste auf einem Plakat zu sehen sein, das Sie dazu bewegen könnte, gut für sich zu sorgen? Oder: Wie wäre ein Erklär-Video aufgebaut, in dem das System unlösbarer Aufgaben beschrieben wird – beginnend mit dem Erstgefühl, eine große Leistung bringen zu dürfen, gefolgt vom Zweitgefühl, dass da etwas an der Aufgabenstellung fehlt? Wie würden Sie sich selbst eine bildhafte Erklärung liefern, die Sie künftig vor der Annahme unerfüllbarer Aufträge bewahrt?

7.2   Assoziationen helfen – je nach Kontext

Jede Gehirnzelle ist – über Netzwerke – mit anderen Gehirnzellen in Verbindung, die wiederum an viele weitere Gehirnzellen andocken und mit diesen kommunizieren. Was auf der physikalischen Ebene genau einem Gedanken entspricht, wird man wohl nie erforschen. Ist aber auch nicht wichtig. An der Bildung eines Wortes sind mehrere Zellen beteiligt, doch das soll uns hier nicht weiter beschäftigen.

Möglicherweise teilt sich z. B. eine Arbeitsgruppe von Gehirnzellen die Bildung des Wortes Tisch. Eine solche Tisch-Gruppe könnte alle jemals erlernten und erlebten Formen von Tisch sammeln, bearbeiten und speichern: Tisch auf Deutsch, Italienisch, Japanisch und Latein zum Beispiel, aber auch Bilder von Tischen: Jugendstil und Kiefer, festlich gedeckt oder zum Tapezieren, fürs Camping klappbar, der Tisch mit der Faust, die auf ihn schlägt, mit den Füßen, die das Kind gehorsam unter den Tisch der Eltern zu stecken hat – und sogar mit der Wahrheit, die eines Tages auf den Tisch muss. Vielleicht ist es so, vielleicht ist es auch ganz anders.

Es spielt im Alltag des Menschen keine Rolle, welche Zelle sich bevorzugt an welche Partnerzelle anschließt oder in welchem Verbund organisiert, ob es Präferenzen gibt und wenn welche, in welchem Größenmaßstab im Gehirn welche Zusammenhänge hergestellt oder verloren werden. Entscheidend ist, dass auf unvorstellbar kleinem Raum weltbewegende Ideen entstehen können und in unvorstellbar kurzer Zeit Überzeugungen, die ein ganzes Menschenleben andauern können – nicht immer zum Wohle der Menschen.

Das Gehirn ist Assoziationsweltmeister
Das Gehirn lebt in und von Assoziationen. Schon vor der Geburt stellt es Verbindungen her. Es assoziiert besonders intensiv solche Ereignisse, die bereits im Vorfeld als attraktiv, gefährlich, belastend oder schmerzhaft erscheinen. (Folgendes Bild: „Dendriten" – Darstellung mit freundlicher Genehmigung von Dr. Hermann Cuntz)

Attraktionen sind nicht nur schöne, sondern auch potentiell gefährlich oder belastend wirkende Bilder. Sie werden unwillkürlich mit erhöhter Aufmerksamkeit verbunden. Läuft uns ein attraktiver Mensch, der theoretisch auch gut als Sexualpartner denkbar wäre, über den Weg, fährt die Aufmerksamkeit in Sekundenbruchteilen hoch. Das ist nicht unmoralisch. Die Moral ist viel langsamer als das limbische System im Gehirn. Hier wird nicht gedacht, sondern gemacht. Hier wird Aufmerksamkeit im Eilverfahren hergestellt. Hier wird auch die Angst ausgelöst, die wiederum kurzfristig enorm viel Energie für eine Flucht oder einen Angriff bereitstellen kann.

Das ist ungemein nützlich in Situationen, in denen ein wildes Tier naht – es wirkt aber auch bei einem drohenden Steuerabgabetermin. Die Steuererklärung ist ein Klassiker unter jenen Themen, die im Vorfeld unlösbar scheinen und hinterher trivial. An anderer Stelle ist hierzu ein Ehrenamtsprojekt im Sozialverbund Familie beschrieben, das die Erledigung der Steuererklärung vorübergehend unmöglich macht.

Wenn ein Chef brüllt, kann das in Sekundenbruchteilen dazu führen, dass wir uns auf Stecknadelkopfgröße herunterskalieren. Dort der laute Chef, hier der verstummte Angestellte, der in der Tastatur zwischen den Tasten P und Ü verschwindet. Es muss noch nicht einmal eine tatsächliche Auseinandersetzung sein. Schon die Vorstellung davon kann ausreichen, dass unser Gehirn ein Drama inszeniert, z. B. vom Rauswurf aus der Firma und einem Leben unter der Brücke. Ein auditives Signal (Chef rastet aus) – und das Gehirn entwickelt ein Schreckensszenario.

Wie schnell das mit dem Assoziieren geht, und vor allem wie stabil, zeige ich Ihnen anhand einer Bildausstellung, die ich Ihnen *nicht* zeige.

Hier steigen wir mit einer Erinnerung an eine Ausstellung aus dem Jahre 1985 ein. Für dieses Buch wurde das Original etwas abgewandelt.

Im Original wurden weltberühmte Fotografien gezeigt. Aber nicht die Bilder. Auf schwarzen Quadraten wurde in mittelachsig zentraler Schrift beschrieben, was auf dem Bild zu sehen war:

- Vopo, der beim Mauerbau in Berlin über den Stacheldraht in den Westen springt.
- Der Fußabdruck des ersten Menschen auf dem Mond.

Diese und weitere Motive zeigte der Künstler und Kommunikationsdesigner Michael Schirner in der Ausstellung.

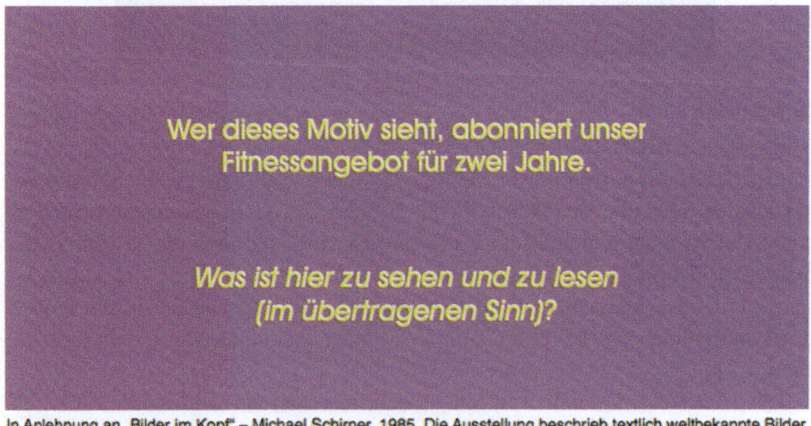

In Anlehnung an „Bilder im Kopf" – Michael Schirner, 1985. Die Ausstellung beschrieb textlich weltbekannte Bilder. Das Originalbild tauchte bei den Betrachtern vor dem inneren Auge auf.

Den Effekt, dass unser Gehirn von sich aus Bilder zu Aussagen hinzufügt, nutzen wir ab hier. Wir schaffen neue Aussagen, die beschreiben, was nach dem Wahrnehmen eines Motives geschehen soll. Präzisieren Sie mit dem Ziel einer Auftragsklärung das Ergebnis Ihrer Arbeit. Von da aus denken Sie rückwärts. Was wird die Personen aus Ihrer Zielgruppe wohl so beeindruckt haben, dass diese den BESTELLEN-Button anklicken?

Vom Ergebnis her arbeiten. Das lässt manche reizvoll erscheinende Idee schon im Vorfeld ausscheiden. Auf der anderen Seite kann es dazu führen, dass eine Idee auftaucht wie ein Hirsch aus dem Unterholz. Ein Zwölf-Ender. Und die Idee über die Lichtung röhrt (um in diesem Bild zu bleiben: die Lichtung ist z. B. die Werbeagentur).

Change-Box: Beschreiben Sie das Ergebnis Ihrer Arbeit so genau wie möglich

- Was machen Sie in der Rolle der Zielgruppe, wenn Ihre Kampagne wirkt?
- Wer ist die Problem-Persona, die eine Lösung sucht?
- Wer ist die Reader-Persona, bevor sie zur Buyer-Persona wird?

Übertragen Sie diese Fragen auf Ihre berufliche und private Situation: auf Ihr Leben.

Halten wir fest: Einschätzungen, Ordnungen und Verhaltensweisen sind aktive Vorgänge. Eine Assoziation ist auf neuronaler Ebene eine Leistung des Gehirns, auch wenn sie auf den ersten Blick wie ein Zufall aussehen mag. Später in diesem Buch kommen wir darauf zu sprechen, wie wir uns an geeigneter Stelle in unbewusst ablaufende Assoziationen einklinken und etwas dazu beitragen können. Zu den unbewussten Assoziationen kann z. B. zählen: „Ich = werde immer gebraucht."

7.3 Gastbeitrag: Neurofeedback – Live-Rückmeldungen aus dem Gehirn

Gastbeitrag von Torsten Sochorick, Neurofeedback-Training und systemische Familientherapie in Schopfheim, Baden, vivum-therapie.de

Ich erlebe das Phänomen der berufsbedingten Überlastung von Familien aus zwei Perspektiven: Oft kommt ein Teil der Familie zunächst alleine, das ist der erschöpfte Manager, dem es um die Arbeit geht. Der noch effizienter werden will, um sich mithilfe seines Kalenders sinnbildlich zweizuteilen und sowohl Überstunden als auch das Abendessen realisieren möchte. Auf der kognitiven Ebene haben die Personen keine Defizite. Sie wissen, was sie tun müssten, um weniger Stress zu erleben. Aber sie schaffen es nicht, weil sie Zugeständnisse an ihre Leistungsversprechen machen müssten.

Meta-Perspektive auf dem Bildschirm
So anstrengend vieles auch ist – wir leben in Zeiten mit guten Möglichkeiten der Visualisierung. Mir kommen die Bildschirm-Sessions im Rahmen des Neurofeedback-Trainings immer auch etwas vor wie Werbefilme für einen besseren Umgang mit sich selbst. Ist ja auch nachvollziehbar, denn hier passiert etwas Aufregendes, und das bleibt im Gedächtnis. Nachdenklich sagte ein Geschäftsführer gegen Ende seiner ersten Neurofeedback-Sitzung: „Wer das hier einmal gesehen hat, kann eigentlich gar nicht mehr so weitermachen wie bisher."

Es bezog sich darauf, dass der Mann sichtlich beeindruckt davon war, seinem Gehirn zum ersten Mal bei der Aufmerksamkeit zusehen zu können. Er konnte beobachten, welche Wirkung seine willentliche Aufmerksamkeitsfokussierung auf sein Gehirn hatte. „Das habe ich künftig vor meinem inneren Auge, bevor ich mich wieder mal in meinen Projekten verliere und verlaufe."

Der Mann, Mitte 50, arbeitet im Bereich Kommunikation in einem Unternehmen aus der Automotive-Branche, vierköpfige Familie. Zu Beginn der Behandlung war er mit der Diagnose Burnout arbeitsunfähig gewesen. Die Ehe stand kurz vor der Scheidung.

Sein Anliegen war es, wieder seine Leistungs- und Arbeitsfähigkeit zu erlangen und seine Beziehung zu stärken.

Nach der Auftragsklärung wurde ein Familien- und Persönlichkeitsgenogramm erstellt, aus dem Entwicklungszustände abgeleitet wurden, die z. T. die Diagnose herausbildeten. Die Diagnostik wurde nicht nur durch eigene bzw. Verlaufsangaben gestützt, sondern zusätzlich durch eine topografische Analyse über eine EEG-Ableitung gesichert.

In meiner Praxis ist Neurofeedback ein Teil eines multimodalen Ansatzes, bei dem Business-Neurofeedback, das Achtsamkeitstraining als Outdoor-Aktivität und die systemische Familientherapie – die Integration der Familie – zum Einsatz kommen.

Die EEG-Ableitung ergab eine niedrige Alpha-Amplitude im parietalen Zentrum, was auf ein vermindertes entspanntes Wachsein schließen lässt. Dazu wurde im sensomotorischen Rhythmus (Kortex) eine erhöhte EMG-Amplitude bei gleichzeitig verminderter SMR-Amplitude gemessen. Diese Werte stehen als Synonym für eine erhöhte körperliche innere Anspannung.

In den folgenden Sitzungen wurde der Klient mit der Wahrnehmung der Gehirnaktivität vertraut gemacht und lernte dabei sein Empfinden, seine Wahrnehmung zu verändern, die ausschlaggebend auf den Genesungsprozess Einfluss hatte. Zum Neurofeedback kam das Bouldern (so bezeichnet man eine Form des Klettern ohne Seil in Absprunghöhe, max. 4 m) als Outdoor-Aktivität zum Einsatz, um sich wieder anders körperlich wahrzunehmen und zu spüren, seine Kräfte wiederzuerlangen und freizusetzen, aufzutanken und wieder Energie zur Verfügung zu haben.

Mit der Ehefrau wurden parallel Coaching-Termine abgehalten, in denen sie trainierte, wie sie positiv auf die Veränderungen ihres Mannes einwirken konnte. Zudem wurden in den Paargesprächen die Konflikt- und Krisensituationen besprochen, Gemeinsamkeiten hervorgehoben und Coping-Techniken wie: „ICH"-Botschaften anstatt „DU"-Botschaften auszudrücken.

Der Mann ist wieder beruflich integriert. Die Beziehung hat die Achtsamkeit integriert, die es für ein fürsorgliches Zusammenleben braucht.

Auffällig war bei diesem Klienten vor der Therapie das dauerhaft hohe Anspannungsniveau, das auf eine zum Anfangszeitpunkt gering ausgeprägte Verbindung zwischen dem Verstand und dem Gefühl schließen ließ. Mit dem gezielten Training der Verbindung dieser wichtigen Seiten des Menschen begann der Klient, seine Situation dauerhaft zum Besseren zu bewegen.

In den Autopiloten einklinken – mitten im Betriebssystem
Neurofeedback kann man sich vereinfacht so vorstellen: Die Klienten wählen sich mithilfe der Neurofeedback-Technologie – im übertragenen Sinn – in das Betriebssystem ihres Gehirns ein und erwerben durch ihr Training so etwas wie Administratorrechte bzw. -fähigkeiten. Am Bildschirm können sie mitverfolgen, welche Veränderungen der Hirnströme selbst Kleinigkeiten hervorrufen, die sie verändern. Das gibt ihnen die Wahrnehmung von Selbstwirksamkeit. Sie werden von Sitzung zu Sitzung besser darin, ihre unwillkürlich laufenden Prozesse im Gehirn bewusst zu beeinflussen.

Auf diese Weise findet ein Paradigmenwechsel statt. Manager, denen man bislang eingetrichtert hatte, in möglichst großen Dimensionen, Schritten und Formaten zu denken und zu handeln, finden zum ersten Mal Gefallen an kleinen und kleinsten Details.

Aufmerksamkeit(en) werden zu zentralen Erlebnissen. Es ist auch für mich als Trainer beeindruckend zu sehen, wie mit einem Mal die einzelne Nervenverbindung zum Gesprächsthema wird. Nicht mehr nur die Erdumrundung einer Marketingbotschaft.

So entwickelt sich von Sitzung zu Sitzung die Erkenntnis immer weiter: Veränderung von Aufmerksamkeit bringt viel, aber benötigt nicht unbedingt viel. Die plakative Darstellung der Hirnwellenaktivitäten liefert den Klienten den Beweis, dass sie ihr Leben in gewünschter Weise ändern können.

7.4 Gesundheitsmanagement ernst nehmen

Gesundheit ist kein zufälliges Ereignis und auch kein statischer Zustand. Gesundheit ist das Ergebnis multifaktorieller Wirkungen, die sich aus Haltungen und Handlungen ergeben. Wo Faktoren eine Rolle spielen, lassen sich Regeln und Ordnungen entwickeln, wie mit diesen Faktoren umzugehen ist. In der Wirtschaft und in der Verwaltung gibt es hierfür ein Modell:

7.4.1 Betriebliches Gesundheitsmanagement

In der Wirtschaft gibt es das betriebliche Gesundheitsmanagement, BGM abgekürzt. Es soll Strukturen und Prozesse in Unternehmen so gestalten helfen, dass sie eine gesundheitsförderliche Wirkung entfalten können – zumindest aber von den Beschäftigten Schaden abwenden.

Es ist ein auf freiwilliger Basis von Unternehmen einsetzbares Modell zum Erkennen von Gesundheitsgefahren und zur Gestaltung von Arbeitsprozessen. Die Grundidee dahinter ist, dass Unternehmen, die Gefährdungen frühzeitig erkennen und angemessen einzuschätzen wissen, zufriedenere und gesündere Mitarbeiter haben. Grundsätzlich eine gute Idee. Aber auf freiwilliger Basis und somit zu selten anzutreffen, als dass man auch auf dem Gebiet von Burnout- und Depressions-Prävention signifikante Wirkungen erkennen würde.

In Chefsache Gesundheit I schreibt Peter Buchenau (Buchenau 2018):

„Nutzen des betrieblichen Gesundheitsmanagements
  Die Finanz- und Wirtschaftskrise der letzten Jahre hat eine neue Wertedebatte in der Gesellschaft ausgelöst. Über Verantwortung, Anerkennung und Respekt wird vermehrt diskutiert und es wird eine werteorientierte Unternehmenskultur gefordert. Die gesellschaftspolitische Debatte wird durch Erkenntnisse gestützt, dass ein beachtlicher Teil des Unternehmenserfolges auf eine gute Unternehmenskultur zurückzuführen ist. „Betriebliche Gesundheitsförderung sollte ein selbstverständlicher Bestandteil der Unternehmenskultur werden", so lautet die erste der „Empfehlungen für eine neue Kultur im Unternehmen", die von der Arbeitsgruppe Betriebliche Gesundheitsförderung beim BMAS entwickelt und am 28.03.2013 veröffentlicht wurde."

Eine werteorientierte Unternehmenskultur – dies würde voraussetzen, dass wir uns über Werte grundsätzlich neu unterhalten. Passiert ist seit 2013 nicht wirklich viel. Das Burnout-Risiko und die Erkrankungszahlen sind gestiegen.

Die Zahlen zu den psychischen Erkrankungen, die von den Krankenkassen kommen, können eher beunruhigen als beruhigen (vgl. Abschn. 1.5)

Wissenschaftliche Längsschnittstudien zeigen je nach Unternehmenskulturen und Aufklärung der Gesellschaft erhebliche Unterschiede in der Prognose von Arbeitsfähigkeit. Die besten Ergebnisse für die Beschäftigten zeigen sich dann, wenn diese sowohl in der Verhaltensprävention gefördert werden als auch in der Verhältnisprävention. Das zeigt die so genannte Ilmarinen-Richenhagen-Kurve:

Was ist Verhaltensprävention?

Wie die Bezeichnung vermuten lässt, hat Verhaltensprävention mit den Aktivitäten und Passivitäten von Menschen zu tun:

- Ernährung und Körpergewicht
- Bewegung
- Vorsorgeuntersuchungen
- Resilienzaufbau in jeder Hinsicht – Resilienz ist das große Schlagwort (s. hierzu auch Resilienzrisiko, Abschn. 1.7)

Was ist Verhältnisprävention?

Hier geht es um die Art der Interaktion in Unternehmen:

* Welche internen und externen Arbeitsaufträge werden vergeben?
* Wie wird die Arbeit aufgebaut?
* Wo gibt es Zielkonflikte?
* Welche Fehlerkultur ist in einem Unternehmen etabliert? Gibt es überhaupt Fehlerfreundlichkeit?
* Welche Strukturen und Hierarchien gibt es?

Zusammenfassen lassen sich die Grundideen des betrieblichen Gesundheitsmanagements mit diesen Grundfragen:

▶ Wer leistet im Unternehmen welchen Beitrag, damit Loyalität, Leistung, Zufriedenheit, Wertschätzung und Gesundheit möglichst oft gemeinsam auftreten?

▶ Und wo tragen Sie in sich selbst dazu bei, dass Ihre inneren Anteile in Harmonie sind?

Das betriebliche Gesundheitsmanagement spielt also eine große Rolle für Ihr Wohlbefinden, aber das reicht alleine nicht aus. Sie müssen auch persönlich tätig werden. Wie kann es gelingen, mit den persönlichen Budgets von Nerven und Geduld so umzugehen, dass ein grüner Bereich bewahrt wird?

7.4.2 Persönliches Gesundheitsmanagement

Warten Sie nicht darauf, bis eines Tages eine mit betrieblichem Gesundheitsmanagement beauftragte Person in Ihr Büro kommt und fragt: Wie geht es Ihnen? Nehmen Sie die Angelegenheit Gesundheit selbst in die Hand. So gut wie alle Fragestellungen aus dem betrieblichen Gesundheitsmanagement lassen sich in leicht abgewandelter Form auf unser Privatleben übertragen: Wenn wir uns als Einheit begreifen, in der es wie in einem Unternehmen gewisse Ansagen gibt und Empfänger von Ansagen, ein Aufmerksamkeitsbudget, Kostenstellen, Zeit als knappes Gut und die Möglichkeit, Gratifikationen und Boni für gute Leistungen zu erhalten.

Den Leistungsbegriff ersetze ich hier jedoch gezielt durch „gute Behandlung und Selbstfürsorge." Warum? Weil Sie als fleißiger Marketingmensch sonst auf die Idee kommen könnten, Sie sollten noch mehr Überstunden schieben und Kampagnen produzieren.

Literatur

Buchenau, Peter. 2018. *Chefsache Gesundheit I*. Wiesbaden: Springer Gabler.

Literatur

Kreativität richtig einsetzen

8

8.1 Neuroplastizität – oder: Hilfe, mir fällt nichts ein!

Zu den Hauptursachen für ungesunde Erschöpfung in der Marketingbranche zählt der Druck, unter dem Ergebnisse produziert werden sollen. Das Gehirn ist an dieser Stelle recht trivial eingestellt.

▶ Mit „Wird's bald!" wird das nichts in der Ideenfindung.

Bei Befehlen stellt es sich stur, und ich kann das Gehirn gut verstehen. Als Gehirn würde ich unter Zwang und Druck auch nichts preisgeben. Höchstens zweite oder dritte Wahl.

„Not macht erfinderisch" setzt übrigens andere Prozesse frei. Erfindungsgeist im Sinne einer Lösungsfindung hat einen anderen Impetus als die Haltung, das fruchtlose Verstreichen der Deadline (was ist das überhaupt für ein Wort) vermeiden zu wollen. Im Vermeidungsmodus ist vermutlich noch nie etwas Kluges, Attraktives entstanden. Es braucht also wie im Kampagnenmotiv beschrieben gute Klimabedingungen und eine klare Arbeitsteilung.

Gute Klimabedingungen für das Gehirn finden wir z. B. in dem Buch „FLOW und Kreativität: Wie Sie Ihre Grenzen überwinden und das Unmögliche schaffen" (Csikszentmihalyi 2018). Unter „Aufmerksamkeit und Kreativität" beschreibt Csikszentmihalyi „neue Lieder, neue Ideen, neue Maschinen und Maschinen" als

© Springer Fachmedien Wiesbaden GmbH, ein Teil von Springer Nature 2020
J. Faupel, *Burnout-Prävention und -Intervention im Marketing*,
https://doi.org/10.1007/978-3-658-24453-8_8

„Ausdrucksformen der Kreativität." Dass Kreativität aber keineswegs eine Ansammlung glücklicher Zufälle ist, auf die man zu warten hätte. Csikszentmihalyi betont, dass weitreichende Kenntnisse einer Materie, etwa in der Musik, aber auch in Technologien erforderlich sind, damit etwas Neues entwickelt werden kann. Das, so Csikszentmihalyi weiter, setze Aufmerksamkeit voraus – eine begrenzte Ressource.

Kenntnis einer Materie plus Aufmerksamkeit sind also die Voraussetzungen für das Schaffen von Neuem.

- Aber wie viel Zeit bleibt Kreativen heute, eine Materie zu durchdringen?
- Wie viel Zeit nehmen sich Kunden, den Agenturen ein Briefing zu geben?
- Ist überhaupt noch Zeit für ein Rebriefing, um gegebenenfalls noch einmal neu nachzudenken?
- Wie viele Stunden und Tage sind für das Nachdenken eingeplant – bei dem erst einmal nichts zu entstehen braucht?
- Wann verschafft sich der Mensch heute ungeteilte Aufmerksamkeit?

Mit FLOW beschreibt Csikszentmihalyi übrigens einen Zustand hoch konzentrierten Glücksgefühls, das bis in die Nähe der Euphorie reichen kann. In diesen Zustand kommen Menschen, wenn sie sich bei Vorhandensein aller erforderlichen Ressourcen einem Projekt mit ausreichend hoher, am besten ungeteilter Aufmerksamkeit hingeben.

Heute ist viel von Empowerment die Rede, vom Erwerb oder der Zurverfügungstellung der Befähigung, auch sachfremde Abläufe zu verstehen und mitzugestalten. Erwähnt sei hier aus der Medizin das Patient-Empowerment, mit dem Menschen dazu in die Lage versetzt werden sollen, in möglichst viel Eigenregie ihre Gesunderhaltung und Heilung mitzugestalten, statt sich blind und passiv auf Menschen in weißen Kitteln zu verlassen.

▶   Auf wen verlassen Sie sich, wenn Sie eine kreative Aufgabe zu lösen haben?

Sehen Sie sich abermals das Motiv vom Rasenmähermann an, hinter dem das Gras schon wieder nachwächst, während er es gerade gemäht hat.

Verlassen Sie sich auf eine Seite in Ihnen, die unablässig Verknüpfungen herstellen kann. Sie ist es gewohnt zu spielen. Zu den Klimabedingungen, die ich eingangs erwähne, zählt:

- Es ist erlaubt, den Rasen (das Papier) zu betreten und mit Begriffen Ball zu spielen.
- Es gibt keine Regeln.
- Doch, das tut man!
- Kreative Hände skizzieren Tisch und Wände und zeichnen Motive darauf.
- Einmal und zweimal und dreimal ist keinmal. Ab der ca. 7. bis 12. Idee steigt die Ertragswahrscheinlichkeit.
- Einwände werden behandelt, als habe sie jemand in einer unbekannten Sprache geäußert: respektvoll nicken und weitermachen.
- Die Anzahl der Möglichkeiten, wie vorhandene Bilder, Annahmen über das Leben, Daten, Begebenheiten, Sprachen und Begriffe steigt beim Arbeiten.

8.2   Die Geschichte von den zwei Bauern

Von Schach (Bauern) ist hier nicht die Rede. Thema hier ist die Anspruchshaltung, besonders kreativ sein zu wollen – oft ein Auslöser für Verausgabung. Ich erzähle Ihnen zur Veranschaulichung die Geschichte von zwei Bauern.

Der eine Bauer hatte sich auf drei Sorten Kartoffeln spezialisiert. So bestellte er seine Äcker mit Kartoffeln und ließ sie in den vorgesehenen Zeiten brachliegen, damit sich die Erde regenerieren konnte. Jahr ums Jahr fuhr er seine Erträge ein und brachte es so zu einem beträchtlichen Wohlstand. Er kaufte Boden hinzu und hatte bereits in der Mitte seines Lebens ausgesorgt.

Sein Nachbar aber, auch ein Bauer, lachte den Kartoffelbauern insgeheim aus. Pah, das muss doch langweilig sein, wie einfallslos, jahrein jahraus immer nur Kartoffeln anzubauen. Und so kaufte der andere Bauer allerlei exotische Pflanzensamen, errichtete hier ein Gewächshaus und dort eine Biotop-Fläche. Er dachte sich: „Ich will eine Seite meines Hofes als Bio-Betrieb einrichten, die andere aber für die weniger Gesundheitsbewussten mit normal gedüngtem Gemüse ausstatten. Blumen könnte ich auch noch anbieten. Tischgemüse. Ich werde meine Erzeugnisse landesweit anbieten und online vermarkten. Den Webshop programmiere ich selbst, dann weiß ich, was ich habe." Und so machte er sich an seine Werke, schlief kaum noch. Während seine diversen Pflanzungen vertrockneten, bestellte er neue Jungpflanzen nach. Und er lächelte über seinen Nachbarn, den Kartoffelbauern. Dieser aber wurde immer wohlhabender.

Soweit diese Geschichte. Man könnte sie noch erweitern um einen Streit, der aus Eifersucht zwischen den beiden Bauern entbrennt, aber das ist nicht nötig. Es wird auch so erkennbar, wo die Risiken liegen, wenn Menschen ihre Kreativität ins

Chaos laufen lassen. Ideenvielfalt ist gut, Tatkraft ebenso. Aber es braucht auch hier Augenmaß, um gesunde kreative Arbeit zu leisten.

Vor allem braucht es ein Ziel. Eine Vorstellung von dem, was als Werk entstehen soll, als Signal, als Botschaft.

8.3   Ansichtssachen

Ludwig Wittgenstein stellte fest, man müsse darüber schweigen, wovon man nicht sprechen könne. Wittgenstein schloss aber nicht aus, andere Ausdrucksweisen für das Unaussprechliche zu finden. Immerhin. Damit können wir gut arbeiten.

Den Satz von Wittgenstein können wir für die Kreativbranche abwandeln in: Bilder ersetzen Wörter. Durch die Arbeit des Marketings bewegt sich diese Tatsache hinaus in die Welt. In Form von Anzeigen, Sätzen, Formaten und Motiven, die Menschen ohne viele Worte erreichen.

▶   Ohne Worte: Wovon man nicht sprechen kann, davon kann man zumindest ein Bild zeichnen.

Wir und unsere Zielgruppen sehen die Welt unterschiedlich. Hier ist die Einladung, das selbst aktiv zu tun – sich neue Beschreibungen für vermeintlich endgültige Situationen zu suchen. Bilder haben den Vorteil, dass sie das Stammhirn ansprechen. Das ist jener Teil des Gehirns, in dem die Bildsprache Vorrang hat.

Bilder. Alles hat mit Bildern zu tun. Anhand einer kurzen Geschichte werden Sie das gleich sehen:

▶   Zwei auf einem Aussichtsturm. Sagt der eine: „Schöne Aussicht!"
▶   Darauf der andere: „Finde ich auch."
▶   Was der eine über den anderen nicht weiß: Der eine blickt nach Osten, der andere nach Westen.

In dieser sehr kurzen Geschichte vom Aussichtsturm wird idyllische Einigkeit erzielt, auch wenn tatsächlich keiner eine Ahnung von dem hat, was gerade im anderen vorgeht. So ist das viel öfter im Leben, als Sie womöglich annehmen. Das ist
übrigens auch in diesem Moment der Fall, in dem Sie diese gedruckten Worte in
Ihre innere Bilderwelt einsortieren. Kein anderer Mensch hat dieselben inneren
Bilder wie Sie. Keiner sieht denselben Aussichtsturm und von diesem übers Land
oder übers Meer … je nachdem, wie der Aussichtsturm aussieht und wo er steht,
den Sie gerade vor Ihrem inneren Auge entstehen sehen, ohne dass Sie etwas dafür
zu tun brauchen.

Deshalb ist es so wichtig, auch davon auszugehen, dass niemand in Ihrem Umfeld weiß oder auch nur ahnt, was Sie gerade an Rückzug und Abstand benötigen,
um gesund zu bleiben und in der Folge optimale Leistung zu bringen.

Gleichermaßen weist der Umstand von den unterschiedlichen Ansichten auf
eine weitere Notwendigkeit hin: Reden Sie mit den Auftraggebern in der Agentur
bzw. in der Marketingabteilung – und mit den Menschen draußen, die Sie erreichen
wollen. Machen Sie sich ortskundig in deren Ansichten, Anliegen und Erwartungen. Das erspart Ihnen manches Stochern im Nebel von Vermutungen.

8.4   Gehirneinladung statt Brainstorming

Dem Brainstorming liegt ein Denkfehler zugrunde. Es ist die irrige Annahme, man müsse durch öffentliches freies Assoziieren seinen Gedanken nur so lange freien Lauf lassen, bis sie endlich da ist: die Big Idea. So, wie in der Brauerei die Abfüllanlage mit Bier gespült wird, bis das Bier in die Flaschen und Fässer darf.

▶   Das Gehirn arbeitet nicht auf Kommando. Es möchte eingeladen werden.

Würden wir das Thema Brainstorming ernst nehmen und in einer trauten Runde aus Agenturfreunden oder mit dem Kunden wirklich alle Gedanken frei äußern, die in uns in Gegenwart anderer Personen auftauchen, kämen wir womöglich in handfeste Schwierigkeiten.

Das sagt man nicht. Das denkt man nicht einmal. So funkt die Zensurabteilung in uns. Und schon ist sie dahin, die Assoziationskette, mit der vielleicht aus einer etwas derben Wortkombination in Verbindung mit weiteren Attributen ein hinreißendes Kampagnenmotiv geworden wäre.

Jeder hat so seine eigene Ansicht von einer adäquaten Arbeitssituation. Aufrecht am Tisch – behaglich auf dem Sofa. Das Gehirn aber benötigt Gedankenschutz, bis eine Idee zu Ende gedacht ist. Sonst kommt sie auf dem grellen Feld der Zweifel und Einwände in Gefahr.

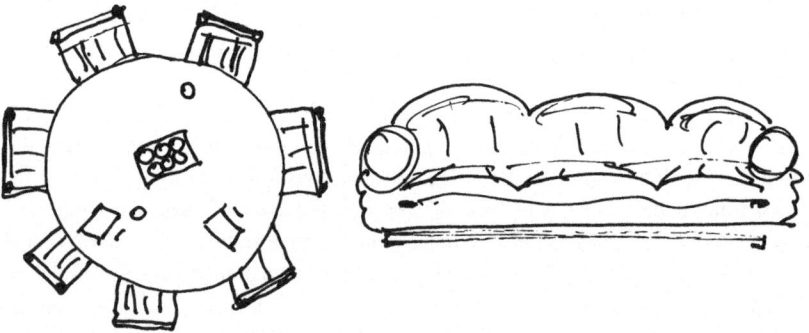

8.5   Kreativität ist eine intime Angelegenheit

Kreativität braucht eine dicke Haut
Zu meinen Söhnen habe ich einmal gesagt: Als Kreativer lebst du gefährlich und glücklich zugleich. Ganz gleich, ob du als kreativer Mensch im Marketing arbeitest, in der IT oder im Gesundheitswesen – du musst immer damit rechnen, dass deine Idee einen anderen verärgert, weil er sich blamiert fühlt. Denn deine Idee stammt nicht von ihm. Damit musst du leben und das aushalten. Wenn du das nicht kannst, suche dir einen Job als Sachbearbeiter. Oder werde freier Kreativer oder Raumausstatter und bleibe dein Leben lang frei. Es gibt kein Zurück. Wenn du einmal die Freiheit der Gefahr gekostet hast, wirst du sie nicht mehr aufgeben. Ein dickes Fell solltest du dir auf jeden Fall zulegen.

Du kannst dich als Kreativer im Team massiv unbeliebt machen. *Jetzt tut sich der hier so hervor, was soll das?* Ein paar Leuten wird es aber gefallen, denn sie werden mit deiner Kampagne zum Kunden gehen und sie als ihre Kampagne verkaufen. Achte darauf, dass deine Urheberschaft dokumentiert bleibt. Sonst geht dein Werk unter und wird im Unternehmenswurstbrei verarbeitet.

Teamwork kritisch hinterfragen
Natürlich bin ich nicht grundsätzlich gegen Teamwork. Es gibt Zeitgenossen, die Teamarbeit um jeden Preis wollen. Ich bin gegen eine bestimmte Art von Teamwork: den Kreativitätskommunismus, die Kreativkolchose, in der nach einem Plan alles gemeinsam entstehen soll. Man setze sich nur ausreichend locker zusammen, öffne das Mundwerk und lasse in den Raum entweichen, was einem gerade durch den Kopf geht. Egal, was das ist. Der Plan dabei ähnelt den Mehrjahresplänen in der sozialistischen Planwirtschaft. Aber es handelt sich nicht um einen Zehnjahresplan, durch den es in den kommunistisch unterdrückten Ländern saisonweise flächendeckend überwiegend Rüben gab. Es handelt sich eher um einen Zehnminutenplan. Wir gehen in einen Raum, öffnen die Münder und sammeln den Schall. Wir schreiben den Schall auf. Daraus wird die Kampagne entstehen, genauer gesagt: Die Kampagne ist dann einfach da. Einfach so. Wir gehen aus dem Raum und haben die Kampagne. Die Idee. Eine komische Idee ist das.

Ergebnisreiche Kreativität ist mit einer gehörigen Portion Fleiß verbunden. Mit dem selbstverliebten Einrahmen des ersten Entwurfs hat Kreativität nichts zu tun. Wer etwas anderes behauptet, handelt wie ein Taschenspieler, der seine Tricks als große Kunst verkauft. In der Tat dauert es ein gehöriges Weilchen, bis Bilder mit Headlines zusammengebracht werden, Skizzen angefertigt, an die Wand geheftet, als Sofortbild abgelichtet, eingescannt, verfremdet und so weiter sind. Bis etwas entsteht, das eben nicht planbar war und nie planbar sein wird: nicht vom Creative

Director und nicht von Algorithmen. Die Rede ist vom Ergebnis eines schöpferischen Prozesses, für den tatsächlich immer wieder das Schöpfgefäß in den eigenen
Brunnen der Ideen herabgelassen werden muss. Manchmal klemmt das Schöpfgefäß, an anderen Tagen wieder scheint die eigene Quelle der Schöpfungskraft ver-
siegt zu sein. Hier sind Geduld und Zuversicht besonders gefragt. Und dann gibt es
Phasen, in denen man fast den Verdacht auf eine Manie aufkommen sieht: wenn die
Kreativität nur so überzulaufen scheint.

Noch etwas zum Thema Team

In „Die Teamlüge" beschreibt die Psychologin Hedwig Kellner die Illusionen, Re-
alitäten und Chancen im Zusammenhang mit der Teamkultur. Unter „Mach dir einen Namen" steht ab Seite 213 (Kellner 1997):

„Der Volksmund sagt: ‚Bescheidenheit ist eine Zier, doch weiter kommt man
ohne ihr.' Das stimmt. Wer immer nur als graue Maus oder fleißige Ameise schuf-
tet, nutzt zwar dem Team und dem Unternehmen, kommt aber im Hinblick auf eigene Ziele nicht weiter. Was nutzen die besten Qualifikationen, wenn es keiner
merkt? Es gibt Mitarbeiter, die so teamorientiert sind, daß sie in der Menge geradezu verschwinden. ‚Man darf doch kein Angeber sein' erinnert die ‚innere Gou-
vernante' oder auch der Karrierekonkurrent." „Sorgen Sie dafür, daß andere – und
vor allem die ‚richtigen' und die ‚wichtigen' Leute – erkennen, was Sie gut können, was Sie über den Durchschnitt hebt. Beteiligen Sie sich bei Meetings mit
Beiträgen. Machen Sie mit beim Vorschlagswesen. Nutzen Sie jede Gelegenheit,
für sich selbst Werbung zu machen. Stellen Sie Ihre persönliche Einzelleistung
deutlich heraus. Lassen Sie es nicht zu, dass Ihre Ergebnisse immer im Einheitsbrei
der ‚Teamleistungen' untergehen." Soweit Hedwig Kellner in „Die Teamlüge". Ein
kluges Buch, dem man eine Neuauflage wünschen würde.

Für Ihre Arbeit in einer Werbeagentur oder in der Marketingabteilung sei bemerkt: Bleiben Sie in Form. Sorgen Sie für einen stabilen Stand im Leben. Das
Gegenkonzept dazu ist die Brausetablette. Brausetabletten sollen sich im Wasser
auflösen. Aber Ihre Arbeit, Ihr geistiges Eigentum soll nicht in der Umgebung von
Mitarbeitern, die später bei einer Preisverleihung vorne auf der Bühne stehen, untergehen. Alles schon erlebt. Das erschöpft und verbrennt den Glauben an eine le-
bensfreundliche Welt.

Es ist Ihr gutes Recht und wirtschaftlich wie gesundheitlich gesehen auch eine
Pflicht, Ihre Urheberschaft an einem Werk, einer Idee zu dokumentieren. Insofern
ist der Teamgedanke problematisch, weil er zur Folge haben kann, dass nicht mehr
die Leistung des Einzelnen zählt. Jeder kann sich die gute Idee auf seine Fahnen
schreiben. Und wenn vor allem eine Person der ungesehene Ideendauerlieferant ist,
gerät ihr Kräftehaushalt in Gefahr.

Brainstorming

Das Brainstorming, in dem sich – so die Grundidee – alles mental entladen soll, damit es zum Startschuss der Kampagne wird, ist ... oft eine Illusion. Erstens ist es nicht jeder Person gleichgültig, wenn sie etwas ausspricht, was sich unter Umständen auch als dumm herausstellen könnte. Zweitens ist es nicht denkbar, einen Ausspruch nicht zu bewerten. Dies besagt schon eines der Grundprinzipien des Konstruktivismus. Das Phänomen ist auch in der Quantentheorie beschrieben:

Systeme ändern sich durch Beobachtung. Ein kontrolliertes Experiment von Mitarbeitern des Instituts für Festkörperphysik des Weizmann-Instituts in Israel kam Ende der 1990er-Jahre zu dem Ergebnis, dass Interferenzen allein durch Beobachtung verändert werden. Keiner hat das den Interferenzen verraten, es geschah ganz von allein.

Was geschieht dann bei einem Treffen, in dem jeder sein Gehirn bestürmen soll, damit es öffentlich gebäre – die Ideen regelrecht werfe wie ein Kaninchen seine Jungen?

Es gibt Fälle, in denen damit die Kreativität förmlich vernichtet wird. Die Teilnehmer blockieren. Und das nicht, weil sie sich bewusst sperren. Es ist ein Hemmnis, wenn einem andere beim Denken zusehen. Steven King sagte: „Ich bin davon überzeugt, dass Angst zu den Hauptursachen für schlechtes Schreiben zählt." Ähnlich verhält es sich mit dem öffentlichen Äußern und Preisgeben von Ideen.

Es gerät noch etwas unweigerlich in Gefahr, und das hat unmittelbar mit dem Ausbrennen zu tun: Kreativität ist etwas Persönliches, Intimes. Wer kreativ ist, hat ein Recht darauf, hierfür mindestens ideell gewürdigt zu werden. Im Konzept des betrieblichen Vorschlagswesens werden kreative Köpfe teilweise fürstlich entlohnt. Es ist eine Kreativleistung, die Kosten eines Unternehmens durch die Optimierung eines Produktionsablaufes zu senken. Sie ist Gold wert und soll somit auch in Geld belohnt werden. Nun könnte man einwenden, es sei doch ohnehin die Aufgabe eines Marketingleiters oder Kreativdirektors, für Ideen zu sorgen. Schon, schon, aber wie der Stürmer sein Tor macht, der Ingenieur die Apparatur erfindet und der Forscher ein Heilverfahren entdeckt und alle dafür genannt werden, so hat auch der Schöpfer einer Idee das Recht darauf, diese Idee für sich zu reklamieren. Den einfachen Beweis dafür können Sie im Urheberrecht finden. In Werbeagenturen trägt jedoch meistens der CD (Creative Director) die Lorbeeren nach Hause bzw. in die Agentur.

▶   Burnout-Prävention hat auch mit Identität zu tun: „Ich sehe, was ich geschafft habe."

Ideendiebstahl ist schmerzhaft – dann lieber nichts sagen
Kollidiert dies mit dem Teamgedanken? Im Gegenteil. Es ist wie beim Fußball. Wenn ein Spieler ein Tor macht, dann ist die Verwandlung der Chance sein Werk. Kein zweiter Fuß trifft den Ball. Einer macht das Ding rein, und macht er es mehrmals, dann ist er verdienter Torkönig. Verzichten Sie deshalb auf Brainstormings in Gruppen. Ziehen Sie sich zum Brainstorming zurück. Schweigen Sie. Und sprechen Sie dann, wenn es etwas zu zeigen gibt.

Statt ein Brainstorming zu veranstalten, können Sie Einladungen ans Gehirn senden. Diese lassen sich im stillen Anfertigen von Skizzen beginnen. Hier ist etwas Ablenkung – z. B. Musik im Kopfhörer – durchaus hilfreich, weil damit an jenen Stellen, die den Job der Ideenfindung übernehmen sollen, unbeobachtet das Spiel beginnen kann.

Kleine Lockerungs- und Kreativitätsübung
Stellen Sie sich ab jetzt vor, wenn Sie eine Idee suchen oder einen Namen, eine Jahreszahl, was auch immer, dass Sie dafür mental gar nichts zu tun brauchen. Sie skizzieren etwas zum Thema, sehen sich Bilder an oder schreiben drauflos – Achtung: nicht absichtlich „gut." Und Sie stellen sich vor, dass Ihnen Ihr Gehirn den gewünschten Einfall oder die Erinnerung an die Jahreszahl, den Namen des Schauspielers oder was auch immer von alleine liefert.

Exkurs: Kreativitätshemmung am Beispiel Ellsberg-Paradoxon
Ich sollte mich endlich entscheiden, einfach anfangen oder die Sache zum Abschluss bringen – doch es geht einfach nicht! Haben Sie sich das schon sagen hören? Es wird wohl kaum daran liegen, dass Sie sich grundsätzlich nicht entscheiden könnten. Sonst hätten Sie noch nie etwas entschieden. Das Phänomen der Entscheidungshemmung durch Informationslücken wird auch als Ellsberg-Paradoxon beschrieben. Mehrdeutigkeit und Uneindeutigkeit werden als unattraktiv erlebt, weil sie unsere Entscheidungsbereitschaft hemmen. Philipp Spreer schreibt dazu in seinem Buch PsyConversion (Spreer 2018): *„Menschen haben die Tendenz, Entscheidungen zu vermeiden, sobald ein Mangel an Informationen (oder aber auch eine Mehrdeutigkeit) vorliegt. Das führt dazu, dass in Entscheidungssituationen oft nicht die vorteilhafteste Alternative gewählt wird, sondern die mit der höchsten bekannten Wahrscheinlichkeit – nur weil wir versuchen, Unsicherheiten zu vermeiden."* (Spreer 2018). Ursprünglich beschrieb dieses Phänomen der US-amerikanische Ökonom Daniel Ellsberg 1961 (Autor u. a. von „The most dangerous man in America") in „Risk, ambiguity, and the Savage axioms" (Ellsberg 1961).

Nun übertragen wir die Erkenntnis, dass fehlende Eindeutigkeit die Entscheidungsfähigkeit hemmt, auf das Thema Marketing. Kreativitätsprozesse sind durch ein hohes Maß an Unsicherheit gekennzeichnet. Schließlich soll etwas entstehen, das es noch nicht gibt. Und ich soll mit meinen Gedanken, Einfällen und meiner Fähigkeit zum Querdenken dazu beitragen. Aber: Erstens ist nicht garantiert, dass uns überhaupt etwas einfällt. Zweitens wissen wir nicht, wie es von unserem Umfeld aufgenommen werden wird. Wird es gefallen? Woher nehmen wir die Sicherheit? Als Alternative zum Nichtstun wählen viele etwas, das dem schon Bekannten möglichst nahekommt. Mit dem näherungsweisen Plagiat scheint aus Sicht der Personen das Risiko zu sinken, eine Ablehnung zu kassieren. Gleichzeitig wird die Möglichkeit ausgeschlossen, etwas – durchaus riskant – vollkommen Neues in der Kommunikation zu entwickeln. So entsteht im Marketing (und oft auch in Branchen wie der Kunst) nicht nur Mittelmaß; es wird auch sehr viel Energie gebunden und in einen inneren, unproduktiven Kreislauf geschickt, der Kraft kostet. Erfolg, so der Trugschluss, würde wohl dadurch entstehen, dass wir uns weitgehend an das Bewährte anpassen und nicht zu sehr davon abweichen. Nur ein wenig, damit uns keiner ein Plagiat vorwerfen kann. Wenn wir so handeln, bleiben wir hinter unseren schöpferischen Fähigkeiten zurück, verkaufen uns unter Preis.

In PsyConversion zieht Philipp Spreer (Spreer 2018) hier Parallelen zum Loss-Aversion-Phänomen bzw. zur Verlustaversion. Die Effekte eines möglichen Verlusts werden oft höher eingestuft als die Effekte eines möglichen Gewinns. Dies beschreibt das von der Prospect Theory (Neue Erwartungstheorie) von Daniel Kahneman und Amos Tversky abgeleitete Phänomen. Das Verhalten von Menschen wird irrational, wenn sie sich in Unsicherheit wähnen. Selbst wenn sie bereits erkannt haben, dass sie auf dem falschen Weg sind, bleiben sie darauf. Weil die irrige Annahme besteht, im Nachhinein würde sich die falsche Richtung doch noch als zielführend herausstellen bzw. es würde ein Ziel auftauchen. Wenn man bereits einen hohen Aufwand hatte, müsse man weiter investieren, statt die Sache so schnell wie möglich abzubrechen.

So entstehen dann mittelmäßige bis schlechte Werbekampagnen. Oder es werden Produkte in den Markt gedrängt, die scheitern müssen. Daran ändert dann auch viel Marketing nichts.

Literatur

Csikszentmihalyi, Mihaly. 2018. *FLOW und Kreativität: Wie Sie Ihre Grenzen überwinden und das Unmögliche schaffen.* Stuttgart: Klett-Cotta.
Kellner, Hedwig. 1997. *Die Teamlüge: Von der Kunst, den eigenen Weg zu gehen.* Frankfurt: Eichborn.

Spreer, Philipp. 2018. *PsyConversion – 101 Behavior Patterns für eine bessere User Experience und höhere Conversion-Rate im E-Commerce*. Wiesbaden: Springer Gabler.
Ellsberg, Daniel. 1961. Risk, ambiguity, and the savage axioms. *The Quarterly Journal of Economics* 75(4): 643–669.

Bindungen verstehen und Loyalitätskonflikte auflösen

9

9.1 Loyalitätskonflikte als Burnout-Auslöser

Marketing wirkt als Phänomen innerer Interaktionen. Unsere inneren Seiten stehen in einem ständigen Dialog. Nur bekommen wir davon kaum etwas mit: bis wir es uns bewusst machen.

Die psychoanalytische Sicht beschränkt sich bedauerlicherweise auf Ich, Es und Über-Ich. Drei, die miteinander in Streit geraten können. Nur drei. Der Blick auf nur diese drei Seiten im psychoanalytischen Konzept wirkt – bezogen auf die Anzahl der tatsächlich vorhandenen inneren Seiten – wie eine überschaubare Veranstaltung, wenn wir uns im Kontrast dazu die familientherapeutischen Konzepte von Virginia Satir (Satir 2004) und die Ego-State-Therapie (Fritzsche und Hartmann 2016) ansehen.

In diesen Ansätzen, die im Zusammenhang mit systemischen und hypnosystemischen (Dr. Gunther Schmidt) Konzepten stehen, steckt die Idee *gesunder multipler Persönlichkeiten*. Gesunde multiple Persönlichkeiten zeichnen sich dadurch aus, dass sie bei Anwesenheit von Ambivalenz zu Verabredungen mit sich selbst und in der Folge mit ihrem Umfeld finden können. Ich gebe Ihnen ein Beispiel. Aus dem Marketing.

Beispielgeschichte: Neu im Marketing
Jemand hat einen Job in einer Marketingabteilung angetreten. Er weiß, dass dort in Phasen von Produkteinführungen manche Überstunden verlangt werden – auch

© Springer Fachmedien Wiesbaden GmbH, ein Teil von Springer Nature 2020
J. Faupel, *Burnout-Prävention und -Intervention im Marketing*,
https://doi.org/10.1007/978-3-658-24453-8_9

Auswärtstermine mit Übernachtung. Seine Frau ist mit dem ersten Kind schwanger und kann es nicht erwarten, ihn zum Abendessen zu empfangen. Hier kollidieren mehrere Interessen.

Ich gebe Ihnen nun zwei Szenarien zur Auswahl. Schätzen Sie, welches eine bessere emotionale Gesamtbilanz erlaubt:

Szenario 1:

Der Mann will in seinem neuen Job bestehen.
Er will für seine Frau da sein.
Außerdem will er es allen recht machen.
So vertröstet er seine Frau Tag für Tag und geht so früh wie möglich, aber nicht früher, nach Hause, um zu Hause und im Büro Streit zu vermeiden.

Szenario 2:

Der Mann will in seinem neuen Job bestehen.
Er will für seine Frau da sein.
Er spricht mit seiner Frau und erläutert ihr die Umstände seiner Arbeit in einer Weise, die sie nachvollziehen kann.
Mit seinem Chef vereinbart er eine Regelung für die ersten Wochen nach der Niederkunft seiner Frau.

Es fällt nicht schwer, im zweiten Szenario die bessere Wahl zu erblicken. Im zweiten Szenario hat Marketing stattgefunden – im ersten führten Vermeidungsstrategien Regie.

Vermeidung führt ins Dilemma

Hintergrund: Vermeidung ist ein riskantes Spiel, weil Verhalten, das nur auf Vermeidung abzielt, ungeheure Mengen von Ressourcen verbrennen kann, aber niemals zu einem Ziel führt. Stellen Sie sich vor, Sie gehen zum Bahnhof und sagen zum Fahrkartenverkäufer: Ich möchte nicht nach Gelsenkirchen fahren. Welche Fahrkarte wird man Ihnen verkaufen?

Auch das Aufschieben einer Tätigkeit ist eine Form von Marketing. Freilich mit ungünstigem Fortschreiten und ungewissem Ausgang. Sich innerlich effektiv von einer wichtigen Aufgabe abzulenken entspricht von der Wirkung her in etwa der Reklame, die zum Kauf fetter Snacks und zuckerhaltiger Getränke führt. Verlockend, aber es drohen Übergewicht und Schmerzen.

Würde man in der Werbung vermeiden, z. B. auf einen bedenklichen Inhaltsstoff in einem Lebensmittel hinzuweisen, würde das eine Abmahnung nach sich ziehen. Das können Sie jetzt zurückübertragen in Ihren Alltag und feststellen: Es ist nicht zulässig, sich selbst gegenüber seine Grenzen zu verschweigen. Denn es hat ungeahnte Folgekosten und birgt Risiken.

Anderen etwas vorzuspielen – eine in die Depression abgleitende Überlastung zu vertuschen, auch das ist eine Form von Marketing, allerdings eine schlechte Krisenkommunikation nach innen wie nach außen. Auf die Dauer lässt es sich nicht verheimlichen, dass jemand gegenüber sich selbst und anderen nicht aufrichtig ist. Das Spiel, so zu tun, als ob alles in Ordnung wäre, ist ein Burnout-Risiko.

Marketing – hier gibt es noch eine verdeckte Form von Marketing, die auch im Privatleben und in jedem Job vorkommt: Die „Mir-geht's-doch-gut-Dauerwerbesendung". Scheitern und Missmut sind keine Aushängeschilder. Stehaufmännchen sind grundsätzlich gute Kumpel, aber man soll sich nicht täuschen.

Loyalität ist ein großes Thema. Warum heißt es eigentlich „Da bin ich hin- und hergerissen" und nicht „Hier verspüre ich Ambivalenzen?" Der Mensch verwendet das physische, fast schon gewaltvoll anmutende Sprachbild, weil tatsächlich starke Kräfte am Werk sind – und so in Widerstreit geraten können, dass wir uns innerlich wie äußerlich fast schon lieber zerreißen (lassen) würden, als eine von zwei Aufgaben nicht zu erledigen.

Beispiel für einen Loyalitätskonflikt
Sie haben sich für Ihr Wochenende fest eingetragen, endlich die Steuererklärung zu erledigen. Diesmal. Aber. Wirklich. Bedauerlicherweise oder glücklicherweise (das ist eine Perspektivenfrage) ruft Sie am Donnerstag eine liebe Verwandte an, die Sie schon lange nicht mehr gesehen haben. Fragt, ob es nicht längst an der Zeit wäre, sich mal wieder … und so passiert es, dass ein heftiger Kampf zwischen mehreren Beteiligten entbrennt. In Ihnen. Da ist die eine Seite, die verabredungstreu ist und bleiben will. Die Steuererklärung wird gemacht. Und dann gibt es eine andere Seite, die familientreu ist, die sagt Ihnen klipp und klar: Tante Frida ist nicht mehr die Jüngste, und du wirst dir das niemals verzeihen, wenn sie in den nächsten Wochen sterben sollte, dass du diese Steuererklärung vorgeschoben hast. Du würdest dann am Grab stehen und hättest nichts mehr davon, diese Steuererklärung ausgerechnet damals gemacht zu haben. Womöglich hätte die liebe Tante auch noch gedacht, die Steuererklärung wäre eine Erfindung gewesen, um sie nicht empfangen zu müssen. Und die andere Seite, die vertragstreue Seite steht tadelnd neben Ihnen und unterstellt Ihnen, die Tante wäre doch nur eine willkommene Ablenkung, um die Steuer nicht machen zu müssen. Und was würde es nützen, wenn das Finanzamt ein Zwangsgeld androht – willst du dann ein Foto vom Kaffeekränzchen mit Tante Frida an die Finanzverwaltung senden und damit begründen, dass du es fristgerecht nicht schaffen konntest?

Hier herrscht ein heftiger Kampf. Während Sie mit Ihrer Tante telefonieren. Während Sie merken, wie Ihr ach so großes Herz die Steuererklärung seufzend auf Wiedervorlage schieben will, wird Ihnen heiß und kalt, und Sie hören sich sagen: „Liebe Tante, so gerne ich Dich auch sehen würde, ich kann es mir – ich darf es mir – nicht erlauben, dich an diesem Wochenende zu empfangen, weil ich sonst ...“ Und Sie merken, wie eine Faust des schlechten Gewissens in Ihrem Magen um sich zu schlagen beginnt.

Wenn Sie in dieser Situation eine gerechte Lösung finden wollen, eine Lösung, die beiden Anteilen gerecht wird und ihren Wünschen entspricht, dann handeln Sie gegen sich. Dann steuern Sie in Richtung Nachmittagsburnout. Hin- und hergerissen zu sein ist das Gegenteil von Zielerfüllung. Wenn es aber das Ziel ist, ein Ziel zu erreichen, dann haben Sie ein ernsthaftes Problem, und ein unlösbares noch dazu.

Zuerst ist es wichtig, das überhaupt einmal zu erkennen, zu sehen und richtig einzuordnen.

▶   Im Loyalitätskonflikt gibt es keine Lösung im Sinne aller Personen,
      die beteiligt sind. Es braucht eine Entscheidung.

Mit einer Entscheidung gehen Sie auf eine Seite und lassen eine andere Seite zurück. Aber nicht so, als würden Sie mit der familientreuen Seite nachts auf der Autobahn unterwegs sein, sie irgendwo auf dem Standstreifen aus dem Auto werfen und mit aufheulendem Motor weiterfahren. Sie wissen, dass Ihnen Ihre familientreue Seite dies nicht durchgehen ließe. Ein anderer Weg ist jedoch sehr gut denkbar: die wertschätzende und aufrichtige Zuwendung zu der Seite, die in einem konkreten Fall das Nachsehen hat. *Tante, ich würde Dich gerne empfangen, aber ich werde es an diesem Wochenende nicht tun, weil ich mich damit in Schwierigkeiten brächte. Aber was hältst Du davon, wenn ich Dich innerhalb von zwei Wochen besuchen komme?*

Alle Welt regt sich über Vorurteile auf. Bei vielen politischen Themen ist das auch richtig. Was aber ist verbunden mit der Haltung „Die sind alle so ...“ oder „Das haben wir schon immer so gemacht ...“? Sie ahnen es schon.

Es ist eine Haltung. Eine Haltung zu haben setzt voraus, dass ein Gehirn dazu in der Lage ist, eine bestimmte Grundeinstellung vorzunehmen – erst einmal unabhängig davon, welche Einstellung das sein könnte. Denn jetzt wird es interessant.

Wenn mein Gehirn als Grundeinstellung haben sollte (reine Hypothese), es wäre eine stressige Firma oder die Branche wäre „eben so“, dann hat mein Gehirn diese Haltung entweder übernommen oder aus eigenen Referenzwerten und Interpretationen aufgebaut.

Change-Box: Loyalitätskonflikte auflösen

Es wäre wahrscheinlich besser, hier „Loyalitätskonflikte integrieren" zu schreiben. Ganz auflösen lässt sich ein Loyalitätskonflikt in den seltensten Fällen. Es wird meistens auf einen Kompromiss hinauslaufen.

Mit minimalen Mitteln zu einem guten Kompromiss finden: Stellen Sie sich Ihre Entscheidung wie das Übersetzen auf die andere Seite eines Flusses vor. Während Sie bisher bis zum Hals im Wasser standen und versuchten, auf beiden Seiten des Flusses etwas auszurichten, gehen Sie an einer Seite an Land. Von dort aus haben Sie die andere Seite, für die Sie aktuell nicht verfügbar sein können, im Blick. Sie bewegen sich weiter in der Fließrichtung des Lebens, sind mit vollem Bewusstsein auf einer Seite und in Kontakt zu der Seite, der Sie sich zu einem späteren Zeitpunkt zuwenden.

Ein Kampagnenmotiv mit Bezug zum Marketing: Dieses Bild vom Fluss, dessen Strudeln des Hin-und-hergerissen-Seins Sie entkommen, nehmen Sie als inneres Kampagnenmotiv.

9.2   Double-Bind-Kommunikation – die große Verwirrung

Stellen Sie sich vor, Ihr Abteilungsleiter kommt mit einem strahlenden Gesicht in Ihr Büro und verkündet Ihnen, dass ab sofort für alle eine Urlaubssperre gilt. Weil – so die Erklärung – der neue Kunde zugesagt hat und deshalb alle ranmüssen, denn da ist diese Werkzeugmaschinenmesse, auf die der Kunde geht. Mit unserer neuen Kampagne. Sie stehen wie versteinert da, weil Sie Ihrer Frau versprochen hatten, dieses Mal wirklich den Urlaub anzutreten und sie nicht schon wieder ersatzweise mit ihrer Schwester fliegen zu lassen.

Sie wollen das Ihrer Frau schonend beibringen, kommen heim und sehen sie im Flur stehen. Mit erwartungsvollem Blick sagt sie: Ich hab da was für uns. Geht ins Arbeitszimmer und kommt mit einer Tüte zu Ihnen. Zieht zwei Badeanzüge heraus. Und – welcher gefällt dir besser?

Dieses Gefühl ist es. Das Gefühl, sich weder hier noch da richtig entscheiden zu können. Wenn Sie Ihrer Frau jetzt sagen, dass Sie es so bedauern, aber ... du weißt schon, der Job ... – was werden Sie erleben? Die Verkündigung der Trennung? Sie wägen ab. Wenn Sie Ihre Frau jetzt umarmen und ihr sagen: Weißt du, ich habe zwar eine Urlaubssperre, aber wir fliegen trotzdem übermorgen – was wird dann Ihr Chef sagen? „Ihr letzter Urlaub in unserem Unternehmen."

Wie Sie sich hier auch entscheiden würden, es wäre falsch und würde von einer Seite sanktioniert.

Double Bind ist eine ausweglose Situation. Erforscht wurde sie im häufig kritisierten Versuch von Martin Seligman, der den Begriff der „erlernten Hilflosigkeit" prägte (vgl. Seligman 1975). Für die Betroffenen erscheint es so, als würden sie sich nicht helfen können, ganz gleich, was sie auch versuchen. Handeln Sie für die eine Seite, werden sie bestraft, handeln sie für die andere Seite, erfolgt eine andere Sanktion. Das Tückische an Doppelbindungen ist, dass sie nicht nur den Menschen in seinen Vorstellungen von Loyalität und Werten binden, sondern auch enorm viel Kraft. Es beiden Seiten recht machen zu wollen, aber im Wissen, dass in beiden Fällen ein zu hoher Preis zu zahlen und nicht annähernd eine Lösung erreichbar ist, das erschöpft den Menschen zutiefst.

Ich könnte das Problem durchaus lösen – aber beide Lösungen sind falsch
Zählt jemand nun zu den Machern, jemand, der „es" anpackt und die Dinge umzusetzen gewöhnt ist, dann verbrennt er in der Situation eines Double Bind auf der Stelle eine Unmenge an Energie. Wenn der Mensch weiß, es wird so oder so falsch

sein, wie er es auch mache, dann resigniert er bei gleichzeitiger Anwesenheit von Energie und Leistungswillen.

Bildhaft könnte man sich das entgegengesetzte Wirken von Leistung und Bremse wie einen Burnout beim Auto vorstellen. Bei Dragster-Rennen und Testosteron-Treffen von Personen mit getunten Autos lassen Fahrer die Reifen rauchen. Sie stehen auf der Bremse, während sie gleichzeitig Vollgas geben. Das funktioniert am besten mit einem Auto mit Frontmotor und Hinterradantrieb. Die vordere Bremse hält das Auto auf der Stelle, während an der unbelasteten Antriebsachse die Räder durchdrehen. Eine imposante Geräusch- und Rauchentwicklung erfüllt die Freunde dieses gewöhnungsbedürftigen Ereignisses mit Freude.

Was heißt Double Bind für eine Marketingabteilung oder Werbeagentur?
Angelika Kutz schreibt in der Double-Bind-Kommunikation als Burnout-Ursache: *„Zwar entstammt das Konzept Double Bind dem familientherapeutischen Kontext, kann aber allgemein als dysfunktionale Interaktion in Abhängigkeitsbeziehungen betrachtet und auf den Organisationskontext übertragen werden, weil auch dort das richtige Entschlüsseln von Botschaften überlebensnotwendig ist.“* (Kutz 2018).

Die Autorin führte eigene Untersuchungen durch, deren Ergebnis sie wie folgt beschreibt:

Burnout-Gefährdung
„Die Untersuchung ergab als Folgen paradoxer Kommunikation Schilderungen übermäßigen Energieverbrauchs und daraus resultierender totaler Erschöpfung durch Überforderung sowie Burnout. Die Mitarbeiter verbrauchten ihre Energie einerseits durch die Folgewirkungen dieser paradoxen Systemzustände (Verhältnispräventionsebene), andererseits durch ihre eigenen Antreiber (Verhaltenspräventionsebene). Durch äußere Vorgaben seien sie gezwungen, Anforderungen zu erfüllen, die sie nicht beeinflussen könnten (fehlender Handlungsspielraum) und welche sie in ihrer fachlichen Expertise nicht ernst nehme, sie nicht anerkenne. Sie würden resignieren, was schließlich – über die in der Untersuchung geschilderten Zwischenschritte Antriebslosigkeit (auch im privaten Kontext), Freizeit herbeizusehnen und die gleichzeitige Unfähigkeit, freie Zeit wie Wochenenden noch genießen zu können, sich auch im Privatumfeld zu isolieren und abzukapseln (Rückzug), Nervenzusammenbrüche – im „Burnout" ende.

Markante Persönlichkeitsausprägungen (Narzissmus, Zwang und Psychopathie) bei Führungspersonen gingen laut Untersuchungsergebnissen noch einmal mit deutlich erhöhten Krankenständen in den diesen jeweils zugeordneten Einheiten einher." (Kutz 2018)

In der Marketingbranche gibt es eine Vielzahl von Abhängigkeiten. Und es gibt Menschen, die narzisstische Züge in sich tragen. Selbstdarsteller. Allem voran geht es hier viel um Aufmerksamkeit und Anerkennung, auch um Wettbewerb, auch innerhalb der Abteilungen. Nicht jedem ist daran gelegen, klar zu kommunizieren; nicht jeder ist dazu in der Lage.

Es werden somit unklare oder sogar widersprüchliche Aufträge verteilt – und übernommen. Der Auftrag aus einem Produktmanagement an die Marketingabteilung, z. B. bestimmte Nachteile eines Produktes unter den Tisch fallen zu lassen, ist mindestens die Vorstufe zu einem Double-Bind-Auftrag.

Eine verschärfte Form von Double Bind im Marketing ist Pharmamarketing: wenn Störungen oder Krankheiten erfunden werden, um Medikamente oder Therapien verkaufen zu können. Das soll es ja geben. Für viele Alltagsphänomene, die ein Mensch an sich beobachten kann, lassen sich Störungsbilder erfinden. Ein bemerkenswertes Beispiel dafür ist eine Produktion des Senders ARTE mit dem Titel „Krankheiten nach Maß (2010)." Ich habe als Berater in etlichen Coaching-Sitzungen erlebt, wie im Pharmamarketing arbeitende Klienten in Gewissenskonflikte gerieten, wenn sie die Vorgaben der Geschäftsführung umzusetzen versuchten. Die Aufträge konnten so aussehen, dass aus Studien ausreichend viele Informationen extrahiert werden sollten, bis sich der Pseudonachweis erbringen ließ, dass etwas eine Belastung sein müsse – die z. B. mit Antidepressiva zu behandeln wäre. Um keinerlei Rückschlüsse auf Personen zuzulassen, erfinde ich hier einen Auftrag, der als Stellvertreter für einen echten internen Auftrag dient. Er entspricht in der Absurdität dem Originalauftrag, mit dem ich im Coaching zu tun hatte: „Finden Sie zitierfähige Studienergebnisse dazu, dass Menschen unter *abstehenden Ohren* [= Ersatzphänomen] leiden. Wir leiten daraus Indikationen für ein stimmungsaufhellendes Präparat ab." Ähnliches wird in der Dokumentation „Krankheiten nach Maß" von ARTE beschrieben. Nachdem das Patent für Prosac, ein amerikanisches Antidepressivum, abgelaufen war, suchte man nach einem neuen Markt. Und fand das *prämenstruelle dysphorische Syndrom*. Ein vollkommen natürlicher Umstand – Frauen haben im Vorfeld ihrer Periode mit Stimmungsschwankungen zu tun. Indem dies zu einer Störung erklärt wird, eröffnet sich ein Markt. Eine Lösung wird für ein Problem versprochen, das kein Problem ist, sondern nur ein Phänomen. Das gilt auch für Niedergeschlagenheit und Melancholie.

In Japan ging man so vor, um bei „leichten Depressionen" Medikamente populär werden zu lassen. Man wählte ein Kunstwort, indem man in Abgrenzung zur Major Depression die jeden gelegentlich ereilenden Phasen von Unausgeglichenheit und Traurigkeit als „Schnupfen der Seele" bezeichnete. Dies führte zu einer Herabsetzung der Hemmschwelle für Ärzte, die Antidepressiva zu verschreiben.

Und bei den Patienten, die in Japan überdurchschnittlich viele Antibiotika nehmen, kam die Kampagne des Seelenschnupfens gut an.

Was aber ist mit Marketingmanagern und Kreativen in Werbeagenturen, die dieses gefährliche Spiel durchschauen? Kann jemand gut schlafen, der den Menschen absichtlich einredet, sie wären im Traurigkeitsfall nicht traurig, sondern krank und müssten Medikamente mit Nebenwirkungen nehmen?

Das weltweit größte Kampagnenwerk für die Pharmaindustrie sind die Ausgaben des DSM (https://dsm.psychiatryonline.org/). Einer der prominentesten Kritiker am DSM, speziell DSM-5, ist der schon erwähnte amerikanische Psychiater Allen Frances, der in dem Buch „Normal" (Frances 2013) aufgedeckt hat, was in den Hinterzimmern der „American Psychiatric Association" läuft (vgl. Abschn. 1.4).

Wenn ein Pharmaunternehmen neue Absatzmärkte erschließen will, kommt es nicht umhin, die infrage kommende Population zu analysieren. Werden ausreichend viele Menschen unser Präparat als angesagt bewerten? Wie können wir die Aufmerksamkeit auf unsere Lösung lenken? Indem wir die Probleme der Menschen ansprechen. Sollten sich zu wenig Menschen ihrer Probleme bewusst sein, würden wir sie dafür sensibilisieren.

Solche Aufträge landen dann bei PR- und Werbeagenturen. Wer dort noch keinen Loyalitätskonflikt hatte, entwickelt ihn spätestens dann, wenn er dabei helfen soll, eine Störung oder Krankheit in die Welt zu setzen, die ohne entsprechende Sensibilisierung niemals ein Problem wäre. Im ARTE-Film „Krankheiten nach Maß" ist in diesem Zusammenhang von unnatürlich niedrig angesetzten „Standard"-Cholesterinwerten die Rede, die jeder gesunde Mensch ab einem bestimmten Alter überschreitet und damit automatisch Pharmakunde wird.

An dieser Stelle ist die Frage nicht nur erlaubt, sondern auch nötig: Ist es mit meinem Gewissen – und mit den guten Sitten – vereinbar, eine Störung zu erfinden, damit ein Präparat gegen die Erfindung verkauft werden kann, das im günstigsten Fall nur nutzlos und teuer ist?

Anders formuliert: Wer als Werber, Marketer oder Produktmanager mit klaren Wertvorstellungen etwas in den Markt bringen soll, wodurch Menschen überflüssige, nutzlose oder sogar nebenwirkungsvolle Therapien erhalten, wird ein schlechtes Gewissen und Konflikte erleben. Alles andere ist unrealistisch. Auch die Idee, die Kampagne nicht ganz so eindeutig zu gestalten, wird nicht verfangen, denn so manches Pharmaunternehmen will genau das: Besorgnis, die sich dank Pharmazie in Erleichterung verwandelt – auch wenn es aus medizinischen Gründen keinen Grund für Besorgnis gibt.

Literatur

Frances, Allen. 2013. *Normal: Gegen die Inflation psychiatrischer Diagnosen*. Köln: DuMont.

Fritzsche, Kai, und Woltemade Hartman. 2016. *Einführung in die Ego-State-Therapie*. Heidelberg: Carl-Auer.

Kutz, Angelika. 2018. *Double-Bind-Kommunikation als Burnout-Ursache, Ein Theorie-Vorschlag zu Auswirkungen toxischer Kommunikation in Organisationen*. Heidelberg: Springer Psychologie.

Satir, Virginia. 2004. *Kommunikation Selbstwert Kongruenz*. Paderborn: Junfermann.

Seligman, Martin. 1975. *Helplessness on depression, development and death*. New York: W. H. Freeman.

Andere innere Filme einspielen 10

Was macht das Gehirn den lieben langen Tag? Es sieht sich Filme an und rekonstruiert aus Einzelbildern und Filmschnipseln das Erlebte immer wieder neu. So gut wie alles findet im Gehirn auf einer bildhaften Ebene statt, oft im Bewegtbild, also im Film. Das einfachste Beispiel ist der Traum. Selten wandern wir im Traum durch ein Museum und betrachten starre Bilder an der Wand. Es sind die bewegten Bilder, die Filmsequenzen, in denen wir uns wiederfinden. Meistens als Akteure oder öfter noch als Statisten, denen eine Handlung widerfährt.

Die Auswirkungen der inneren Filme sind je nach Trauminhalt von krasser Unterschiedlichkeit:

* Eine Verfolgungsjagd, auf der ein Träumender der Verfolgte ist.
* Ein Flug über Täler und Berge, in dem der Träumende alles aus der Vogelperspektive erlebt.

So lange wir als Betroffene den Trauminhalt an uns geschehen lassen und somit tatsächlich „erleiden", ist jede Nacht ein ungewisses Spiel. Ziel ist es daher, aus der Statistenrolle herauszukommen und die Rolle des Drehbuchautoren und des Regisseurs zu übernehmen. Und zwar nicht nur in den Nachtträumen, sondern auch im Tagtraum.

© Springer Fachmedien Wiesbaden GmbH, ein Teil von Springer Nature 2020
J. Faupel, *Burnout-Prävention und -Intervention im Marketing*,
https://doi.org/10.1007/978-3-658-24453-8_10

10.1   Sie träumen tagsüber nicht, meinen Sie?

Hier ist der Beweis, dass Sie Tragträume haben, auch wenn diese nicht mit einer Margerite im Mund auf der Wiese liegend in Richtung blauer Himmel blickend ablaufen. Natürlich haben Sie Tagträume. Jeder hat sie. Da ist der Tagtraum, in dem sich ein Angestellter das bevorstehende Gespräch mit dem Vorgesetzten in dunklen – oder in freundlichen – Farben ausmalt. Dann der Tagtraum, in dem die weitere Entwicklung des Marketingplanes einen günstigen oder eben weniger günstigen Verlauf nimmt. Das alles sind Tagträume oder innere Filme, in denen bestimmte Ereignisse vorinszeniert werden.

Ohne die innere Vorinszenierung eines ungünstig verlaufenden Mitarbeitergesprächs könnte kein Mensch im Vorfeld ein mulmiges Gefühl haben. Ohne Tagträume und Bilder von lauen Nächten am Strand und der Aussicht von den Bergen über das Land wäre keine Vorfreude auf eine Reise möglich.

Soviel also zum Beweis, dass jeder Mensch innere Bilder und Tagträume erlebt. Nun zu den Auswirkungen.

Denken Sie an das mulmige Gefühl, das in Ihnen schon Tage oder Wochen vor einer Prüfung aufgekommen war, z. B. Führerschein oder Abitur. Dieses Gefühl konnte nur entstehen, weil es eine innere Szenenbeschreibung für eine Zukunft gab, in der die Prüfung nicht bestanden wurde. Es existierte ein Filmschnipsel, der ein Ereignis der Zukunft illustrierte. Die Prüfung lag zwar tatsächlich in der Zukunft, doch im inneren Film wurde das Ergebnis des Nicht-bestanden-Habens gesehen. Eine theoretische Annahme hinsichtlich der Zukunft wurde so zu einem in der Gegenwart tatsächlich anstrengenden Erleben.

Nehmen wir an, Sie sitzen im Bus. Eine Gruppe von Kindergartenkindern steigt ein. Nach drei Stationen rufen die Begleiterinnen: „Aussteigen, hier geht es zum Palmengarten". Wenn Sie gedanklich gerade etwas Freiraum haben, könnten Sie die Geschichte weiterdenken und auch sehen. Sie könnten sich ausmalen, wie die Kinder aus dem Bus aussteigen, zur Kasse am Frankfurter Palmengarten gehen, Hand in Hand, da ohne Mobiltelefone. Sie sehen, wie sie in den Palmengarten gelangen und dort von den Begleiterinnen eine Unterweisung im Zusammenbleiben und die Verhaltensregel für den Fall des Verlusts der Gruppe erhalten. Treffpunkt Kasse am Ausgang. Und wie sie dann ausschwärmen, zu den Spielplätzen, an Blumenrabatten vorbei, Brotboxen auspackend, vergnügt, entzückt, irgendwann müde.

Warum diese Geschichte? Diese kurze Geschichte zeigt Ihnen live, wie das Gehirn assoziiert. Assoziationen sind nicht nur die neuronale Verbindung von Tatsache A mit Tatsache B, also Auto und Reserverad. Das ist trivial.

Zu den Assoziationen zählen auch Hochrechnungen. Das sind jene Operationen, die man heute mit Big Data und AI anstellt und dabei zu erstaunlichen (bisweilen auch bizarren) Ergebnissen kommt. Predictive Analytics ist eines der Buzzwords unserer Zeit. Das Gehirn praktiziert Vorhersagen, seit es Gehirne gibt.

Change-Box: Hochrechnungen
Hochrechnungen des Gehirns können natürlich sowohl positiver als auch negativer Natur sein. Wenn uns beim Vorbeigehen an einem Restaurant das Wasser im Mund zusammenläuft, rechnet das Gehirn hoch, dass eine Nahrungsaufnahme naht. Auch wenn wir gar keinen Tisch bestellt haben. Das Gehirn leistet das von alleine, ungefragt, ohne Auftrag.

Machen Sie den Test: Beobachten Sie in den nächsten sieben Tagen Ihre Hochrechnungen. Wenn Sie auf dem Nachhauseweg sind, wenn Sie sich zum Fitness aufmachen, wenn Sie zum Vorgesetzten gehen und zum Kunden. Welche Bilder entstehen?

Auch in anderen Fällen arbeitet das Gehirn oft wie im Automatikmodus. Stellen Sie sich vor, Sie sitzen als Angestellter in Ihrem Büro. Die Türe steht offen, und Sie hören mit einem Mal schnelle, schwere Schritte auf dem Gang. Ohne dass Sie wissen können, wer da gerade wohin eilt, wird Ihre Atmung flacher. Sie halten inne und stellen sich auf ein Ereignis ein. Kommt da der Abteilungsleiter und entlädt gleich seine Wut in meinem Zimmer, weil ich die Statistik noch nicht fertig habe? Hat sich der Kunde über die schlechten Auswertungen der Kampagne beschwert? Wird mir mein Urlaub gestrichen, weil ein Pitch ansteht? Drohen Kündigung, Rauswurf, Rechtsstreit? Und dann steht er da, der Agenturchef. Füllt den Türrahmen aus und strahlt: „Wir haben X als Kunden gewonnen. Wollte das nicht per Mail oder am Telefon durchgeben. Danke, ganze Arbeit geleistet."

10.2   Risiken von Gedankenfilmen

Gedankenfilme können schnell in eine Dauerschleife geraten. Darunter kann auch der Film sein, in dem ein Kutscher die Pferde durch die Prärie hetzt. Während man selbst eines der Pferde zu sein scheint. Gedankenkreisen. Im Morgengrauen im Bett. Später im Bus, im Meeting, vor der Präsentation … Das ist eine typische Burnout-Szene.

Wie Sie aus dem Gedankenkarussell aussteigen – und welches gesunde Spiel folgen kann: Die Gedanken, die sich Menschen in Gedankenkarussellen machen, sind in ihrem Kontext vermutlich absolut folgerichtig. Aber nur scheinbar. Ein Katastrophenkreislauf wirkt logisch. Dabei ist er nur eine von vielen Optionen. Stellen Sie sich vor, ein Kind würde mit einer Geisterbahn fahren. Mit einem Mal öffnet sich für einen Moment eine grüne Wiese, die Sonne strahlt. Zwei Kühe tanzen über die Weide. Ist diese Szene zum Fürchten?

Wir können Gedanken niemals löschen, denn sie sind da, bevor wir denken können. Plötzlich auftauchende Gedanken und die mit ihnen verbundenen Gefühle (bzw. von der Reihenfolge her oft umgekehrt) sind unwillkürlich – und deshalb immer schneller als wir selbst. Auch wenn sich etwas nicht löschen lässt – es lässt sich immer ergänzen.

Und so kann aus einem „ständig muss ich an die Präsentation denken" ein „wie gut, dass ich mich selbst erinnere, wie wichtig mir eine gute Arbeit ist." Hier sind wir wieder beim in Abschn. 4.5 gezeigten Störer und der 301-Weiterleitung.

Jeder Gedanke, jedes noch so schräge Bild, jede Befürchtung: Alles kann genutzt werden, und wenn es allein der Erinnerung an eine Veränderung dient.

In der Filmregie liegt Ihre Chance, etwas zu verändern
Ganz gleich, ob das Gehirn etwas als erstrebenswert einstuft oder nicht, es tauchen Filmschnipsel auf. Erinnerungen, Zukunftsvorstellungen, was auch immer.

Wir erleben die vermeintliche nächste Zukunft – und reagieren. Entweder mit Abwehr oder mit Hinstreben. Wenn hier „erleben" steht, ist damit nicht immer nur das bewusste Genießen oder Entsetzen gemeint. Dafür ist im Alltag, vor allem bei bevorstehenden Gefahrensituationen, keine Zeit. Solche Filmschnipsel tauchen in unserem Bewusstsein und im viel schnelleren Vorbewusstsein auf. Womöglich ist das Vorbewusstsein der Bereich, in dem die Intuition wohnt. Das lässt sich weder beweisen noch widerlegen. Aber es lässt sich sehr gut nutzen.

10.3   Filmbeispiel aus einer Marketingagentur – Burnout-Szene

Denken Sie an eine Situation in Ihrem Arbeitsleben oder auch Berufsleben. Es könnte eine Situation sein, die Sie immer wieder in ähnlicher Weise erleben und nicht wissen, wie Sie dabei souverän bleiben können.

Als Beispiel wähle ich hier eine erfundene Person. Alexander arbeitet als Texter in einer Marketingagentur. Marc ist sein Gruppenleiter. Marc schickt Alexander eine E-Mail, in der er ihn um die Übernahme eines Kundenprojektes bittet. Eine Ad-Words-Kampagne soll übers Wochenende entwickelt werden. „Wenn das was wird, haben wir den Kunden. Du weißt, wir sind darauf angewiesen. Briefing gibt's vom Kunden, die sind schon informiert, dass du dich meldest. Muss jetzt nach Berlin."

Alexander schreibt zurück, dass er vorher von Marc noch Informationen braucht – aber da kommt schon der Autoresponder. Sie wissen schon, die Standardpassage mit den dringenden Fällen, in denen die E-Mail erneut gesendet werden soll, weil die E-Mail in Abwesenheit nicht bearbeitet werden kann.

Als Alexander eine halbe Stunde später versucht, den Kunden zu erreichen, geht bei diesem die Mailbox an. Auf einer Fachmesse ist er, erfährt er später von dessen Assistenten. Montag wieder erreichbar. Am Montag aber soll die Kampagne stehen. Bis Montag wäre vielleicht noch Zeit, wenn Alexander in die Abendstunden hineinarbeiten würde.

Aber ohne Briefing geht eben nichts. Oder doch? Da Alexander noch nicht lange in der Agentur arbeitet, nimmt er sich vor, diese Sache im Alleingang zu erledigen. Ohne Briefing. Ohne zusätzlichen Texter. Kann er schließlich nicht ungefragt buchen – und vor allem: Wie sollte er ihn briefen? Und so arbeitet er übers Wochenende wie wild, schreibt über 40 Texte für AdWords-Anzeigen, von denen rein statistisch schon die eine oder andere passen dürfte.

So denkt er bei sich. Als er das Ergebnis am Montag seinem Chef zeigt, winkt der ab. „Nicht gehört? Kunde denkt nochmal neu nach. Die melden sich dann Ende der Woche."

Change-Box: Was könnte Alexander künftig tun?
Fragen wir zuerst, weshalb Alexander ohne Briefing das Wochenende durchgearbeitet hat.

Er hatte zwei Filme im Kopf. Beide waren billige Science-Fiction. Future-Trash.

- Der erste Film – d. h. das innere Szenario – ging in etwa so: Ich sage Marc, dass ich den Job ohne Briefing nicht durchführen kann. Und Marc wird dann bestimmt sagen, ich solle mich nicht so anstellen. Schließlich hätte er mich als Kreativen eingestellt und nicht als Beamten. Wenn das nicht läuft, müsste er sich freie Leute in die Agentur holen. Und ich soll lieber mal an meine Probezeit denken.
- Der zweite Film ging so: Ich mache übers Wochenende die Texte für die Anzeigen und werde am Montag gefeiert. Als Hellseher, Held oder was auch immer.

Beide inneren Filme hatten nichts mit der Realität zu tun – einer Realität, die Marc übrigens hätte herstellen können. Und nebenbei: Gedankenfilme können das Drehbuch für einen echten Spot liefern.

10.4   Innere Leistungsfilme – Nonstop-Antreiber

Haben Sie schon einmal bei sich die verdeckt laufende, innere Ansage gehört, dass einen angeblich „nicht umbringt, was einen hart macht"? Oder dass es sich nicht gehört, Grenzen zu haben und Grenzen zu ziehen? Dass es ein Zeichen von Schwäche wäre, um Unterstützung in einem überladenen Projekt zu bitten? In der Beratungsszene erfuhr ich, dass in einer Organisation eine Führungskraft in einer Managementrunde weinte. Dieses Weinen führte zu erheblichen Irritationen bei den Beteiligten im Unternehmen.

Offensichtlich wurde bei vielen Menschen das Äußern von Gefühlen regelrecht auf den Index gesetzt.

Innere Antreiber-Werbespots können den Menschen vorübergehend zu gesteigerten Leistungen antreiben und Schmerzen ausblenden lassen. Suchen Sie im Web nach „Tsjakkaa – Du schaffst es!" Ein niederländischer Motivationstrainer hatte damit beachtliche Erfolge im Fernsehen.

Handeln im Autopilot-Modus mag zwischendurch ganz praktisch sein. Aber nur bei trivialen Tätigkeiten wie Zähneputzen oder Einräumen des Geschirrspülers. Für die Gestaltung des Arbeitsalltags und der Zeit mit der Familie taugt der Automatik-Modus nicht. Weil wir weder merken, wie glücklich wir womöglich sind – noch realisieren, was wir verpassen würden, wenn wir eine Gelegenheit auslassen, eine Chance für ein Miteinander, einen Dank, eine Anerkennung.

Wir sind Gewohnheitswesen. In unseren Wohnungen und Häusern bewegen wir uns ohne nachzudenken. Meistens. Schließlich wissen wir ja, wo welches Zimmer ist und was sich in ihm befindet. Wollen wir wissen, wer in einem Zimmer ist, rufen wir den Namen. Viel mehr Orientierungsarbeit ist nicht erforderlich, wenn wir uns zu Hause zurechtfinden wollen. Ähnlich ist es mit unseren Denk- und Handlungsmustern. Wir „wissen" viel zu oft schon im Vorfeld, wie etwas sein wird. Wer schon weiß, wie etwas werden wird, schließt damit jede Entwicklung aus. Und so kommt es zu enormen Anstrengungen, auch wenn es einfachere Wege geben könnte, um ein Ziel zu erreichen.

10.5   Werbepause – Entwicklungszeit

Auch hierzu gibt es wieder ein Angebot aus der Abteilung Werbung für Wohlergehen:

Change-Box: Werbeanzeige und Postkartenaktion – mit leeren Zetteln arbeiten

Stellen Sie sich eine Werbeanzeige vor. Im Motiv sind Sie selbst in der Mitte. Um Sie herum sind mehrere leere Zettel angeordnet. Diese leeren Zettel stehen sinnbildlich für die unbeschriebenen Blätter des jeweiligen Tages. Jede Situation, jedes Nachdenken über eine Kampagne und jedes Innehalten, um sich nach dem eigenen Wohlergehen zu erkundigen, ist eine neue, noch nie dagewesene Situation. Zeichnen Sie dieses Anzeigenmotiv. Oder legen Sie es auf Ihrem Computer an. Mit einem Foto von sich. Nehmen Sie sich Zeit, ruhig eine Stunde und mehr, um diese Werbeanzeige zu gestalten. Drucken Sie sie aus und hängen Sie sie zu Hause über Ihren Schreibtisch. Das Bild haben Sie schon nach wenigen Tagen verinnerlicht. Zusätzlich zu dieser Werbeanzeige gestalten Sie die kleinste Postkarten-Aktion der Welt. Als Gedankenstütze falten Sie ein leeres DIN A4-Blatt auf DIN A5 und dann auf DIN A6. In der Postkartengröße wird es in die Hosentasche oder die Handtasche passen. Dieses gefaltete Papier tragen Sie so lange mit sich, bis Sie bei jeder noch nicht bekannten Situation (also immer) kurz das symbolhafte Motiv mit dem unbeschriebenen Blatt aufblitzen sehen, das jede Situation nun einmal ist. Dann erst beginnen Sie mit einer Handlung, einem Satz, einem Konzept. Immer in dem Wissen, dass sich aus Ihrem Impuls alles Mögliche entwickeln kann – niemals aber dasselbe wie vor einem Tag, einer Woche oder vor zehn Jahren.

Notieren Sie alle drei Tage auf eine DIN A4-Seite, wie sich Ihre neue Art, Dialoge zu führen und Ihre Zeit der Selbstfürsorge in den nächsten 12 Wochen entwickeln. Schreiben Sie das Datum auf das Blatt und falten Sie es zweimal bis auf Postkartengröße. Sammeln Sie alle Blätter in einem Karton. Öffnen Sie den Karton nach den 12 Wochen und lesen Sie Ihre Beschreibungen.

Sinn dieser Aktion: Die Arbeit mit den leeren Zetteln stammt aus meiner Beratungspraxis. Sie lädt dazu ein, sich selbst eine immer wiederkehrende provokative Botschaft zu senden: Auch wenn du meinst, du würdest das schon kennen, täuschst du dich. Du kennst nur, was du kennst. Logisch. Also mach dich auf den Weg in Situationen, über die du hinterher oder mittendrin sagen kannst: Erstaunlich, das kannte/wusste ich noch nicht.

Die Vorlage für diese Intervention lieferte auf Umwegen Heinz von Foerster. Das Zitat entdeckte ich in der sysTelios-Klinik in Siedelsbrunn, die Dr. Gunther

Schmidt gründete. Schmidt verband den systemischen Ansatz mit der bei Milton H. Erickson erlernten Hypnose zum hypnosystemischen Ansatz.

▶   Heinz von Foerster wird speziell in der systemischen Szene mit den folgenden Worten zitiert: „Bitte nie sagen: ‚Das ist langweilig, das kenne ich schon.' Das ist die größte Katastrophe! Immer wieder sagen: ‚Ich habe keine Ahnung, ich möchte das noch einmal erleben.'" (Heinz von Foerster)

Auf der Basis dieses Denkstils können wir damit beginnen, in der Marketingarbeitswelt neue Gedanken und Handlungen zu etablieren, auszuprobieren. Hilfreiche Gedanken und Handlungen.

Ist Burnout an sich eine Krankheit? 11

11.1 Burnout – eine Krankheit?

Darüber wird oft und heftig debattiert. Mediziner verwenden zur Bewertung eines Zustandes oder Erscheinungsbildes das unschöne Wort *Krankheitswert*.[1] Der Arzt stellt irgendwann eine Arbeitsunfähigkeitsbescheinigung aus. Meistens dann, wenn nichts mehr geht. Anders wäre es wünschenswert.

Der Begriff des Burnout-Syndroms wurde vom Psychoanalytiker Herbert Freudenberger und seiner Fachkollegin Gail North geprägt. 1974 veröffentlichte Freudenberger „Staff Burn-Out" (Freudenberger 1974); es folgten zahlreiche Erwähnungen in den USA, später entwickelte Freudenberger den Freudenberger-Burnout-Zyklus, der bei der Analyse der Entstehung eines Burnout-Syndroms hilfreich sein kann. Ein international anerkanntes Instrument zur Diagnose des Burnout-Syndroms ist das seit 1981 von Christina Maslach, Susan E. Jackson und Michael P. Leiter entwickelte Maslach Burnout Inventory (Maslach et al. 2018).

Die Frage, ob ein Erschöpfungszustand an sich eine Krankheit ist oder nicht vielmehr ein Signal zur Gesundheitserhaltung, lässt sich nicht eindeutig beantworten. Beides ist richtig – aus der jeweiligen Perspektive. Das Ergebnis einer erschöpfenden Vorgeschichte ist für die Betroffenen entmutigend.

---

[1] Krankheitswert wird als Begriff dafür verwendet, ob z. B. die Krise eines Menschen zum Leben gehört oder einer klinischen Behandlung bedarf. Der Krankheitswert ist keine quantifizierbare Größe; er stellt vielmehr fest, ob ein Phänomen noch im Bereich des als allgemein gesund anerkannten Empfindens liegt.

© Springer Fachmedien Wiesbaden GmbH, ein Teil von Springer Nature 2020 165
J. Faupel, *Burnout-Prävention und -Intervention im Marketing*,
https://doi.org/10.1007/978-3-658-24453-8_11

Es fühlt sich nicht gesund an, nicht mehr aus dem Bett zu kommen, sich nicht mehr konzentrieren zu können, kaum noch Sinn und schon gar keine Freude mehr am Leben zu empfinden. Wenn ein Burnout-Syndrom diagnostiziert wird, so gibt es dafür tatsächlich klare Krankheitssymptome.

Das Burnout-Syndrom kann eine Folge oder Begleiterkrankung neurotischer Störungsbilder wie der Zwangsneurose sein. Und schon sind wir bei der nächsten Krankheitsfrage. Auch bei den so bezeichneten Zwangsneurosen stellt sich die Frage, ob hier eine Krankheit vorliegt. In vielen Fällen liegt hinter anankastisch (zwanghaft) wirkendem Verhalten ein intensives Ordnungsstreben. Das aber ist ein anderes Kapitel bzw. ein anderes Buch.

Zum Burnout-Syndrom gab es auch in der als seriös wirkenden Presse schon sehr abwertende Kommentare, in denen sich Sachfremde zu der Behauptung verstiegen, das Erschöpfungssyndrom wäre eine Modediagnose, hinter der sich die weniger Engagierten verstecken könnten. Wer schon einmal längere Zeit keine Kraft mehr hatte, erkennt den Hochmut, der sich durch solche Lesart offenbart.

11.2   Es ist nicht krank, ein Burnout-Syndrom zu entwickeln

Das Burnout-Syndrom ist die stumme Alarmsirene. Es kann vor Herzinfarkt und Zusammenbruch bewahren. Es zeugt von einem intakten Meldesystem von Körper und Seele. Gesamtgesellschaftlich gesehen ist das Burnout-Syndrom eine Gesellschaftskritik. Es zwingt uns die Frage auf, was wir davon haben, wenn wir der Selbstüberschätzung einerseits und der Belastungsunterbewertung andererseits verfallen.

Die Notwendigkeit einer besseren Fürsorge und Selbstfürsorge in vielen Berufen ist offensichtlich. Nicht nur im Marketing, auch in der Pflege und in vielen freiberuflichen Arbeiten. Das Burnout-Thema ist allgegenwärtig. Seine Ätiologie (Ursachenverkettung und -wechselwirkung) ist nahezu trivial, wird jedoch meistens übersehen. Kommen wir zu den Hauptursachen für den kapitalen Energieverlust.

Burnout – ins Marketing übersetzt
Burnout ist, sehr vereinfacht ausgedrückt, das Resultat einer Propaganda des Weiter-so und Alles-machbar. Man kann es sich so vorstellen. Tausend Kochplatten, auf denen je ein Topf mit brodelnden Zutaten steht. Und es ist keineswegs sicher, in welchem Topf das Essen zuerst anbrennen wird. Der Ausstieg aus dem Burnout ist die Abkehr von der Augen-zu-und-durch-Propaganda.

Burnout – in eine Führungsrolle übersetzt
Burnout ist, sehr vereinfacht ausgedrückt, das Gefühl der Verantwortungsübernahme für Geschehnisse am anderen Ende der Welt.

11.3   Solange der Vorrat reicht – was ist mit dem Kraftvorrat?

Wissen Sie, wie viel Kraft Sie haben? Messen können Sie das ganz gut im Fitness-Studio. Stellen Sie sich aufs Laufband oder gehen Sie an die Rudermaschine. Irgendwann kommt der Moment, in dem Ihnen Ihr Körper signalisiert, dass es nun erst einmal genug ist. Und wenn es der Körper nicht mitteilen sollte, schauen Sie aufs Display der Maschine. Der Vorteil an dieser Art der Kräftemessung: Sie treffen eine Verabredung hinsichtlich des Formats. Irgendein Parameter – eine Wegstrecke, die Pulsfrequenz, die Zeit des Trainingsprogramms oder die errechneten niedergerungenen Kalorien werden als Zeichen eingeordnet: genug, es reicht für heute.

Im Fitness-Studio gibt es also einen definierten Rahmen für Kraft bzw. Nichtkraft. Von innen heraus erfährt sich der Mensch als müde, am Anschlag, reif für den Wellnessbereich.

Im Marketingalltag sieht es anders aus. Hier muss im Zweifelsfall die Agenturkaffeemaschine öfter laufen. In Werbeagenturen und Marketingabteilungen gibt es keine Schwächen, keine Grenzen. Den Körper und die Seele interessiert aber nicht, was Chefs wollen.

11.4   Mit leerem Tank starten?

Nehmen wir an, Sie planen eine längere Autofahrt.

Würden Sie vorher zur Tankstelle fahren, wenn Sie sehen, dass nur noch wenig Sprit im Tank ist? Sollten Sie zu den Anhängern der Elektromobilität zählen: Würden Sie Ihr Auto an die Ladestation hängen, damit es genügend Reichweite hat? Natürlich. Selbstverständlich. Das sagen Sie so.

Aber: Wie sieht es mit anderen Reisen aus? Wie oft pro Woche und pro Tag überprüfen Sie Ihre Energiereserven? Wo ist Ihre persönliche Energieanzeige?

Change-Box: Fragen über Fragen – eine Zwischenbestandsaufnahme

- Was unternehmen Sie bisher dafür, dass neue Energie nachkommt?
- Was sind Ihre besten Energiequellen?
- Was ist Ihre Reserve?

Diese Grundgedanken bringen uns zu einem zentralen Thema. Die Formulierung erreichbarer Ziele.

11.5   Erreichbare Ziele

Woran erkennen Sie ein erreichbares Ziel?
Bevor wir über erreichbare Ziele nachdenken, sind Erkennungsmerkmale für diese erforderlich. So können Sie nach und nach die erreichbaren von den (in ihrer jeweils formulierten Form noch) unerreichbaren Zielen unterscheiden.

Woran erkennen Sie erreichbare Ziele im Team, im Unternehmen?
Voraussetzung ist Übereinstimmung im Format. Bei mehreren Beteiligten, die für ein Ziel arbeiten sollen, braucht es Einigkeit hinsichtlich des Zieles und seiner Grundrichtung. Sobald Interferenzen auftreten – das können Loyalitätskonflikte oder Zielkonflikte sein, läuft sich ein Team im Kreis heiß. Sehen wir uns also auch an, was garantiert nicht an ein Ziel führen kann. Zum Beispiel zwei entgegengesetzte Ziele.

Wohin führen zwei Navigationssysteme mit entgegengesetzten Zielen?
Stellen Sie sich vor, Sie fahren im Auto und nähern sich einem Autobahnkreuz. Eine alltägliche Situation, die wir hier jedoch ein wenig würzen. Sie fahren also auf das Autobahnkreuz zu, aber es hat Ihnen niemand gesagt, was Ihr Ziel ist. Irgendwo

im Norden, nur so viel wissen Sie. Und jetzt kommt ein Schwierigkeitsgrad hinzu. Auf der Rückbank liegt ein mobiles Navigationssystem, das parallel zur fest installierten Hauptnavigation läuft. Das Hauptsystem lotst Sie in Richtung Norden. Das zweite auf der Rückbank zeigt den Weg zu einem Ziel im Süden des Landes. Der Auftrag an Sie lautet: Folgen Sie dem Navigationssystem! Wenn Sie beiden Navigationssystemen gehorchen, müssen Sie bei der nächsten Ausfahrt abfahren und die Fahrtrichtung wechseln. Bis zur nächsten Ausfahrt, an der sie erneut umdrehen. Wenn Sie diese Situation in Gedanken durchspielen und sich vorstellen, Sie müssten tatsächlich so handeln, dann ... ja, dann können Sie sich womöglich vorstellen, dass Menschen beim ständigen Wenden und Umdrehen tatsächlich durchdrehen können.

Bevor Ihnen bei dieser Vorstellung schwindlig wird, sehen Sie sich an, was die erreichbaren Ziele von unerreichbaren Zielen unterscheidet:

Ziele an sich sind gut, denn sie bringen uns in Bewegung:

- Radtour, 10 km. Bei guter Gesundheit machbar.
- Die gesamte Bügelwäsche an einem Abend. Hängt von der Menge ab.
- Marathon ohne Training mitlaufen, bis zum Ende? Kann tödlich enden.
- Marathon nach einem Jahr Vorbereitung, bei guter Kondition laufen? Kann ein persönliches Weltklasse-Ereignis sein.

Es ist immer eine Frage der vorhandenen Mittel:

- Passen meine Mittel zu dem, was ich vorhabe?
- Hat uns jemand gesagt, wir sollen mit 500 Euro AdWords-Budget den Marktführer aus dem Rennen werfen?
- Gibt es ein konkretes Ziel oder nur vage Wunschvorstellungen?

An widersprüchlich und unklar formulierten und somit unerreichbaren Zielen wird auch der Fleißigste und Fähigste scheitern.

11.6   Eine wahre Begebenheit: Burnout-Bericht aus dem internationalen Marketing

Für dieses Buch habe ich ein Interview mit einer Person geführt, die im internationalen Marketing ein Burnout-Syndrom entwickelt hatte. Ich danke dieser Person sehr, dass sie mit ihrem Bericht einen wertvollen Beitrag zu diesem Buch geleistet hat. Das Interview:

Johannes Faupel: Eines Tages saßen Sie beim Arzt – und verstanden die Welt nicht mehr. Was war vorher passiert?
Ich war immer schon ein typischer High Performer. Und das schon von Kindheit an. Ob Grundschule, Gymnasium oder später meine akademische Laufbahn: es lief. Schon früh hatte ich verstanden, dass ich mir Anerkennung regelrecht verdienen konnte.

Da ich mein Umfeld daran gewöhnt hatte, dass es bei mir funktionierte, erwartete das mein Umfeld auch von mir. Und so durchlief ich erfolgreich ein Studium und landete in der Kommunikationsabteilung eines Unternehmens mit starker Präsenz im B2B-Geschäft.

Dort verbrachte ich viele Jahre, wuchs – wie man gerne sagt – mit meinen Aufgaben. Und die Aufgaben wuchsen rasant, es wurde auch immer mehr rationalisiert. Es ist schon physikalisch eine falsche Rechnung, mit immer weniger Leuten immer mehr erreichen zu sollen. Doch weil ich keine Grenzen spürte, setzte ich auch keine Grenzen und ließ ich es zu, dass die Aufgaben überproportional zunahmen, bis sie mir irgendwann unlösbar erschienen. Gleichzeitig machte ich mir Vorwürfe, dass ich nicht mehr alles mit Bravour „schaffte."

Denn immer war ich davon ausgegangen, dass es für mich ewig wie gewohnt auf der Erfolgsschiene weiterlaufen würde. Bis zu jenem Tag, als auf einmal gar nichts mehr „lief" und ich weinend beim Arzt saß.

Johannes Faupel: Warum sind Sie zum Arzt gegangen?
Ich war an einem Punkt angekommen, an dem ich nur noch aus Angst bestand. Ich war völlig verzweifelt und hatte keine Kraft mehr. Ein furchtbarer Moment, dem eine lange Leidensgeschichte vorangegangen war. Ich konnte nicht mehr in die Firma gehen. Weil ich Angst hatte, mein Niveau nicht mehr zu bringen. Als Loser dazustehen. Ich konnte mich überhaupt nicht mehr konzentrieren. Die Hauptangst war, dass ich dachte, andere Personen könnten schlecht über mich denken und reden.

Johannes Faupel: Sie hatten Angst um Ihren Ruf – aber wie fühlten Sie sich?
Gefühle hatte ich schon lange nicht mehr, das heißt, ich hatte sie schon, aber ich habe sie von mir weggeschoben. Die Verbindung zum Bauch und meinen Gefühlen war gekappt. Ich funktionierte nur noch mit dem Kopf, arbeitete ab, was ich dachte, was zu tun wäre. Richtig klar wurde mir das, als mir der Arzt im Erstgespräch mitgab: Jetzt machen Sie mal nur das, was Ihnen guttut. Für mich hörte sich das wie ein Fremdwort an. Was meinte der Arzt damit? In dieser Zeit konnte ich nicht mehr benennen, ja sogar nicht mal mehr spüren, was mir wohl guttun würde. Da wurde mir klar, dass ich schon lange kein Gefühl mehr für das hatte, was mir früher Freude machte, vor langer Zeit. Ich hatte eben über zehn Jahre lang die anderen für mich fühlen lassen: Die Anerkennung der anderen nahm ich zum Anlass, mir

einzureden, es wäre alles gut, was ich machte. Diese Erkenntnis hat mich sehr traurig gemacht. Mich und meine Bedürfnisse nicht mehr zu spüren, fühlte sich an, als sei ich innerlich tot.

Johannes Faupel: Wie konnte oder warum musste es erst soweit kommen? Warum haben Sie nicht früher die Reißleine gezogen?
Ich konnte oder wollte es damals einfach nicht glauben. Vor allem mir selbst wollte ich das nicht eingestehen, denn dafür muss man ja viele Werte und Glaubenssätze infrage stellen, die einen bisher geprägt hatten. Beispielsweise ein riesiges Pflichtbewusstsein, Leistungsorientierung, Perfektionismus, grenzenlose Hilfsbereitschaft, es allen recht machen zu wollen und die Sehnsucht nach Anerkennung.

Bei mir kam auch meine Begeisterungsfähigkeit hinzu. Wer ausbrennt, muss erst mal lange Zeit gebrannt haben. Grundsätzlich ist diese Leidenschaft positiv und gibt viel Energie. Doch kritisch wird es, wenn dabei falsch verstandenes „Heldentum" ins Spiel kommt: Menschen, die sich erkennbar für das Unternehmen abrackern, suchen sich häufig verklausulierte Heldenmetaphern und Unverzichtbarkeitsbeweise (Urlaubsverzicht, Überstunden), um ihr Handeln auch vor sich selbst zu rechtfertigen.

Johannes Faupel: Wenn Sie an die Zeit vor Ihrem Burnout-Syndrom denken: Was dachten Sie, wurde von Ihnen erwartet?
Dass ich funktioniere – und zwar in allem, jederzeit – und perfekt. Ich hatte unglaublich hohe Erwartungen an mich selbst. Von Kindesbeinen an war ich Klassenbeste gewesen, dann folgten: bestes Abi, bestes Diplom, Stipendien, Talent- und Förderprogramme. Über dieses Etikett des „High Performers" habe ich mich regelrecht definiert. Etwas einfach nur gut zu machen, war mir selbst nie gut genug.

Daher habe ich – egal was mein Umfeld explizit formuliert oder implizit suggeriert von mir erwartete – immer noch eine Schippe oben draufgelegt. Ich wollte immer die berühmte „extra mile" gehen, also alle Erwartungen und Ziele sogar übererfüllen.

Dabei habe ich mich und meine Empfindungen nach und nach ausgeblendet. Und so kam es, wie es kommen musste: Der Druck schraubte sich immer weiter als Spirale nach oben, bis hin zur totalen Erschöpfung.

Johannes Faupel: Woher hatten Sie die Kraft für diesen Marathon genommen?
Aus der Anerkennung. Das war mein Kindheitsmuster. Irgendwann hat man das so verinnerlicht, dass es ein perfekt getimtes Wechselspiel ist aus eigener Aktion und der Reaktion des Umfeldes.

Johannes Faupel: Mit welchen Strategien haben Sie sich über Wasser gehalten?

Ein Burnout entwickelt sich nicht über Nacht, sondern über einen längeren Zeitraum. Ich hatte auch schon früher Phasen gehabt, in denen ich erschöpft war. Aber es gelang mir damals noch, mich etwa im Urlaub etwas zu stabilisieren.

Später bin ich dann in Teilzeit gegangen. Allerdings auch deshalb, weil die Rahmenbedingungen im familiären Umfeld schwieriger wurden – im Sandwich zwischen kleinen Kindern (und entsprechenden Kita-Schließzeiten) und zunehmend hilfsbedürftigen alten Eltern. Doch der erhoffte Entlastungseffekt verpuffte. Denn einerseits ließ sich mein anspruchsvoller Job nicht wirklich in weniger Zeit erledigen – die Aufgaben liefen weiter. Andererseits nahm ich mir auch in der Zeit außerhalb des Jobs nicht genügend Zeit für Erholung, sondern wendete mich all den anderen Pflichten zu.

Ich fühlte mich nur noch immer schneller getrieben, lebte in permanenter Anspannung, die negativen Gedankenspiralen im Kopf wurden immer schlimmer. Ich wurde zunehmend zynisch.

Statt Kraft zu tanken, versuchte ich, immer noch mehr zu arbeiten und zu leisten, und habe dafür auf Schlaf und Erholung verzichtet. Ich habe nicht einmal mehr meine biologischen Grundbedürfnisse wie Hunger wahrgenommen und konnte kaum noch essen.

Johannes Faupel: Was hat Ihr Arbeitgeber getan?

Wir haben eine Hotline, über die man sich im Notfall Hilfe organisieren kann. Aber dann stellt man sich die Frage: Ist das überhaupt angemessen? Bin ich denn ein Notfall? Sollte man nicht eher dankbar sein für einen internationalen Job? Und so blieb es bei „passt schon."

Johannes Faupel: Hat man am Arbeitsplatz etwas vom Schwinden Ihrer Kräfte bemerkt?

Wahrscheinlich schon, nur hat sich keiner geäußert. Das Ausbrennen wird immer noch als Kollateralschaden betrachtet, wie eine Nebenwirkung von Erfolg. Interessant war, was ich erlebte, als ich nach dem Klinikaufenthalt wieder am Arbeitsplatz war. Nach und nach kamen einige Kollegen, die den Grund für meine Abwesenheit erfahren hatten, zu mir. Und sie begannen unter dem Siegel der Verschwiegenheit, ihr Herz auszuschütten. „Du hattest das doch auch, sag mal, wie kommt man da wieder raus?" Plötzlich war ich die Sorgen-Hotline. Für mich ist nach dieser Phase klar, dass Menschen mit Burnout-Syndrom weiterhin keine Lobby haben. Schlimmer noch: man hat Angst vor Stigmatisierung, dauerhaft abgestempelt zu sein. Das ist aus meiner Sicht mit ein Grund, warum viele Menschen so lange damit warten, sich Hilfe zu holen.

Johannes Faupel: Und Ihre Familie? Wie sah es aus mit Ihrer Work-Life-Balance?

Work-Life-Balance? Wichtiger Punkt! Eigentlich ein schöner Gedanke: die Arbeit und alle anderen Lebensbereiche in der Balance zu haben und dadurch selbst in der Balance zu sein.

Bei mir war das lange eher so, dass ich versucht habe, alle Bälle in der Luft zu halten. Im Job wie im Privaten. Und mich in allen Bereichen gestresst habe. Die Idee davon, die Anforderungen von allen Seiten unter einen Hut bringen zu wollen – und auch noch überall perfekt zu funktionieren – wurde ein zusätzlicher Leistungsanspruch und Stressfaktor.

Was dabei zu kurz kam, war die Balance. Inzwischen habe ich gelernt, dass es für meine Balance im Leben wichtig ist, mir auch mal Zeit für mich zu nehmen. Und die Zeit, die ich mit Kindern, Eltern, Freunden verbringe, nicht als zusätzlichen Stress, sondern als Geschenk zu sehen und bewusst zu erleben. So kann ich genügend positive Energie tanken und Kraft schöpfen. Das ist für alle eine Bereicherung – beruflich wie privat.

Ich bin meiner Familie sehr dankbar, dass sie in der schlimmen Zeit fest zu mir gehalten haben. Sie haben auch den entscheidenden Impuls geliefert, um mich aus dem Burnout zu holen. Es war meine Familie, die mich eines Morgens davon abhielt, an den Schreibtisch zurückzukehren, und mich stattdessen zum Arzt schickte.

Johannes Faupel: Was dachten Sie auf dem Weg zum Arzt?

Ich dachte, er schreibt mich hoffentlich für zwei Wochen krank, sodass ich mich etwas erholen kann – ich schlafe mich mal aus und mach ein bisschen Sport … einige Radtouren und ab und zu in die Sauna, belohne mich mal, schlafe mich aus … und dann geht es weiter im Job. Der Arzt aber sah mich ruhig an und sagte: Denken Sie mal über eine Klinik nach. Für längere Zeit.

Ich war total überrascht. Aus heutiger Sicht kommt es mir selbst absurd vor, aber auf dem Weg zum Arzt damals, als ich wie gesagt nur noch aus Angst bestand, hatte ich sogar die Befürchtung, für eine Simulantin gehalten zu werden. Würde er mich wohl tatsächlich krankschreiben? War das nicht vielleicht lächerlich?

Johannes Faupel: Was wäre Ihr Auftrag an den Arzt gewesen?

Meine erste Hoffnung „bitte nimm mich mal kurz aus dem Hamsterrad raus", wurde direkt erfüllt. Denn natürlich wurde ich entgegen aller Befürchtungen in meinem damaligen Zustand der totalen Erschöpfung sofort krankgeschrieben. Ich war so erleichtert.

Doch mit der Krankschreibung kam auch die Erkenntnis: „Ich bin offenbar tatsächlich erkrankt!" Heute muss ich schmunzeln, dass ich damals erwartete, genauso schnell, wie der Arzt mich krankgeschrieben hatte, würde er mich auch wieder gesund machen: „Welche Medizin also gibt es gegen die Angst, damit ich schnell wieder funktionieren kann?" So schnell und einfach ging das dann nicht. Medikamente sind bestenfalls ein kleiner Teil der Lösung. Entscheidend war, dass ich gelernt habe, für mich selbst einzustehen. Deshalb habe ich nun eine andere Perspektive auf viele Dinge. Das war ein längerer Weg. In vielen kleinen Schritten. Und ich lerne auch heute noch täglich dazu.

Johannes Faupel: Wie ist es inzwischen, seit Sie wieder im Job sind?

Ich bin ein loyaler Mensch und bleibe das auch weiterhin. Auch meinem Arbeitgeber gegenüber. Die Absichten im Unternehmen sind sicherlich gut, auch wenn es manchmal mit der Umsetzung nicht rund läuft. Aber wer setzt hier eigentlich was um? Ist man immer allem nur einfach ausgeliefert? Nein! Ich habe gelernt, mich auf mich selbst zu verlassen, dabei meine Grenzen zu erkennen und ernst zu nehmen. Und – ganz wichtig – auch nach außen entsprechende Grenzen zu setzen.

Das ist es auch, was ich allen als Ermunterung mitgeben möchte. Man muss sich selbst darum kümmern, zur richtigen Zeit zu sagen: höchste Zeit, etwas anders zu machen und für mich selbst zu sorgen. Spätestens wenn der Kopf anfängt, in Gedankenkreisen Karussell zu fahren, ist es Zeit für Mitgefühl mit sich selbst.

Johannes Faupel: Was ist Ihre Haupterkenntnis aus der Burnout-Phase?

Es darf um mich gehen.

11.7   Gastbeiträge: Medizinische Exkurse

Wenden wir uns nun einigen harten medizinischen Themen zu, die mit dem Thema Burnout in Verbindung stehen können. So zum Beispiel das gebrochene Herz, das es anatomisch nicht gibt, aber medizinisch durchaus.

Klienten, die mit mangelnder Wertschätzung konfrontiert sind, empfehle ich folgenden Satz: „Zu Herzen nehme ich mir nur, was von Herzen kommt." Als Bild wirkt dieser Satz sofort.

Auf die Dauer kommt es jedoch darauf an, sich Tag für Tag zu verinnerlichen: „Von Herzen zu Herzen. Alle aus niederen Beweggründen stammenden Bemerkungen, Angriffe etc. lasse ich an mir vorbeiziehen." Das erfordert die konsequente Bewusstmachung dieser Zusammenhänge. Und immer wieder ein echtes „Hand aufs Herz."

Legen Sie die Hand auf Ihr Herz. Und dazu sagen (oder, wenn Sie gerade nicht alleine sind, denken) Sie:

► „Zu Herzen nehme ich mir nur, was von Herzen kommt." Dieses Bild habe ich vor langer Zeit für meine Supervision, die Beratung und die Coachings entwickelt.

Wer die Wechselwirkung zwischen fortgesetzten Abwertungen, Misserfolgen und der Gesundheit seines Herzens nicht kennt, könnte sich eines Tages mit Verdacht auf Herzinfarkt in der Notaufnahme wiederfinden. Das Broken-Heart-Syndrom ist trotz ähnlicher Symptomatik zwar kein Infarkt, sondern eine Herzmuskelerkrankung. Doch spätestens bei diesem Zeichen ist ein Umdenken erforderlich.

Patienten berichten über ähnliche Symptome wie bei einem Herzinfarkt, doch das Broken-Heart-Syndrom ist eine Herzmuskelerkrankung. Dr. Sohil Behjati, Kardiologe in Frankfurt, über den Zusammenhang zwischen Broken-Heart- und Burnout-Syndrom.

11.7.1 Gastbeitrag: Broken-Heart-Syndrom – die Korrelation von Herz und Psyche bei Herzkreislauferkrankungen

Beitrag von Dr. med. Sohil Behjati, Kardiologe, Internationales Facharztzentrum Frankfurt

Von jeher wird angenommen, dass das Herz stark von Gefühlen und Ängsten beeinflusst wird. Alltägliche Ausdrücke wie ein „gebrochenes Herz" in Liebesangelegenheiten, das „Herz in die Hose rutschen", das „Stehenbleiben des Herzens" oder „zu Tode erschrecken" in Angstsituationen sind einige Beispiele hierfür.

Wie beschreiben fernöstliche Sprichwörter doch so plastisch: „Kummer unausgesprochen hat schon manches Herz gebrochen" und „Die Herzen sind so ungleich wie die Gesichter."

All das legt nahe, dass das Herz und die Psyche unmittelbar zusammenhängen und voneinander beeinflusst werden können.

Kardiovaskuläre Erkrankungen, vor allem die koronare Herzkrankheit (KHK), gehören zu den häufigsten somatischen Krankheitsbildern. Sie sind die häufigste Todesursache in den westlichen Industrieländern; ebenso zählen depressive Störungen oder Angststörungen zu den häufigsten psychiatrischen Erkrankungen in unserer Gesellschaft.

Im Jahre 1997 bereits prognostizierte die Global Burden of Disease-Study von Murray und Kollegen, dass die KHK im Jahre 2020 weltweit die häufigste und die Depression/Angststörung die zweithäufigste Ursache krankheitsbedingter Beeinträchtigung sein werde.

Psychosoziale Faktoren wie z. B. enormer Leistungsdruck, langandauernde psychische Überforderung, prolongierte Angstzustände oder posttraumatische Belastungsstörungen können die Inzidenz und die Prognose von kardiovaskulären Erkrankungen beeinflussen. Diese können somit sowohl Ursache als auch die Folge kardialer Ereignisse sein.

Dies zeigt sich in der Tatsache, dass vermutlich 20 bis 25 Prozent der Patienten mit einer Herz-Kreislauf-Erkrankung gleichzeitig eine Depression aufweisen. Außerdem erhöhen depressive Erkrankungen nachgewiesenermaßen das kardiovaskuläre Morbiditäts- und Mortalitätsrisiko. Die Komorbidität dieser beiden Erkrankungen stellt damit eine große Herausforderung im medizinischen Alltag dar.

Eine Arbeitsgruppe um die Kardiologin Annika Rosengren und Kollegen analysierte im Rahmen der INTERHEART-Studie (Rosengren et al. 2004) bei knapp 25.000 Patienten mit akutem Myokardinfarkt die psychosozialen Faktoren, die mit einem erhöhten Herzinfarktrisiko in Verbindung standen.

Der psychosoziale Stress wurde mithilfe von Fragen über den Stress während der Arbeit, den Stress zu Hause, den finanziellen Stress und die wichtigsten Ereignissen des letzten Jahres untersucht. Dabei konnte gezeigt werden, dass sich psychosoziale Faktoren auf die koronare Herzerkrankung auswirken. In der Literatur wird aber auch von einem Zusammenhang zwischen Angst und kardiovaskulären Erkrankungen auf der einen Seite sowie Angst und Herzrhythmusstörungen auf der anderen Seite berichtet. So konnte die Arbeitsgruppe um Eaker und Kollegen (Eaker et al. 2005) zeigen, dass unter Stress oder Anspannungssituationen das Risiko, eine koronare Herzerkrankung zu entwickeln, die Mortalität sowie das Auftreten von Herzrhythmusstörungen wie ein Vorhofflimmern signifikant ansteigen können.

Massivem Stress ausgesetzte oder depressive Patienten zeigen zudem häufig eine veränderte Regulation des autonomen Nervensystems, die sich vor allem in einer Dysbalance zwischen sympathischem und parasympathischem Nervensystem und in einer überschießenden sympathischen Reaktion zeigen kann. So zeigen sich bei diesen Patienten eine überdurchschnittliche Prävalenz einer erhöhten Ruheherzfrequenz und ein größerer Herzfrequenzanstieg unter Belastung.

((Erläuterung des Autors: In die Alltagssprache übersetzt: Menschen, die unter massivem Stress stehen oder niedergedrückt sind, wirken auf andere oft wie unter Strom. Sie kommen kaum zur Ruhe, fühlen sich oft wie getrieben. Prävalenz beschreibt die Häufigkeit des Auftretens eines Krankheitsereignisses, bezogen z. B. auf eine Bevölkerungsgruppe.))

In diesem Zusammenhang ist die Tako-Tsubo-Kardiomyopathie (auch Broken-Heart-Syndrom genannt) in den letzten Jahren ein immer häufiger diagnostiziertes Krankheitsbild. Das Broken-Heart-Syndrom kann durch starke emotionale oder seltener auch physische Stresssituationen getriggert sein. Die Symptome hierbei können denen eines akuten Myokardinfarkts exakt gleichen, allerdings ohne den Nachweis einer relevanten Koronarstenose nach durchgeführter Herzkatheteruntersuchung im Rahmen der Diagnostik.

((Erläuterung des Autors: Der hier beschriebene Stressfaktor führt also zu ähnlichen Symptombildern wie bei einer Verengung von Herzkranzarterien – ohne dass jedoch eine solche Verengung vorliegt. Bei einer Verengung wird ein Stent gesetzt, der die Ader weitet, damit der Blutstrom ungehindert fließen kann. Was kann unternommen werden, wenn es keinen Anlass für einen Stent gibt? Darum geht es in diesem Buch.))

Diese Entität wurde von den Erstbeschreibern Dote und Sato nach einer traditionellen japanischen Tintenfischfalle, dem Tako-Tsubo, benannt. Diese Falle ist ein Gefäß mit bauchigem Boden und engem Hals und ähnelt der typischen Konfiguration des linken Ventrikels (v. a. des Apex) im akuten Stadium, der sich systolisch in der Bildgebung (Echokardiografie, Ventrikulografie) wie ein Ballon präsentiert, dem so genannten. „apical ballooning".

((Erläuterung des Autors: Das Wort Entität steht in diesem Zusammenhang für den Überbegriff eines Phänomens/Symptoms, unter bzw. hinter dem unterschiedliche Ursachen liegen können.))

Die Mortalitätsrate der Tako-Tsubo-Kardiomyopathie im Krankenhaus beträgt ca. 2 Prozent und ist damit deutlich geringer als bei einem „echten" Myokardinfarkt aufgrund einer koronaren, also körperlichen Herzerkrankung.

Die Tako-Tsubo-Kardiomyopathie wird meistens durch eine heftige emotionale oder seltener auch physische Stresssituation ausgelöst. Pathophysiologisch liegt dem eine erhöhte Sympathikusaktivität mit einer überschießenden Katecholaminproduktion zugrunde. Der Katecholaminspiegel im Plasma der Patienten mit einer Tako-Tsubo-Kardiomyopathie kann sogar zwei bis dreimal höher sein als bei einem Vergleichskollektiv mit akutem Herzinfarkt und 7- bis 34-fach Mal höher als bei gesunden Personen, wie eine Studie von Wittstein und Kollegen aus dem Jahre 2005 beschreibt.

Hier geht man von einer stressinduzierten Störung der Gefäßendothelfunktion in Verbindung mit transienten Vasospasmen aus, die die koronare Mikrozirkulation signifikant beeinträchtigen kann und somit die Klinik mit Angina pectoris, Labor (erhöhte kardiale Marker), EKG (ST-Streckenveränderungen) sowie Morphologie des Herzens („apical ballooning") in diesem Rahmen erklärt.

((Erläuterung des Autors: Diese plakative Beschreibung der Psychosomatik ist ein beeindruckender Nachweis dafür, dass der Körper auf wortwörtliche Weise abbildet, was in der Psyche passiert. Es offenbart sich eine signifikante Symptomatik, die nach Veränderung der Lebensumstände auch wieder verschwindet. Denn die Wechselwirkung zwischen Psyche und Soma (Körper) gilt in beide Richtungen. Wie die Psyche unter besonderem Stress ihre Spuren im organischen Herzen hinterlässt, so kann sie das Herz auch kräftigen, wenn der Mensch in seiner Kraft ist.))

In der Folge kann die überhöhte Katecholaminproduktion mit der Entstehung von freien Radikalen im Laufe der Metabolisierung zu einer Schädigung von Herzmuskelzellen führen und als Folge inflammatorische Prozesse in Gang setzen, die die kontraktile Dysfunktion des Herzens noch zusätzlich verschlechtern. Die Auslösemechanismen sind aber größtenteils noch nicht bekannt.

((Erläuterung des Autors: Auch wenn die Funktionsweise der Auslösemechanismen nicht bekannt ist, ist ihre Wirkung, also der Effekt an sich, unbestritten vorhanden. Es reicht eigentlich schon, sich vorzustellen, wir hätten es mit einer Black Box zu tun, die auf der gefäßbedingten Ebene das auslöst, was auf der Eingangsseite anliegt. Überforderung oder Ausgeglichenheit, Angst oder zuversichtliche Gelassenheit. Und natürlich alle Mischungen davon, weil wir nie 100 Prozent Angst oder 100 Prozent Zuversicht erleben.))

Die Tab. 1 stellt einen Überblick der Studienlage und der möglichen Trigger vor Beginn der Symptomatik eines Broken-Heart-Syndroms dar:

Obwohl die Prognose bei diesen Patienten gut ist und sich das Herz bei der überwiegenden Anzahl der Patienten wieder völlig regeneriert, wird je nach Studie eine Rezidivrate von bis zu acht Prozent angegeben.

Dem Krankheitsbild entsprechend wird daher je nach Auslöser eine langfristige medikamentöse Pharmakotherapie mit Betablockern empfohlen.

Zudem empfiehlt sich eine psychotherapeutische Betreuung bei Patienten mit prolongiertem, emotionalem Stress und/oder depressiven Erkrankungen als initialer Auslöser der Kardiomyopathie. Bei schwererer psychischer Symptombildung sollte gerade in diesem Zusammenhang eine adäquate psychopharmakologische Therapie mit Antidepressiva auch im Hinblick auf eine Angstkomponente erfolgen.

Soweit der Frankfurter Herz- und Gefäßspezialist Dr. med. Sohil Behjati.

Tabelle 1 Überblick Studienlage Broken-Heart-Syndrom

Quelle	Patienten-anzahl	Psychische Stressoren (Psychische Ereignisse vor Beginn der Tako-Tsubo-Kardiomyopathie-Symptome)	Physische Stressoren (Physische Ereignisse vor Beginn der Tako-Tsubo-Kardiomyopathie-Symptome)
Schneider et al. 2010	324	Psychische Stressoren wurden bei 36 % von den gesamten 324 Patienten ermittelt Beispiele: • Tod eines nahen Angehörigen • heftiger Streit	Physische Stressoren wurden bei 32 % von den gesamten 324 Patienten ermittelt Beispiele: • Operation • Unfall • Asthmaanfall
Gianni et al. 2006 (93)	286	Psychische Stressoren wurden bei 26,8 % von den gesamten 286 Patienten ermittelt Beispiele: • unerwarteter Tod eines Angehörigen • häusliche Gewalt • heftiger Streit • katastrophale medizinische Diagnose • Spielsucht	Physische Stressoren wurden bei 37,8 % von den gesamten 286 Patienten ermittelt Beispiele: • Asthma • Gastroskopie
Wittstein et al. 2005 (88).	19	• Tod eines Angehörigen (47 %) • Überraschung (Party, Treffen) (11 %) • Streit (5 %) • Angst vor einer medizinischen Behandlung (5 %) • Angst zu ersticken (5 %) • Halten einer öffentlichen Rede (5 %) • Auftritt vor Gericht (5 %) • Opfer eines bewaffneten Überfalls (5 %) • tragische Nachrichten (5 %)	

(Fortsetzung)

Tabelle 1 (Fortsetzung)

Quelle	Patienten-anzahl	Psychische Stressoren (Psychische Ereignisse vor Beginn der Tako-Tsubo-Kardiomyopathie-Symptome)	Physische Stressoren (Physische Ereignisse vor Beginn der Tako-Tsubo-Kardiomyopathie-Symptome)
Abe et al. 2003 (89)	17	Psychische Stressoren wurden bei 18 % von den gesamten 17 Patienten ermittelt Beispiele: • Stress in Beziehungen • öffentlicher Auftritt • Tod des Ehemannes	Physische Stressoren wurden bei 76 % von den gesamten 17 Patienten ermittelt Beispiele: • äußere Verletzung • Stress bei der Arbeit • Reise •elektrophysiologische Untersuchung
Tsuchihashi et al. 2001 (90)	88	• Unfall von Familienmitgliedern • Tod oder Begräbnis eines Angehörigen • Streit/Alkoholeinnahme • ungewohnte Aufgabe/Stress • starke Aufregung	• akutes Abdomen • Lungenembolie • epileptischer Anfall • Pneumonie • Asthmaanfall • Operation • Hypoglykämie

Wenden wir uns auf der Basis des von ihm Vorgetragenen nun wieder jenem Bereich dieses Buches zu, in dem auch medizinische Laien zu ihrer Gesundung den entscheidenden Beitrag leisten können.

Dr. Behjati hat beschrieben, dass in der Schulmedizin eine Therapie mit Antidepressiva Anwendung finden kann. In manchen Fällen kann die Gabe stimmungsaufhellender und angstlösender Medikamente ein guter Anschub für eine Befreiung aus einer Zwickmühlensituation sein. Die Befreiung selbst jedoch ist und bleibt Sache der Patienten. Nur diese wissen, was für sie stimmig ist und was ihr Körper dann als gesund oder ungesund erlebt und repräsentiert.

Supervisionsarbeit bringt auf der Ebene von gewonnenen Einsichten neue Ansichten. Sie regt zu veränderten Beschreibungen an, die wiederum veränderte Wirkungen und Empfindungen auf Patientenseite auslösen. Das sich daraus entwickelnde Erleben von Selbstwirksamkeit wiederum stärkt das Herz.

Vom Herz ist auch im nächsten Gastbeitrag zu lesen. Er stammt vom Akupunkteur Boris Dinjus, Frankfurt.

11.7.2 Gastbeitrag: Minimal-invasiv dem Burnout begegnen – chinesische Akupunktur

Beitrag von Boris Dinjus, Experte für chinesische Medizin und Akupunktur, akupunkturzentrum-frankfurt.de

> Wenn der Geist friedlich ist, ist das Herz in Harmonie, wenn das Herz in Harmonie ist, ist der Körper ganz, wenn der Geist gereizt wird, schwankt das Herz und wenn das Herz schwankt, wird der Geist verletzt. Wenn man daher den physischen Körper heilen möchte, muss man zuerst den Geist regulieren.
>
> Meister Liu, 6. Jahrhundert n. Chr.

Das Burnout-Syndrom behandeln mit chinesischer Medizin
Das Burnout-Syndrom wird auch „psychovegetative Erschöpfung" oder „depressive Episode" genannt und bezeichnet den Zustand vitalen Energieverlustes.

Wie entsteht „Burnout"?
In der Regel würde ein Mensch tagsüber nur so viel Kräfte verausgaben, wie es seine Fähigkeiten und Kraftreserven zulassen. Der Schlaf in der Nacht bietet ihm Regeneration und neue Energie. In Phasen von Stress und Überforderung hätte er zudem das Wochenende und den Urlaub, um sich zu regenerieren.

Der Rhythmus von Yin und Yang der Lebenstätigkeit reguliert dies in der chinesischen Welt.

Wenn sich der Körper und sein Gehirn mit Zeichen von Müdigkeit oder körperlicher Schwäche melden, dann sagt uns das, dass der Körper und Geist jetzt eine Erholungspause brauchen.

Wenn der Mensch diese Signale übergeht und sich dazu zwingt weiterzumachen, meldet sich der Körper irgendwann nicht mehr.

Ein Zeichen des beginnenden Burnout besteht darin, dass sich die emotionale Erschöpfung, eine Depersonalisierung und eine verminderte subjektive Leistungsfähigkeit einstellen.

In der Arbeitswelt gibt es ein fein ausbalanciertes System. Dieses System gerät im Burnout aus dem Gleichgewicht. Auslöser können vielfältig sein: ein Vorgesetzter kommt mit neuen und hohen Ansprüchen, Konflikte und Neid unter den Mitarbeitern, Mobbing-Situationen stören die Arbeitsatmosphäre, der Arbeitsdruck nimmt zu. Was immer die Auslöser sind, sie treiben den Arbeitnehmer in die Selbstüberforderung und ruinieren damit seinen vitalen Eigenrhythmus.

Das therapeutische Konzept der chinesischen Medizin
Die chinesische Medizin mit den Therapiemethoden Akupunktur, Arzneitherapie, Tuina-Massage, Qi Gong und Diätetik sowie einer speziellen Diagnostik kann als Alternative zur Schulmedizin die Möglichkeit bieten, zunächst die verschiedenen Erscheinungsformen des Burnout voneinander abzugrenzen, die Schwächen und die Stärken im Einzelfall zu erkennen und zu behandeln.

Krankheit durch Disharmonie
Folgende Disharmonien können im Rahmen einer Burnout-Erkrankung auftreten:

*   Wenn schädigender Einfluss zu stark und häufig stattfindet und eine Harmonie nicht wiederhergestellt werden kann, entsteht Krankheit.
*   Besteht das Ungleichgewicht weiter, wird es chronisch; es kommt zu massiven gesundheitlichen Störungen, wenn wichtige lebenserhaltende Aspekte wie Ruhe und Entspannung, sanfte Rituale und Harmonie nicht mehr beachtet werden.
*   Ein Leben im Zyklus von Feuer und Holz der fünf Wandlungsphasen ohne regulierende Aspekte von Ausgleich und Ordnung. Stress und Unordnung bedürfen irgendwann bremsender und ordnender Aspekte.

Mithilfe von Akupunktur als invasive Behandlung des Einstechens von Nadeln in Punkte des Körpers kann eine Regulation stattfinden.

Man weiß mittlerweile, dass es eine neurophysiologische Wirkung der Akupunktur gibt und dabei Hormone und Botenstoffe freigesetzt werden, die einen positiven und angstlösenden Zustand erreichen können.

Auch individuell zusammengestellte Rezepturen aus chinesischen Heilpflanzen beeinflussen die Harmonie und das Befinden. Voraussetzung ist zunächst das Erheben einer chinesischen Diagnose. Diese hat die Aufgabe, so etwas wie den individuellen Reaktionsstatus des Menschen festzustellen, um dann die dazu passenden Arzneipflanzen auszuwählen. *Soweit der Gastbeitrag zur chinesischen Medizin.*

Bemerkenswert ist an diesem Ansatz, dass der Mensch und das, was auf ihn, um ihn herum und in ihm wirkt, sehr differenziert betrachtet und behandelt werden. Das eine ist nicht ohne das andere – ein Umstand, der in der westlichen Medizin oft unzulässig verkürzt und bisweilen verkannt wird. Westliche Systeme tendieren dazu, in trivialen Ursache-Wirkungs-Beziehungen zu denken und Leistung zu fordern, wie z. B. bei folgenden irrtümlichen Vorstellungen:

- Irrtum: mehr Kaffee trinken, länger arbeiten und mehr Output produzieren;
- Irrtum: Konkurrenz unter den Mitarbeitern anfeuern und höhere Leistungen herausfordern;
- Irrtum: höhere Ziele definieren und Menschen zum Verzicht auf Ausgleich überreden.

Literatur

Eaker et al. 2005. Tension and anxiety and the prediction of the 10-year incidence of coronary heart disease, atrial fibrillation, and total mortality: The Framingham Offspring Study. *Psychosomatic Medicine* 67(5): 692–696.

Freudenberger, Herbert J. 1974. Staff Burn-Out. *Journal of Social Issues* 30(1):159–165. https://spssi.onlinelibrary.wiley.com/doi/abs/10.1111/j.1540-4560.1974.tb00706.x

Maslach, Christina, Susan E. Jackson, and Michael P. Leiter. 2018. Maslach Burnout Inventory (1996–2018). https://www.mindgarden.com/maslach-burnout-inventory/685-mbi-manual.html. Zugegriffen am 04.04.2019.

Rosengren et al. 2004. Association of psychosocial risk factors with risk of acute myocardial infarction in 11.119 cases and 13.648 controls from 52 countries (the INTERHEART study): Case-control study (03.09.2004). http://citeseerx.ist.psu.edu/viewdoc/download?doi=10.1.1.630.1236&rep=rep1&type=pdf, Zugegriffen am 22.01.2019.

Pseudoplausibilitäten entkommen und absurde Aufgaben erkennen

12

Schlussfolgerungen wirken auf den ersten Blick oft logisch, plausibel und vollständig. Viele von ihnen entpuppen sich bei näherem Hinsehen und Hinfühlen aber als lückenhaft und aktualisierungswürdig.

12.1 Die Plausibilitätsfalle

Menschen folgen Mustern. Wir suchen in allem Sinn – und wir unterstellen oftmals auch dort einen Sinn, wo es keinen Sinn gibt. Dies hat die amerikanische Sozialpsychologin Dr. Ellen Langer im Jahr 1978 in einem Experiment bewiesen. Robert B. Cialdini beschreibt in „Die Psychologie des Überzeugens" (Cialdini 2010) ein bemerkenswertes Experiment von Langer, Blank und Chanowitz (Langer et al. 1978). Es kommt zu dem Ergebnis, dass die Art einer Begründung fast unerheblich ist, um Wirksamkeit zu entfalten. Entscheidend ist es, überhaupt eine Begründung zu liefern. Auch Placebo-Begründungen wirken.

© Springer Fachmedien Wiesbaden GmbH, ein Teil von Springer Nature 2020
J. Faupel, *Burnout-Prävention und -Intervention im Marketing*,
https://doi.org/10.1007/978-3-658-24453-8_12

Experiment zu Sprachmustern

Das Experiment verlief so: Die Versuchsanordnung war ein Fotokopierer in einer Bibliothek. Ellen Langer testete drei Sprachmuster, um von den anderen Wartenden an der Schlange vorbeigelassen zu werden. Im einen Fall bat sie darum, vorgelassen zu werden, weil sie nur fünf Seiten zu fotokopieren hätte. In 40 % der Fälle wurde ihrer Bitte nicht entsprochen. Wesentlich besser sah es aus, als sie ergänzte, dass sie es eilig hätte. Sie fragte also: „Können Sie mich bitte vorlassen, ich habe nur fünf Seiten – und ich habe es eilig." Hiermit hatte sie bei 94 % der Schlangensteher Erfolg. Das wirklich Erstaunliche offenbarte ein drittes Sprachmuster: „Entschuldigung, ich habe fünf Seiten. Können Sie mich bitte vorlassen, weil ich Kopien machen muss." Mit dieser absurden Pseudobegründung hatte sie in 93 % der Fälle Erfolg. Das Wort „weil" wirkte Wunder. (Langer et al. 1978)

In der Einleitung zu seinem Buch „Filter Bubble" beschreibt Eli Pariser (Pariser 2017) die damals bemerkenswerte Hausmitteilung von Google, dass man fortan allen Nutzern personalisierte Suchergebnisse ausliefern würde. Anhand von 57 Signalen der Nutzer würde es möglich werden, jedem Nutzer von Google sein eigenes Google zu servieren. So die Mitteilung damals. Zu den Signalen zählen der Browser, der Standort des Computers und der bisherige Suchverlauf. Mit offensichtlich hoher Trefferquote errechnen die Algorithmen die Wahrscheinlichkeit, dass einem Nutzer bestimmte Suchergebnisse zusagen und er diese anklickt. Und dann passiert in uns das, was ich eine Pseudoplausibilität nenne. Wenn eine Suchmaschine eine erwartungsgemäß präferierte Ergebnisliste ausgibt, dann bestätigt das meine Grundhaltung. Nehmen wir an, jemand interessiert sich für den Motorsport und sucht sonst nie nach Umweltschutz und Ressourcen. Dieser Jemand bekommt eine andere Ergebnisliste ausgeliefert als eine Person, die das Thema autofreie Stadt bevorzugt hat. Auf den ersten Blick könnte man meinen: komfortabel. Auf den zweiten Blick wird die Gefahr deutlich. Web-Suchmaschinen sind die Hauptinformationsquellen unserer Zeit. Der Weltmarktführer unter den Suchmaschinen hat so etwas wie ein ihm zugeschriebenes Wahrheitsmonopol. Wer sich auf die Daten aus dieser Quelle verlässt und sie für Informationen hält, verpasst eine Menge.

In Wahrheit sind Irrtümer dafür da, dass man sie aus der Welt schafft und für etwas sorgt, das der Wahrheit möglichst nahe kommt.

Was hier zum Thema Onlinemarketing und Suchsysteme beschrieben ist, trägt sich in ähnlicher Form Tag für Tag live in uns zu. Bezogen auf den Menschen heißt das dann: Haltung.

Diese beiden Beispiele zur Pseudoplausibilität lassen sich um viele weitere ergänzen. Darunter sind übrigens auch die sich selbst erfüllenden Prophezeiungen.

Es gibt auch einen Witz, der mit leichten Abwandlungen häufig zitiert wird und Pseudoplausibilität treffend beschreibt: „Ein Mann läuft durch die Fußgängerzone von Heidelberg [hier können Sie jede beliebige Stadt einsetzen]. Er klatscht laut in die Hände und stößt drohende Laute aus. Von einem Polizisten auf sein Verhalten angesprochen, antwortet er: *Ich verscheuche die Elefanten.* Darauf der Polizist: *Aber hier gibt es doch gar keine Elefanten.* Triumphierend sagt da der klatschende Mann: *Verstehen Sie jetzt, warum nicht?* " Es würde schwerfallen, hier das Gegenteil zu beweisen.

Stellen wir uns eine Person vor, die in den Nächten vor Präsentationen bis zur letzten Minute in der Agentur zur Verfügung steht. Sie hat sich in ihrer Abteilung einen Ruf erworben, eine Rolle übernommen. Es erscheint somit allen im Team irgendwann als normal, wie eine Tradition, dass diese Person bis in die Morgenstunden an der Präsentation feilt, die dann von der Kreativgeschäftsführung beim Kunden vorgetragen wird.

Pseudoplausibilitäten geben also nur vor, dass etwas logisch ist – das macht sie so gefährlich und kann sie zur Ursache eines Burnouts machen. Oft sind sie verbunden mit unlösbaren Aufgaben.

Wichtig in Ihrer eigenen Burnout-Prävention sind vor allem folgende Gedanken:

1. Die Tatsache des Scheiterns aufgrund von fehlenden Mitteln (Budget, Zeit, Personal) ist kein Beleg für persönliche Unfähigkeit.
2. Die Tatsache des Nichtlösens einer unlösbaren Aufgabe ist kein Beleg für mangelnde Kompetenz. Das Aufgabendesign ist mangelhaft.
3. In Fall 1 und 2 handelt es sich um Naturgesetze. Es ist natürlich, dass falsch aufgesetzte Projekte nicht gelingen können. Fehler in der Planung sind zu berichtigen, aber nicht nach unten weiterzureichen.

Change-Box: Pseudoplausibilitäten überwinden
Dies ist wieder eine Marketingmaßnahme in eigener Sache. Sie dient dazu, Ihre Aufmerksamkeit auf einen bestimmten Punkt zu lenken, hier: die Einfachheit. Damit Ihr Gehirn das Denken in einfachen Kategorien als attraktiv erkennt – und in den Denkalltag übernimmt.

Nehmen wir an, Sie sollen die nächste Kampagnenidee entwickeln, einen Werbetext schreiben, ein Mediakonzept aufsetzen und das Budget aufteilen oder einen Kreativ-Workshop mit dem Kunden planen. Das sind Aufgaben, die zweierlei erfordern:

1. Auf der Basis vorhandener Daten
2. etwas entwickeln, das es in genau dieser Form (möglichst) noch nie gegeben hat.

Manche blättern bei der Ideenentwicklung ADC-Jahrbücher (Art Directors Club) durch. Sie erhoffen sich Inspiration. Aber damit sind sie schon mitten in der Filterblase bzw. sie setzen ihrem Gehirn eine Filterbrille auf, die mehr nach „geniale Idee" zu sortieren versucht als nach „was ist hier eigentlich die Aufgabe?"

Hinzu kommt, dass beim Betrachten großartiger Kampagnen ein enormer Leistungsstress aufkommen kann. Schließlich will man mindestens so gut sein wie … ich erinnere hier an die weiter oben beschriebene Kampagne von David Ogilvy mit dem Augenklappenmann, die von den 1950er- bis 1970er-Jahren für den Hemdenhersteller Hathaway erfolgreich lief. Die Geschichte dieser Werbekampagne zeigt, dass gerade ein knappes Budget dazu führen kann, den Geist zu hohen Leistungen zu befähigen. Ogilvy suchte nach einem einprägsamen Motiv, das einfach zu fotografieren war. So entstand der Mann mit der Augenklappe. Einfacher geht es kaum. Da sie einfach und einprägsam war, lief diese Kampagne international jahrzehntelang.

Eine Pseudoplausibilität wäre die Annahme gewesen, dass man für Aufmerksamkeit etwas richtig Großes in Szene setzen müsste: also z. B. als Motiv das Empire State Building in Hemdstoff angezogen und mit einem Hubschrauber zugeknöpft. Oder ein riesiger, über der Stadt kreisender Heißluftballon in Hosenform, auf dem steht, dass es die besten Hemden in allen Größen in den Läden gibt, die Hathaway-Hemden führen.

Tatsächlich hat die Inszenierung eines nicht sehr ungewöhnlichen Motivs (Mann mit Augenklappe) in vielen verschiedenen Situationen einen hohen Aufmerksamkeitsgewinn in der Zielgruppe erzeugt.

Das heißt für Sie: Die Kampagne darf einfach sein. Entwickeln Sie nichts für den nächsten Agenturwettbewerb, das machen schon die anderen.

Lassen Sie eine Kampagne entstehen, mit der Sie die Zielgruppe in den Bann ziehen, indem Sie ein Detail betonen.

Die Prävention von Burnout kann schon dadurch begünstigt werden, dass schneller bessere Ideen entwickelt werden.

12.2   Die eigene Lebensgeschichte selbst gestalten

Haben Sie schon einmal einen Weltklasseverkäufer erlebt? So einen in sich ruhenden, unaufgeregten, der Ihnen Vertrauen vermittelt? Bei dem schon das Verkaufsgespräch dermaßen viel Freude bereitet, dass Sie allein deswegen bei ihm gekauft haben? Weil sie ihn gut fanden. Weil er das Produkt, um das es ging, selbst so liebte, dass Sie nicht anders konnten, als es zu kaufen.

Es gibt solche Naturtalente. Menschen, die einem zu Ostern noch einen Weihnachtsbaum verkaufen würden und einem Badesandalenträger Schnürsenkel.

Auch Sie haben diese Fähigkeit in sich. Sie sind dazu in der Lage, sich Ideen und Pläne so überzeugend zu verkaufen, dass Sie ihnen nachgehen.

Denken Sie an Ihre letzten gelungenen Kampagnen, Geschäfte, was auch immer. Oder Ihr Studium. Nur mit einem inneren Verkaufsprozess, in dem die Vorteile von Leistung die Nachteile z. B. von Verzicht überwogen, konnten Sie ans Ziel gelangen. Sonst hätten Sie schon auf den ersten Metern aufgegeben.

In inneren Dialogen wird Überzeugungsarbeit geleistet: Einwandbehandlung, Kundennutzen, Verkaufsabschluss – all das machen wir mit uns selbst, immer wieder.

Wir kaufen uns unsere eigenen Selbstkonzepte ab, ganz gleich, wie sie aussehen. Es gibt aufbauende und niederschmetternde Selbstkonzepte.

Der Schriftsteller Max Frisch hat hierzu in einem „Werkstattgespräch" [von 1961] einen berühmten Satz aus dem Roman „Mein Name sei Gantenbein" (Frisch 1964) vorweggenommen. Gantenbein sagt im Roman: „Jeder Mensch erfindet sich früher oder später eine Geschichte, die er für sein Leben hält." In dem Werkstattgespräch führte Frisch bereits 1961 aus:

„Jeder Mensch (ich spreche jetzt nicht vom Schriftsteller, sondern von seinem Helden), jeder Mensch erfindet sich früher oder später eine Geschichte, die er, oft unter gewaltigen Opfern, für sein Leben hält, oder eine Reihe von Geschichten, die mit Namen und Daten zu belegen sind, so daß an ihrer Wirklichkeit, scheint es, nicht zu zweifeln ist. Trotzdem ist jede Geschichte, meine ich, eine Erfindung. Und daher auswechselbar. Man könnte mit einer fixen Summe gleicher Vorkommnisse, bloß indem man ihnen eine andere Erfindung seines Ichs zugrunde legt, sieben verschiedene Lebensgeschichten nicht nur erzählen, sondern leben. Das ist unheimlich. Wer es weiß, hat Mühe zu leben." (Mayer 2017)

Max Frisch nannte es unheimlich, dass mit denselben Lebenszutaten verschiedene Lebensgeschichten entwickelt werden können. Wer um diesen Umstand weiß, kann sich die Vielschichtigkeit von Lebensgeschichten zunutze machen.

Wir können eine andere „Erfindung des Ichs" für gewünschte Veränderungen des beruflichen wie privaten Lebens erzielen.

Nehmen wir an, ein Creative Director hat sich bis jetzt die Geschichte über sich erzählt, dass er bei jeder Präsentationsvorbereitung bis zum Ende anwesend zu sein hätte. Um sich seine Tugendhaftigkeit zu beweisen, verglich er sich mit dem Kapitän, der das sinkende Schiff (sein Team, das im Morgengrauen Präsentationspappen baute) nicht verlassen durfte. Auch wenn er am kommenden Tag die Kampagne beim Kunden zu präsentieren und dementsprechend fit zu sein hatte. Das hatte ihm viele sehr kurze Nächte beschert – und Kundenpräsentationen, in denen er am liebsten spontan eingeschlafen wäre, wenn ihn da nicht einige Augenpaare mit dem gewohnt kritischen Kundenblick fixiert hätten.

Das ist so eine Geschichte. Sie ist einfach zu verändern. Statt des Bildes vom Kapitän, der den drohenden zeitlichen Schiffbruch abwendet, könnte der Creative Director ein starkes Bild nutzen. Das Bild vom Spitzenverkäufer, der um 22 Uhr ins Bett geht, um tags darauf die Glanzleistung seines Teams in angemessener Leistung beim Kunden verkauft. Der die Leistung der Agentur beim Kunden auf die Straße bringt. Wenn der Creative Director mit dieser Geschichte im Sinn um 20 Uhr nach Haus geht und gutes Gelingen wünscht, ist die Welt für alle in Ordnung.

Dieses Kapitel beginnt mit dem Hinweis auf den Verkäufer, der sein Produkt so liebte, dass Sie nicht anders konnten, als es zu kaufen.

Jetzt nur noch eine kleine sprachliche Veränderung.

12.3   Ersetzen Sie „Produkt" durch „Lebensqualität"

Es geht um Ihre Lebensqualität.

Ich wünsche Ihnen, dass Sie aus dem Kaufpreis des Buches möglichst viel Nutzen ziehen. Deshalb möchte ich Sie dafür gewinnen, als Weltklasseverkäufer für sich selbst zu arbeiten. Gestalten Sie die Veränderung Ihrer Verhaltensweisen, Denkmodelle und Ansichten attraktiv.

Das Leben ist zu komplex für triviale Muster

Fertige Handlungskonzepte lähmen uns und machen uns blind, wenn wir Aufgaben lösen sollen, die etwas komplexer sind als das Auffinden und sachgerechte Verwerten von Nahrung in der heimischen Wohnung.

Nehmen wir an, wir sollen einen alten Konflikt lösen. Dieser zeichnet sich in der Regel dadurch aus, dass alle bis dahin denkbaren, vorstellbaren Handlungsmuster gedacht und erfolglos getestet wurden (Lösungsversuche).

Auf der emotionalen Ebene hat sich hier ein gewisses Frustkontingent angesammelt. Wir können uns also vorstellen, dass jeder neue Gedanke an den Konflikt bereits eingefärbt ist. Sagen wir: rot. Womöglich auch mit Angst verbunden: Angst, zu verlieren, Angst, dumm dazustehen, Unwohlsein bei dem Gedanken daran, Fehler eingestehen zu müssen. Die Chancen stehen also denkbar schlecht, hier weiterzukommen. Das passiert aber nicht, weil wir defizitär wären. Es kommt so, weil das Gehirn OPTIMAL gearbeitet hat, optimal im Sinne von wirtschaftlich (geringer Energieaufwand).

Informationen lassen triviale Muster zu nützlichen Mustern werden

Es gibt keine Pille, keine neurochirurgische Maßnahme und auch keine Psychotherapie, die ein „Ich-konnte-das-noch-nie-lösen-und-das-ist-furchtbar-Neuron" entfernt, auflöst oder umschaltet. Ein solches Neuron gibt es natürlich auch nicht.

Dafür gibt es die Möglichkeit, durch bewusstes Hinzufügen von Informationen und Erfahrungen das Gehirn zum Dialog und zum Lernen einzuladen.

Jede Leistung des Gehirns ist eine freiwillige Leistung. Gehirne lassen sich zu nichts zwingen. Bei jedem ernstgemeinten Versuch der Anwendung von Druck oder Zwang gehen sie in den spontanen Generalstreik.

Denken Sie jetzt an eine Prüfungssituation, in der Sie sich als blockiert erlebten und bei Ihrem Gehirn (unter Zuhilfenahme Ihres Gehirns!) vergeblich um die Herausgabe des Wissens bettelten, wütend wurden, vielleicht innerlich tobten – und dann aufgaben.

Nun zu etwas Physik und zu der Frage, warum unlösbare Aufgaben in den Firmen so schnell nach unten durchsickern.

Versetzen Sie sich für einen Moment gedanklich in Ihre Schulzeit. Stellen Sie sich vor, Sie würden im Mathematikunterricht folgende Aufgabe lösen sollen:

Textaufgabe: Hans ist 48 Jahre alt und Abteilungsleiter. Er hat 12 Mitarbeiterinnen und Mitarbeiter. Das Team arbeitet in der Reklamationsbearbeitung. Der Firmenchef entscheidet sich aus Kostengründen dafür, drei der Mitarbeiter von Hans in den vorzeitigen Ruhestand zu schicken. Die verbleibenden neun Kolleginnen und Kollegen kommen täglich durchschnittlich 1,75 h immer später heim, die Leistung lässt nach. Zwei Kollegen werden vom Arzt in eine psychosomatische Klinik eingewiesen. Aufgabe: Wie lange dauert es, bis auch die übrigen Mitarbeiter in den Grenzbereich kommen? Zeichne einen Graphen, der auf der X-Achse die Einsparungen darstellt und auf der Y-Achse die steigenden Kosten durch Krankheit. Rechne beide Werte gegeneinander. Zeichne einen zweiten Graphen, der die Wettbewerbsfähigkeit des Unternehmens gegenüber Firmen zeigt, die ihre Mitarbeiter mit Wertschätzung behandeln.

Natürlich hätten Sie sich niemals an eine dermaßen dumme Aufgabe gemacht. Heutige Eltern würden einen Aufstand machen, sollte man ihren Kindern so etwas zumuten.

Aber heutige Erwachsene in Firmen übernehmen Aufgaben dieser Qualität. Hier:

- fehlende Briefings
- kaum Marktdaten
- hoher Anspruch und
- Kostendruck

Ein Beispiel
Es treffen sich ein Unternehmensinhaber und ein Agenturchef auf dem Golf-platz und vereinbaren eine Kampagne. Auch über Geld wird schon gesprochen. Aber völlig falsch kalkuliert. Dem Agenturchef fehlen Zahlen. Dem Unternehmensinhaber fehlt Wissen. So kommt es, dass sie mündlich eine Zusammenarbeit vereinbaren, die so nie funktionieren kann.

Dann, nach dem Turnier, kommt in der Agentur das Erwachen. Diese Kampagne kann so nicht funktionieren, es ist wesentlich mehr Budget nötig. Das Gegenargument: Dann müssen wir den Gürtel enger schnallen, denn hier kommt Folgegeschäft.

Und so wird das unlösbare Problem nach unten weitergereicht, bis sich jemand findet, der ausreichend gutgläubig, unwissend oder unerfahren ist, um sich anzuschicken, die Aufgabe zu übernehmen. Obwohl sie so nicht lösbar ist.

12.4 Das Sektpyramiden-Phänomen: unlösbare Aufgaben sickern nach unten durch

In Hochzeitsfilmen sieht man sie bisweilen. Wer sie noch nie gesehen hat, könnte eben mal das Internet bemühen und sie suchen: die Sektpyramide. Gestapelte Sekt-gläser werden vom obersten aus befüllt.

Wie in den Grünanlagen eines Wasserschlosses fließt der Sekt Etappe um Etappe nach unten. Bis alle Gläser randvoll sind.

Ich würde so nie trinken wollen, aber ich bin den Erfindern der Sektpyramide dankbar, weil ich somit dieses eindrucksvolle Bild zur Verfügung habe.

Es ist der natürliche Lauf der Dinge, dass alles von oben nach unten durchsi-ckert. Oft auch die Verantwortung.

Im Falle des falsch kalkulierten Agenturjobs von weiter oben könnte es so wei-tergehen: Die Agentur beauftragt eine Crowdworker-Plattform mit einer Logoentwicklung zum Preis von 100 US-Dollar. Für die Texte wird eine Plattform ausgesucht, auf der es Texte ab 2 Cent pro Wort gibt. Und so entsteht ein bestenfalls dürftiges Ergebnis. Über die Jahrzehnte ist so etwas in vielen Projekten zum Standard geworden.

Der Qualitätsverfall hat viele gestandene Werber erschöpft
Was einst eine sehr angesehene Arbeit war – Design mit Meisterhand und das Verfassen von Werbetexten, die Fachwissen und Recherche voraussetzten, Mühe machten und Erfolg brachten, wird inzwischen über austauschbare Massenfertigung abgerufen. Entsprechend sind die Ergebnisse. Entsprechend am Limit arbeiten jene Texter, Gestalter und Fotografen, die versuchen, bei Einnahmen aus einem verbrannten Werbeweltmarkt und lokalen Mieten zu überleben.

12.5 Das Sickerprinzip gilt auch im Körper

Die Abläufe in Unternehmen und Organisationen sind denen im menschlichen Körper nicht unähnlich. Es sickert auch im menschlichen Organismus von der Geschäftsführung (Gehirn) zur Basis (Füße). Für die Abläufe im menschlichen Körper kann man es sich hilfsweise so vorstellen: Die Themen, Anforderungen und Zwickmühlen laufen von der Bewusstseinsebene nach unten durch. Erst wird der Atem flacher, dann stockt er. Irgendwann streikt die Verdauung, bis es einem schließlich die Füße wegzieht.

Das ist natürlich nicht wissenschaftlich. Aber eine wissenschaftliche Abhandlung nützt Ihnen im hektischen Alltag deutlich weniger als eine bildhafte Beschreibung. Deshalb dieser Weg.

Change-Box: Eine kleine Erdungsübung
Sitzen Sie gerade am Schreibtisch? Stellen Sie beide Füße vor sich auf den Boden. So, dass sie den Boden ganz berühren. Ziehen Sie für fünf Sekunden die Beckenbodenmuskeln fest zusammen. Lassen Sie wieder los. Atmen Sie in den Bauch. Legen Sie Ihre Hand aufs Herz und sagen Sie zu sich: „Alles zu seiner Zeit." Fahren Sie danach mit der Tätigkeit fort, bei der Sie gerade waren. Nach einer Stunde wiederholen Sie die Erdungsübung, damit Sie voll und ganz im Hier und Jetzt ankommen und bleiben.

Wofür diese Übung?

Sie kann dazu dienen, zwei wichtige Grundprinzipien des Kräftehaushaltens erfahrbar werden zu lassen:

Sicherer Stand(punkt) im Leben – verbunden mit Austausch. Der Systemiker und Familientherapeut Helm Stierlin (Stierlin et al. 2004) hat zum Thema Erwachsenwerden ein bemerkenswertes Bild geschaffen: bezogene Individuation. Das heißt, in gesunder Verbindung zur Ursprungsfamilie bzw. zum Heimatsystem (Dr. Gunther Schmidt) den eigenen Weg finden und gehen. Bezogen auf die Einheit aus Körper und Geist ist gemeint: In einem geerdeten Körper den Geist durch die Welt schicken, damit er mit exotischen, wirklich neuen Ideen und überraschenden Ansichten und Konzepten ins Arbeitszimmer des Creative Directors oder der Marketingverantwortlichen im Unternehmen zurückkommt. In einem unruhigen, unsteten Körper arbeitet oft ein flatterhafter Geist, der sich kaum fokussiert. Das Kosten an dieser Blüte und das Weiterhasten zur nächsten Idee erschöpft. Wenn das über einen langen Zeitraum praktiziert wird, kann es sich manifestieren.

Ein fester Stand im jeweiligen Moment gibt Sicherheit. Sicher mit beiden Beinen im Leben zu stehen ist eine Grundvoraussetzung für Verhandlungen aller Art – und auch für das Erkennen und Ansprechen absurder Aufgaben sowie für Verhandlungen mit unseren inneren Anteilen.

Literatur

Cialdini, Robert B. 2010. *Die Psychologie des Überzeugens: Wie Sie sich selbst und Ihren Mitmenschen auf die Schliche kommen.* Bern: Hogrefe.

Frisch, Max. 1964. *Mein Name sei Gantenbein.* Berlin: Suhrkamp.

Langer, E. J., A. Blank, und B. Chanowitz. 1978. The mindlessness of ostensibly thoughtful action: The role of „placebic" information in interpersonal interaction. *Journal of Personality and Social Psychology* 36:635–642.

Mayer, Hans. 2017. ZEIT-Archiv, Literaturkritik von Hans Mayer, 18.09.1964) https://www. zeit.de/1964/38/moegliche-ansichten-ueber-herrn-gantenbein/seite-4 / Textpassage weiter oben wurde angepasst.

Pariser, Eli. 2017. *Filter Bubble: Wie wir im Internet entmündigt werden.* München: Carl Hanser & Co. KG.

Stierlin, Helm, Ulrich Clement, und Fritz B. Simon. 2004. *Die Sprache der Familientherapie: Ein Vokabular. Kritischer Überblick und Integration systemtherapeutischer Begriffe, Konzepte und Methoden.* Stuttgart: Klett-Cotta.

Das Komplexitätsparadoxon 13

Hier geht es um die Illusion, alles wäre einfacher geworden, seit wir vermeintlich mit wenigen Mausklicks globale Geschäfte tätigen können. Wird es aber nicht. Im Gegenteil.

Alles wird angeblich immer einfacher. Auf den ersten Blick scheint es so. Mit einem Klick werden Nachrichten ans andere Ende der Welt geschickt. Einfach. Und komplex. Man braucht nur an die Datenschutzbestimmungen zu denken, an die Besteuerung und die Gewährleistungen.

Wenn man von einigen Staaten absieht, die mit Sanktionen belegt sind, kann jeder mit jedem übers Internet Geschäfte anbahnen, Handel treiben und Dienstleistungsverträge schließen.

Wie bleibt man im Marketing heute handlungsfähig? Was sind die Hürden?

13.1 Was war Marketing früher? Handeln, um zu handeln

Der Begriff Marketing leitet sich aus dem lateinischen mercari, *Handel treiben,* handeln und merx, -cis, *die Ware* ab. Der Verweis auf das Lateinische bringt die Gedanken auch auf die Geschichte des Handels und der Märkte.

In den oft gelobten, guten alten Zeiten gab es einen Versorgermarkt. Wenn nicht gerade eine Dürre die Landstriche heimsuchte und eine Hungersnot folgte, hatten die Bauern und Bäcker alle Hände voll zu tun, um die Bevölkerung satt zu bekommen. Bis ins 20. Jahrhundert hinein gab es bei der Nahrung einen direkten

© Springer Fachmedien Wiesbaden GmbH, ein Teil von Springer Nature 2020
J. Faupel, *Burnout-Prävention und -Intervention im Marketing,*
https://doi.org/10.1007/978-3-658-24453-8_13

Werteaustausch auf dem Marktplatz des Ortes. Oder im Dorfladen, in der Bäckerei, beim Bauern. Vertreter der Haushalte (die Magd, der Koch) gingen zum Markt, um mit den Erzeugern von Lebensmitteln direkt Geschäfte abzuschließen.

Früher war nicht alles besser, aber anders
Der Markt, der Marktplatz in seinem ursprünglichen Sinn befand sich im Mittelpunkt der Ortschaften. Hier strömte am Markttag das Leben hin, um sich für die Zeit bis zum nächsten Markttag mit dem Notwendigen einzudecken. Dort gab es auch einen gewissen Wettbewerb. Wer am lautesten rief und am freundlichsten bediente, machte gute Geschäfte. Aber es gab nicht gleichzeitig dreißig Kartoffelhändler auf einem Marktplatz. Es gab kein Überangebot vergleichbarer Artikel. Der Mensch zog seine Runde auf dem Marktplatz, sprach mit den Menschen, verhandelte vielleicht über den einen oder anderen Preis und ging mit den Vorräten nach Hause, legte einen Teil in den Keller und einen anderen Teil in den Topf.

Marketing damals war also eine lokale und temporäre Erscheinung. Die Begleitmusik zu dem, was ohnehin stattfand: die Verteilung erforderlicher Güter in kalkulierbaren Mengen zu vereinbarten Preisen. Der Bauer, der in die Stadt kam, konnte aus seinen Erfahrungen ableiten, dass ein Anhänger mit Rüben, Kartoffeln, Rettich, Kohl, Eiern usw. in etwa den wöchentlichen Bedarf der Menschen des angesteuerten Ortes decken würde. Weil das in der vergangenen Woche so war. Und weil das schon vor fünf Jahren so gewesen war. Das lokale Markttreiben ist ein guter Einstieg, um die Mechanismen von Big Data besser zu verstehen. Damals waren da noch der Hufschmied und der Zimmermann. Man kannte sich und wusste voneinander.

Ein jeder wusste in etwa, welche Aufgabe er hatte. Es gab ein gewisses Gleichgewicht von Angebot und Nachfrage. Heute ist das nicht mehr so. Heute muss die Nachfrage künstlich erzeugt werden. Heute haben Unternehmen Geschäftsmodelle, die sie fast schon dazu zwingen, Produkte und Leistungen auf den Markt zu bringen, zu denen sie vorher erst noch Krankheiten, Probleme und Engpässe erzeugen müssen.

Zugespitzt formuliert: Heute bemühen sich in den Industrienationen ganze Marketingindustrien, bei einer satten Bevölkerung zusätzlichen Hunger und Appetit zu erzeugen.

Es ist eine unüberschaubar lange Wertschöpfungskette entstanden. Mit dem Weg einer Kartoffel haben heute viele Menschen zu tun. Sie arbeiten in Marketingabteilungen, die keineswegs alle dieselben Ziele haben.

Angesichts von Unternehmen, die Leitungswasser als Premiumwasser in Flaschen verkauft haben, stellt sich dem einen oder anderen unweigerlich irgendwann die Sinnfrage. Hinzu kommen die Fragen nach Anstand und Moral.

Big Data und die Globalisierung soll(t)en vieles einfacher machen, planbarer. Eigentlich. Es arbeiten heute jedoch – in der gleich in Abschn. 13.2 gezeigten Modellrechnung – zwölf Marketingabteilungen für eine Kartoffel. Ein einfaches Nahrungsmittel, das der Bauer früher mit dem Ochsenkarren zum Wochenmarkt brachte, ist heute ein globales Phänomen. Die Komplexität der Wertschöpfungsketten und der Logistik hat einen immensen Verwaltungsapparat geschaffen. Diesen Apparat sehen wir uns näher an. Denn wie viele Köche den Brei nicht besser machen, werden Prozesse mit vielen, die mitzureden haben, nicht einfacher.

13.2 Globalisierungsbeispiel Kartoffel – komplex und paradox

Diese Geschichte zeigt, wie die Komplexität zunimmt, während das Versprechen Konjunktur hat, alles würde einfacher. Sie beschreibt, wie viele Menschen heute mitzureden versuchen, wo früher kurze Wege die Regel waren.

- Ein junger Landwirt besitzt oder pachtet einen Acker.
- Als Newcomer in der Landwirtschaft hat dieser Landwirt einen Kredit für den Landkauf oder den Kauf von Maschinen aufgenommen.
- Er will Bio produzieren.
- Die Bank hat er gefunden, weil die Bank eine eigene Marketingabteilung (1) hat, die sich um Kunden wie ihn bemüht.
- Die Maschinen hat er gekauft, weil das Landmaschinenbauunternehmen eine Marketingabteilung (2) hat, die über ihre Werbeagentur in Fachzeitschriften Anzeigen schalten lässt.
- Nun baut der Bauer also Kartoffeln an.
- Halt. So schnell geht es nicht.
- Der Bauer benötigt Saatkartoffeln.
- Er hat heute keine große Wahl mehr, welche Saatkartoffeln er nimmt.
- Seine Abnehmer – Einkaufsgenossenschaften – schreiben ihm vor, welche Sorten sie kaufen. Und dann ist da noch die EU mit ihren Einfällen zur Regulierung.
- Die Abteilungen für Öffentlichkeitsarbeit (3) der EU haben die Politik und die Öffentlichkeit glauben gemacht, die Standardisierung von Obst und Gemüse würde zu einer besseren Versorgung der Bevölkerung und zu günstigeren Preisen führen.

- Im Hintergrund haben an dieser Geschichte der EU – kaum merklich – auch die Lobbyisten und Marketingleute der Saatmittelindustrie (4) und Chemieindustrie (5) mitgearbeitet.
- Die Einkaufsgenossenschaften, über die Saatgut bezogen wird, haben ebenfalls Marketingabteilungen (6).
- Der Verlust an Vielfalt beim Gemüseanbau hat über die Jahrzehnte hinweg massive Auswirkungen auf die Anfälligkeit für Schädlinge und Krankheiten.
- Schädlinge und Krankheiten können in Monokulturen schnell entstehen.
- Sie lassen sich mangels Agrobiodiversität kaum noch mit natürlichen Mitteln in den Griff bekommen. Außerdem ist da der Faktor Zeit.
- Der schnelle Markt gestattet es nicht mehr, eine Ackerfläche zur Regenerierung eine Saison brachliegen zu lassen.
- Auf diese Umstände weist seit Jahren eine Umweltorganisation hin, indem ihre Marketingabteilung (7) die Folgen der einseitig betriebenen Landwirtschaft durch Fachartikel und Interviews mit Biologen aufzeigt.
- Bei allem Wahrheitsgehalt dieser Öffentlichkeitsarbeit landet das Werbeblatt des Einkaufszentrums (Marketingabteilung Nr. 8) im Briefkasten. Neben Waschmittel eimerweise Kartoffelchips im Angebot. Weit unter EK, damit Kunden in die Märkte strömen.

Auf dem Boden der Kartoffeltatsachen

- Damit möglichst viele Kartoffeln in vergleichbarer Qualität auf den Markt kommen, muss einheitlich gedüngt werden.
- Das Düngemittel kommt von einem Düngemittelhersteller mit einer Marketingabteilung (9).
- Der Düngemittelhersteller ist die Tochtergesellschaft eines Chemieriesen, der mit den Einkaufsgenossenschaften der Landwirte Verhandlungen führt. Bevor der Düngemittelherstellervertreter an den Verhandlungstisch kommt, hat die Einkaufsgenossenschaft mehrere Anbieter verglichen, Unternehmensinformationen gelesen.
- Diese Unternehmensinformationen sind in einer Abteilung für Öffentlichkeitsarbeit entstanden, die ein Teil der Marketingabteilung (10) des Düngemittelunternehmens ist.
- Dessen Werbeabteilung hat die Aufgabe, Landwirte über die Verlautbarungen des Einkaufsverbandes der Landwirte davon zu überzeugen, dass sie bei ihrer Monokultur bleiben, weil die Gesamtrechnung – Aufwand für Düngemittel in Relation

zum Ertrag – auf den ersten Blick am besten aussieht. Bislang ist in unserer Geschichte übrigens noch keine einzige Saatkartoffel in den Boden gelangt.

- Bis der Landwirt eines Morgens mit dem Traktor am Feldrand steht, um die Saatkartoffeln auszubringen, waren schon zehn Marketingabteilungen aktiv.
- Er wird ein Bewässerungssystem für sein Feld einsetzen, für das die Marketingabteilung (11) eines Maschinenbauherstellers SEO-Arbeit geleistet hat.
- Irgendwann sind die Kartoffeln endlich geerntet. Mit einer Erntemaschine, die von einem Unternehmen geleast ist, das – ja – eine Marketingabteilung (12) unterhält.
- Es ist eine konstruierte Geschichte, aber jeder dieser Marketingabteilungen gibt es.

Die folgende, ebenfalls fiktive Geschichte zeigt, wie sehr die Interessen der Marketingprotagonisten in den Märkten auseinanderliegen – und wie oft Sinn und Unsinn aufeinandertreffen.

Eine fiktive Marketingkonferenz

- Nehmen wir an, es würde eine Konferenz aller Marketingleiter weltweit stattfinden. Und jeder würde über den Sinn seiner eigenen Arbeit referieren. Es wäre ein Kosmos von Widersprüchlichkeiten – und doch würde ein jeder irgendwo mindestens einmal profitieren. Profitieren im pekuniären Sinn können natürlich nur die Wirtschaftsunternehmen. Allen anderen hier erwähnten Protagonisten bliebe in Sachen Sinnfrage immer noch das Gewissen, für das man in dieser Geschichte definitiv arbeitet.
- Treten wir also in den größten Konferenzraum ein, den wir uns vorstellen können. Wer ihn sich noch nicht vorstellen kann, dem bleibt nur, ihn in seiner Vorstellung wachsen zu lassen. Mit jedem neuen Protagonisten könnte der Raum um einen Sitzplatz wachsen.
- Die Sitzung aller Marketingabteilungen weltweit wird also eröffnet, und es meldet sich – nach dem Losprinzip ausgesucht – die Waffenindustrie. Die Marketingabteilung der Rüstungsfirma preist die Durchschlagskraft ihrer Waffen an.
- Darauf antwortet das Marketing des Medizinprodukteunternehmens, man könne mit dem heutigen Operationsmaterial nach Schussverletzungen bessere Heilungsverläufe erzielen als mit dem herkömmlichen.
- Die Marketingabteilung der Friedensbewegung wiederum wirft ein, beides wäre nicht erforderlich, würde man sich gar nicht erst bekriegen, sondern in Frieden miteinander leben.
- Friede, so die Marketingabteilung des Ölkonzerns, können wir nicht gebrauchen. In Krisenregionen lassen sich mithilfe der Politik neue Ölquellen erobern.

- Hier widerspricht die Marketingabteilung der Regierung des Landes, in dem der Ölkonzern seinen Sitz hat. Man wolle ein durch und durch friedliches Weltmiteinander. Außerdem lade man Menschen aus der ganzen Welt dazu ein, das Land touristisch zu erkunden. Von Krieg also bitte keine Rede.
- Die Marketingabteilung eines Buchverlages ruft dazwischen und weist auf eine eben erschienene Publikation zur politischen Propaganda hin. Man könne nicht nach außen so tun, als sei man dem Frieden verpflichtet, um hinter den Kulissen Konflikte anzuheizen, durch die Machtvakuen entstehen, in denen im passenden Moment eine Macht kommen kann, um das Sagen anzumelden.
- Der Zwischenruf geht unter, als die Marketingabteilung der Regierung das alles als eine erfundene Geschichte bezeichnet. Man sei ein Reiseland mit vielen touristischen Attraktionen – landschaftlich, aber auch durch städtebauliche Highlights.
- Auf das Stichwort Reise meldet sich die Marketingabteilung des Online-Reisevergleichsportals. Man sei bestrebt, die billigsten Preise für Flüge online anzuzeigen. Durch diesen Service müssten die Kunden gar nicht mehr ins Reisebüro gehen. Von zu Hause aus könnten sie ihre Reise buchen.
- Die Abteilung für Öffentlichkeitsarbeit des Arbeitsamtes meldet sich zu Wort. Es sei wichtig, im Kundenservice neue Jobs zu schaffen. Die Attraktivität der Innenstädte müsse wieder gefördert werden, damit die Verödung von Stadtzentren nicht fortschreite. Immer mehr Arbeitslose meldeten sich aus dem Einzelhandel beim Arbeitsamt. Es gehe darum, die Geschäfte in den Städten zu halten, um einer Oligopolstellung weniger Lebensmittelkonzerne entgegenzuwirken. Hierfür müsse der Einzelhandel unterstützt werden. Die Initiative „Hier kauf ich persönlich ein" wurde in der Marketingabteilung des Einzelhandels entwickelt und ins Leben gerufen. So zitiert diese ihre von einigen Mitgliedern des Einzelhandelsverbandes beauftragte Kampagne.
- Halt, das sehe man anders, wirft die Marketingabteilung des Immobilienfonds ein. Die zunehmende Zentralisierung der Versorgung sei ein wichtiger Schritt zur Wertsteigerung von Innenstadtbereichen. Durch geschickte Investments könne man im Rahmen der Gentrifizierung zahlungskräftiges Klientel in die Städte bringen. Gebäude müssten modernisiert werden.
- Die Marketingabteilung des Herstellers von Heizungsanlagen pflichtet sofort bei. Eine EU-Verordnung schreibt (nach jahrlanger Lobbyarbeit der Heizungsbauerbranche) neue Heizungstypen vor.
- Der Verband der Fassadenisolierer hat von seiner Marketingabteilung eine Imagebroschüre gestalten lassen, in der die Nachteile vollständiger Fassadenisolierungen wie Schimmelbildung und Energieverlust durch einen erhöh-

ten Bedarf des Durchlüftens von Wohnungen als vernachlässigungswert beschrieben werden.

- Schimmel an sich sei heute gar kein Problem mehr, wirft die Marketingabteilung eines Chemieunternehmens ein. Man habe einen hochwirksamen Schimmelentferner entwickelt, der gefahrlos auch über einen langen Zeitraum zu verwenden sei.
- Übrigens bliebe im Falle von Allergien auf Schimmelpilze außerdem immer noch die neueste Generation eines Allergiebehandlungsmittels, vermeldet die Marketingabteilung aus dem Pharmaunternehmen.
- Im Zweifelsfall einen Arzt aufrufen, sagt der Pressesprecher des Dermatologenberufsverbandes. Ein Arztbesuch sei schließlich durch nichts zu ersetzen.
- Es sei denn, so der Marketingleiter eines Medizinprodukteherstellers, man verwende einen Allergie-Selbsttest, der die Antikörper im Blut misst und darüber mit relativ hoher Genauigkeit anzeigt, wann eine Allergie besteht. Bei einem positiven Ergebnis wäre zwar ein Arztbesuch erforderlich, aber immerhin wisse man schon etwas eher, woran man sei.

Wie kamen wir an diesen Punkt?

Zu diesem Gedanken waren wir über die Modernisierung von Innenstädten gekommen, ganz am Anfang stand die Waffenindustrie. Bleiben wir noch eine Weile bei der Konferenz.

Aus der Allergiediskussion führt jemand heraus, der schon vor einer Weile das Wort ergreifen wollte. Da ging es um die Online-Vermittlung von Flügen. Hier also wieder die Marketingabteilung des Online-Reisevergleichsportals.

- Um in den Suchmaschinenergebnissen möglichst weit oben zu stehen, arbeite man eng mit Onlinemarketing-Agenturen zusammen. Diese würden dafür sorgen, dass viele Menschen, die ursprünglich keinen Urlaub in Übersee planten, ihre Reiseplanung änderten. Eine Überseereise inklusive Reisemobil komme inzwischen schon günstiger als Ferien in einem Wellnesshotel an der Nordsee. Man mache die Welt eben kleiner, alles erschwinglicher. Die Kontinente würden zusammenrücken, so das Marketing der Flugvermittler.
- Die Kontinente werden untergehen, entgegnet die Presseabteilung der Umweltschutzorganisation. Die steuerliche Subventionierung des Flugverkehrs würde dazu führen, dass immer mehr Menschen das Flugzeug nehmen, auch auf Inlandsstrecken, die sich ohne weiteres mit der Bahn zurücklegen ließen.

- Die Marketingabteilung der Bahn meldet sich zu Wort. Die letzte Pünktlichkeitsoffensive habe viel gebracht. Es sei deutlich attraktiver geworden, quer durchs Land zu einer Konferenz zu reisen.
- Reisen? Das brauche keiner mehr heute zu tun, sagt jemand von der Marketingabteilung eines Unternehmens für Videokonferenzen. Wir können einen stabilen Videostream herstellen – Sie meinen, alle Teilnehmer säßen wirklich in einem Raum.
- Und genau das wäre das große Problem unserer Zeit: Entfremdung, so die Pressesprecherin eines Verbandes für systemische Beratung, Entfremdung und Abkopplung von sozialen Interaktionen. Es reiche eben nicht aus, sich auf irgendeinem technischen Kanal auszutauschen. Das würden die Menschen schon seit Jahrzehnten tun. Es gehe aber um mehr als um Bild- und Tonübertragung. Die tatsächliche Anwesenheit sei entscheidend, die Präsenz und das Gewahrsein von Begegnung dürften nicht unterschätzt werden als Voraussetzungen für das Gelingen von Miteinander. Um dies zu verdeutlichen, steht sie auf und reicht eine Schüssel mit Snacks herum. Jeder der Teilnehmer möge sich bedienen. Die Kamera zoomt heran. Wir sehen, was sich in der Schüssel befindet.
- Es sind Kartoffelchips. Hergestellt aus Kartoffeln des Ackers jenes Bauern, von dem eingangs hier die Rede war. So klein ist die Welt. Und während sich die Teilnehmer an den Kartoffelchips gütlich tun, nutzt dies der Pressesprecher der Gesellschaft zur Förderung der Behandlung von Adipositas für einen bissigen Kommentar.
- Er sei als Pressesprecher auch Mediziner und könne nicht verstehen, weshalb weltweit zwei Killer hofiert würden und ungehindert ihr Unwesen treiben dürften. Der Vorsitzende der Konferenz mahnt zur Mäßigung in der Wortwahl, doch der Adipositas-Gesellschaft-Pressesprecher insistiert. Fett und Zucker seien die größten Killer der Menschheit geworden, und sie würden in immer neuer Form an immer mehr Orten gegenwärtig sein. Man könne sich ihnen kaum noch entziehen. Die Getränkeindustrie, die Molkereiprodukteindustrie, Süßwaren ohnehin, aber auch Fertigprodukte, Wurst, Käse – überall sei heute unnötigerweise Zucker enthalten. Man könnte glatt den Verdacht entwickeln, der oberste Präsident des weltweiten Zuckerlobbyverbandes würde mit dem obersten Präsidenten der Pharmaherstellerlobby auf dem Golfplatz einen denkwürdigen Kuchen teilen. Erst verkauft ihr denen den Zucker – wir kommen dann mit dem Insulin hinterher. Der Mann redet sich in Rage.

An dieser Stelle machen wir einen Schnitt, damit nicht noch mehr infame Vorwürfe in die Welt gesetzt werden. Natürlich ist das reine Fiktion. Dies sei dem Leser an dieser Stelle ausdrücklich zugesichert.

Diese Geschichte soll etwas anderes deutlich machen. Sie soll das Paradoxon verdeutlichen, dass in einer globalisierten, digitalisierten Welt der allgegenwärtigen Verfügbarkeit und Erreichbarkeit vieles deutlich komplexer statt einfacher geworden ist. Das gesamte Leben ist komplexer geworden, mit mehr Aus- und Wechselwirkungen verbunden, und das nicht nur im Marketing. Das Stimmengewirr in der fiktiven Marketingkonferenz könnte für die Stimmen stehen, die wir in uns vernehmen, wenn wir abwägen, wie wir unsere Loyalität gerecht auf alle verteilen könnten, die etwas von uns erwarten.

Change-Box: Kommunikationsmaßnahme, um Loyalitätskonflikte zu entlarven und zu entschärfen
Die Treue zu sich selbst und in der Folge zur Familie, die man unter Umständen (mit)versorgt, darf man zu den vornehmsten Pflichten im Leben zählen. In dieser Treue lässt sich viel Arbeit stemmen – aber nur so lange, wie dies mit unseren Werten einigermaßen im Einklang steht.

Fragen Sie sich bei unüberschaubar großen Anforderungen: Wie könnte ich das gegenüber meiner Beziehung bzw. Familie oder meinen Freunden begründen? Würde sie mir zu dieser zusätzlichen Aufgabe raten? Oder würde sie es vorziehen, freie Sonntage mit mir zu verbringen?

Fragen Sie sich außerdem: Hat mir jemand diese Aufgabe ausdrücklich gestellt? Oder habe ich mir nur vorgestellt, dass dies und jenes jemand von mir erwarten könnte?

Finden Sie ehrliche Antworten auf diese Fragen und überlegen Sie, wie Sie einen „Change" einleiten können.

Von Heldentaten hat keiner etwas (s. Denkmal in Abschn. 3.1). Die Familie nicht und auch nicht die Agentur bzw. die Marketingabteilung des Unternehmens.

Das Marathonprinzip 14

14.1 Warum schafft der eine den Marathon, aber der andere nicht die Präsentation?

Sind Sie schon einmal einen Marathon gelaufen? Oder kennen Sie jemand, der es getan hat? Gut möglich, dass Sie wissen bzw. gehört haben, was grenzenlose Erschöpfung sein kann.

© Springer Fachmedien Wiesbaden GmbH, ein Teil von Springer Nature 2020
J. Faupel, *Burnout-Prävention und -Intervention im Marketing*,
https://doi.org/10.1007/978-3-658-24453-8_14

Kein Arzt würde am Marathon-Zieleinlauf warten und pauschal alle Läufer krankschreiben, weil sie zum Umfallen erschöpft sind. In aller Regel sind die Menschen am Marathonziel überaus glücklich. Lesen Sie hierzu mehr im Kapitel „Gesunde Erschöpfung" (Abschn. 5.1).

Warum laufen manche Menschen 42,195 km in sengender Hitze und meistern
diese Strapaze? Sie überwinden große Hürden, wenn sie sich für eine Form von
Höchstleistung entscheiden; weil sie monatelang dafür trainieren und ein Ziel vor
Augen haben. Und weil sie für die notwendigen Ressourcen sorgen – bzw. für
Menschen am Straßenrand, die sie unterstützen.

Warum dekompensieren Menschen gleichzeitig in klimatisierten Büros, obwohl
sie dort gar keine körperlichen Höchstleistungen vollbringen? Die Antwort ist
komplex und einfach zugleich: weil viele Arbeitnehmer in Büros Höchstleistungen
erbringen, ohne in diesen einen Sinn zu sehen und ohne ein konkretes Ziel zu haben. Wie das?

Heißt das, alle arbeiten planlos?
Nein, natürlich nicht. Aber hinter Kampagnenplänen, Mediaplänen und Wochen-
plänen stehen oft keine erreichbaren Ziele. Entweder sind die Ziele utopisch hoch
gesteckt – oder so nebulös formuliert, dass sie ebenfalls nicht erreichbar sind.
„Umsatzsteigerung" ist so ein nebulöses Ziel. Oder „Bekanntheit". Oder „Sicht-
barkeit im Web."

Besonders in den kreativen Berufen ist das Verheizen der eigenen Energiereserven ein Risiko. Junge, engagierte Kreative arbeiten oft buchstäblich bis zum Umfallen. Und Pitch für Pitch wiederholt sich das gleiche Szenario: Arbeiten bis in die Nacht – ohne Überstundenregelung.

Die Nachtschicht vor der Präsentation. Immer wieder das gleiche Spiel.
Die Agentur präsentiert schließlich kostenlos beim Kunden. Der hat gleich vier Agency-Networks zum Pitch eingeladen. Und er erwartet eine ordentliche Materialschlacht, ein Ideenfeuerwerk. Gratis.

Da ist es doch klar, so die agenturinterne Logik, dass man auch in der Agentur unentgeltlich arbeitet … Eine seltsame Logik.

▶ Sehen Sie sich zum Thema kostenlose Agenturarbeit unter dem Hashtag #saynotospec bei YouTube das so amüsante wie nachdenklich machende Video der Agentur *Zulu Alpha Kilo* an. Es hatte Mitte 2019 ca. 2,6 Mio. Aufrufe. Möge es eine nachhaltige Wirkung haben!

Es geht hier um das Arbeiten ins Blaue hinein. Wie wenn man zu einem Marathon aufbricht, ohne die Strecke zu kennen und ohne das Ziel. Das erschöpft psychisch schon am Start.

Das konkreteste aller denkbaren Ziele wäre hier gerade noch der Gewinn eines Preises, der dann in der Werbeagentur im Glaskasten steht.

Schneller, höher ... scheitern

Ja, wir leben in einer Marktwirtschaft. Und die ist leistungsorientiert. Alles in Ordnung, grundsätzlich.

Es wäre wohl wirklich alles in Ordnung, wenn alle akzeptieren könnten, dass es ein natürliches Vorkommen und Abnehmen von Ressourcen gibt. Auch in der Business-Welt.

Das Prinzip des „Schneller, höher, weiter!" hat schon viele Menschen in arge Bedrängnis gebracht. Für eine gewisse Zeit funktioniert es tatsächlich. Doch dauerhaft leidet darunter alles. Die Arbeit, die Familie, das Glück.

Das Gehirn klinkt sich ab einem bestimmten Belastungs- und Übermüdungsgrad aus. Dies ist nun zur Abwechslung nicht nur eine bildhafte Beschreibung. Es ist wissenschaftlich belegt.

Die Sicht von Agenturleuten I

Kurzinterview mit Michael Kathe, Creative Director bei Serviceplan Suisse

In welchen Jobs in Werbeagenturen ist man aus Ihrer Sicht dem größten Stress ausgesetzt?
Kommt auf die Struktur der Agentur an. Es gibt Kunden, die sich so intensiv mit der Berater(=Kontakter-)Seite beschäftigen, dass die Beratung länger in der Agentur sitzt als die Kreation. Üblicherweise ist das in Kreativagenturen die Kreation.

Was sind Ihrer Meinung nach im Marketing die Ursachen für gesunden Stress?
Die Deadlines, die uns immer gesetzt werden – intern wie extern – können, wenn sie sich in vernünftigem Zeitrahmen bewegen, einen gesunden, die Innovation und den Spirit fördernden Effekt haben.

Was verursacht in der Marketingwelt den meisten negativen Stress?
Timings. Die werden mit zu hohen Ansprüchen oft enger.

Was könnte in der Marketingbranche mehr für die Gesundheit von Kreativen getan werden?
– Innovativ wäre ein Ort für Mittags-Naps – doch das ist bei uns kulturell (noch) nicht so akzeptiert.
– Die sorgfältige Planung und den Möglichkeiten angepasste Ansprüche nehmen den Wind aus den Stresssegeln.
– Das Verhalten Vorgesetzter hat einen enormen Einfluss auf Stressempfinden.

Die Sicht von Agenturleuten II
Kurzinterview mit Evgeni Sereda, Marketingverantwortlicher DACH Region bei SEMrush & Onlinemarketing-Experte

In welchen Jobs in Werbeagenturen ist man aus Ihrer Sicht dem größten Stress ausgesetzt?
Neben der Kundenakquise ist es die Beratung. Kundenkontakt ist oft mit unvorhersehbaren Risiken verbunden, denn jeder Mensch tickt, denkt und reagiert anders. Seine innere Energie spürt man. Man nimmt Positives wie Negatives mit sich.

Was sind Ihrer Meinung nach im Marketing die Ursachen für gesunden Stress?
Das sind die echten, sprich real erreichbaren Herausforderungen, die direkt mit Vertrauen seitens des Unternehmens und der Freiheit bei der Entscheidungsfindung einhergehen. Voraussetzung ist es, dass man mit dem Herzen bei der Sache ist.

Was verursacht in der Marketingwelt den meisten negativen Stress?
Probleme im Team oder im Unternehmen sowie gegenseitiges Misstrauen wirken sich negativ auf die Arbeitsprozesse aus. Ungenaue Ziele, fehlende Brand-Message und unstrukturiertes Management sind weitere Stressfelder.

Was könnte in der Marketingbranche mehr für die Gesundheit von Kreativen getan werden?
- Zusammenhalt in den Teams, zwischen den Teams und im Unternehmen fördern – aber nicht fordern.
- Interessant sind die Wochen mit 4 Arbeitstagen.
- Management, Management und nochmals Management. Agiles Management kann nicht ohne Coaches und Scrum-Master funktionieren. Achten Sie auf eine klare Struktur mit viel Freiraum.

14.2 Kontextbezogene Grenzen erkennen

„Unmöglich!" Dieses Wort löst bei vielen einen innerlichen Proteststurm aus. Das werden wir schon noch sehen, was hier unmöglich ist, es wäre doch gelacht.

Grenzen zu verschieben, sich nicht mit dem erstbesten Nein abzufinden ist grundsätzlich gut, jedoch:

Wird die Lösungssuche zum dauerhaft-hektisch angewandten Prinzip, verführt das dazu, den Blick für feste Kenngrößen wie Zeit, Raum, Kraft, Nerven, Budget und Märkte aus den Augen zu verlieren.

Es ist schmerzhaft, auf halber Strecke mit Warnblinker (Schwindel, Migräne, Schlaflosigkeit, Angstzustände usw.) vom Alltagsrand aus zuzusehen, wenn einen die Kollegen oder die Wettbewerber überholen, nachdem man mit leerem Tank liegengeblieben ist. Weil man den anzunehmenden Aufwand ignoriert hatte. Weil die Mittel vorübergehend erschöpft sind. Dies ist übrigens eine Metapher für das Burnout-Syndrom.

Grenzen liefern wertvolle, oft lebensentscheidende Informationen:

- der beschilderte Übergang vom Nichtschwimmerbecken zum Bereich für Schwimmer;
- der lebensnotwendige Abstand zu einer Hochspannungsleitung;
- der Sicherheitszaun vor einem Abgrund;
- das Tempolimit auf einer kurvenreichen Strecke.

Kann es gesund sein, Grenzen wie die hier genannten zu ignorieren?

▶ **Warum halten Menschen zu Hochspannungsleitungen Abstand, nicht aber zu Aufgaben-Überlasten?**

Limitierungen sind eine gute Sache, nicht nur im Hinblick auf künstliche Verknappungen zur Steigerung der Attraktivität von Leistungen oder Produkten.

Limitierungen zeichnen das Leben aus. Das unweigerliche Ende dieses Erdenlebens kann als Einladung genutzt werden, die Grenze an sich nicht als Manko zu interpretieren, sondern als Rahmenbedingung für Entwicklung.

Wir können die Sache mit den ignorierten Grenzen an einem einfachen Beispiel ansehen: Es ist, als wollte man ein kleines Behältnis mit dem Inhalt einer Badewanne füllen und sich dabei einreden, es würde nur am Willen mangeln, wenn man dabei scheitert – während alles überläuft.

Das ist bewusst sehr verkürzt dargestellt. Es gibt weder genau die einen noch die anderen. Aber es gibt signifikante Denk- und Lebenskonzepte. Aus den vielen auffälligen Mustern können einzelne Wirkfaktoren isoliert werden:

- Wertvorstellungen, denen unbedingt zu folgen wäre.
- Überlieferungen, die bis zu ihrer Überprüfung kritiklos weitergereicht und übernommen werden.
- In ihrer Gestaltung unerfüllbare Aufträge, die in Organisationen von oben nach unten durchgereicht werden (Sektpyramidenprinzip).
- Verdienstkonten (vgl. auch Stierlin et al. 2004).

- Die Fabel vom fabelhaften Mitarbeiter, der dann doch entlassen wird, wenn er wegen Erschöpfung dauerhaft ausfällt.

▶ Unmöglich? Wie kann es möglich werden?

Hier sind wir bei einer entscheidenden Differenzierung für den kleinen Alltag und auch für die großen Lebensformate angelangt. Hier wird aktuelle Unmöglichkeit zur Frage, in welchen Rahmenbedingungen etwas möglich sein könnte. Zu einer bestimmten Zeit und im jeweiligen Kontext ist vieles unmöglich. Ein Produkt kann nicht ausgeliefert werden, solange es nicht existiert. Aber es kann in Form von Bestellungen und Anzahlungen verkauft werden, bevor es produziert wird. Unternehmen nutzen dies zur Finanzierung. In der Immobilienbranche wird das seit Jahrzehnten so praktiziert. Es gibt aber Aussagen, die geradezu zum Burnout-Verhalten verführen.

Wie konnte Toyota mit der nachweislich falschen Tatsachenbehauptung – nichts wäre unmöglich – im Markenclaim so viel Zustimmung finden? Werbung soll überspitzen, das ist schon richtig. Aber nicht in die Irre führen, auch nicht unterschwellig.

Doch, das ist durchaus nicht möglich – zumindest nicht so

Niemand springt über eine zu breite Schlucht, ohne in sie zu fallen. Das leuchtet beim Bild einer Schlucht ein. Oft aber wird ausgeblendet, wenn sich andere Schluchten im Leben auftun:

* zu wenig Zeit
* zu kleines Budget
* keine Kraft mehr

Die Grenzen des Möglichen zu erkennen, das zählt zur Grundausstattung eines gelingenden Menschenlebens. Schon vor zehntausenden Jahren mussten sich unsere Vorfahren eingestehen, dass sie nicht schneller laufen konnten als der Säbelzahntiger. Dies ist und bleibt unmöglich. Und dies zu ignorieren, hätte kaum anders als tödlich geendet.

▶   Heute lauern nicht mehr die Säbelzahntiger, sondern lächelnde
      Angebote von grenzenloser Verantwortungsübernahme.

Der Mensch selbst hat erhebliche Gefahren geschaffen. Dazu zählt die Fehleinschätzung des Machbaren. Auf allen Ebenen.

Es führt in die Bedrängnis und zur grenzenlosen Erschöpfung, wenn der Mensch seine Grenzen ignoriert, die Machbarkeit zum Nonplusultra erhebt.

Die modernen Gefahren liegen in der Ausblendung uralten, immer wieder bestätigten Wissens. In der Selbstüberschätzung der Gesellschaft liegt eine der Hauptursachen für ihre Erschöpfung.

Change-Box: Präventionsangebot zwischen den Zeilen
Denken Sie gelegentlich bei guter Laune über Demut nach. Heitere Demut befähigt zur Bereitschaft, größere Aufgaben als solche anzuerkennen, sich zu besprechen und Termine alltagstauglich zu setzen.

Die Lüge vom vermeintlichen Mittelmaß
Mittelmaß, Mittelwert, Mittelschicht, Mittelstand. Überall kommt auch Mitte vor.

Demagogen, die jegliches Mittelmaß zum Spießertum herabwürdigen, sind die wahren Treiber in der Burnout-Manege. So werden Jobs mit völlig überzogenen Erwartungen an sich selbst und die Zielgruppen gestartet. Vor lauter Großartigkeitsanspruch geraten die nächsten logischen Schritte aus dem Blick.

Wenn es Ihr Anspruch ist, eine ADC-Cannes-Hauptpreis-Kampagne für ein Publikum zu kreieren, das nur auf den Moment der ersten Schaltung Ihres Spots gewartet hat, haben Sie im Vorfeld schon viel Energie verbrannt.

Warum Demut ein guter Ratgeber ist

Demut ist ein Begriff, der in einer flirrenden Umgebung keine Konjunktur und keine Lobby hat. Das ist zwar grundsätzlich etwas schade, weil es zu einem gewissen Abrutschen der Umgangskultur im Marketing geführt hat. Zu besichtigen ist das z. B. bei der Werbung für Telefontarife. Und nun zum positiven Aspekt (Utilisation), zur Lichtseite, die zu jeder Schattenseite gehört:

▶ Demut ist heute eine Nische. In dieser Nische können Sie sich ausgezeichnet entwickeln.

Pareto-Optimum. Ein Auto fährt mit 130 km/h bei optimalem Verbrauch in Richtung Ziel. Erhöht der Fahrer die Geschwindigkeit, wird ein ungeplanter Tankstopp erforderlich, durch den das Ziel später erreicht wird als im Fall des Beibehaltens der Reisegeschwindigkeit.

Technische und natürliche Grenzen heute

Auf der Ebene des praktischen Alltags ist das Konzept der Grenze in vielen Bereichen allgemein anerkannt.

- Der Treibstoff im Tank des Autos erlaubt eine gewisse Reichweite. Mehr nicht.
- Das Anzeigenbudget ist bei einer definierten Grenze verbraucht. Ende.

- Die Zeit bis zum Präsentationstermin wird nicht zunehmen.
  Auch nicht durch Nachtschichten.
  Over.

Sobald wir diese Ebenen verlassen, sobald Budgets, Deadlines, Aufwand und Ertrag nicht mehr genau quantifizierbar sind und feste Größen nicht mehr beachtet werden, beginnt die Verführung zur Grenzenlosigkeit.

Grenzenlosigkeit als Türöffner für Maßlosigkeit und Selbstüberschätzung
In einer Leistungsgesellschaft steht das Thema *Grenze* naturgemäß weit unten auf der Beliebtheitsskala.

Der Werbespruch der Japaner, demzufolge nichts unmöglich sei, ist eine plakative Überspitzung der Idee grenzenloser Machbarkeit. Marketingsprache neigt zur Übertreibung. Um so wichtiger ist es, immer wieder auf den Boden des Büros zu finden und Briefings einzufordern.

In vielen Fällen bestehen bestenfalls vage Vorstellungen von möglichen Erfolgen mit einer Werbekampagne.

Ähnliches passiert, wenn wir im Beruf wie im privaten Alltag Aufgaben übernehmen, die zu groß sind. Oder unklar. Oder alles zusammen.

Zusammenfassung

- Grenzen sind lebensnotwendig. Die Haut unseres Körpers ist unsere nächste und unsere deutlich fühlbare Grenze zur Welt. Wenn wir uns in unserer Haut nicht wohlfühlen, könnten Grenzen infrage gestellt sein.
- Vieles ist unmöglich. Manches bleibt unmöglich. Von dem vielen, was aktuell unmöglich ist, kann etliches unter veränderten Vorzeichen und Kontextbedingungen realisierbar werden. Der Fokus sollte hier auf der Frage liegen: Wenn nicht so, wie womöglich dann?
- Erschöpfung und Ausbrennen entstehen typischerweise im Kontext von fortgesetzter Grenzüberschreitung, die wir hinnehmen bzw. aktiv betreiben. Jemand lässt sich zumuten, dass seine Arbeit herabgewürdigt wird. Ein anderer verwechselt eine Marathonstrecke mit einem Abendspaziergang, verkalkuliert sich. Wieder ein anderer vermutet, er müsse als Held Karriere machen; verzichtet auf Feierabend, Nachtschlaf, Rückzug – und fordert dann von der Welt seinen „gerechten Lohn". Dieser bleibt in der Regel aus, weil die Welt keine Helden bestellt.
- Hilfreich ist bei Heldenkonzepten die Frage: Geht es für den Start auch drei Nummern kleiner? Oder wenigstens zwei?

Erschallt bei der Frage nach dem „Muss das jetzt sein … und muss es so schnell passieren und so groß werden" ein spontanes Nein, ist es angebracht, das Projekt auszusetzen und auf Wiedervorlage zu nehmen. In ein, zwei Wochen kann die Sache anders aussehen. Dann können die Euphorika (analog zu Aphrodisiaka), die uns den Marsch ins Ungewisse als Abenteuer vorgaukeln, verflogen sein. Dann kann eine realistische Projektbetrachtung folgen – und in deren Folge ein Überdenken stehen kann. Oder auch die friedliche Aufgabe der Idee.

Change-Box: Werbeblock für Auftragsklärung
Präventionsangebot zwischen den Zeilen: Zum Schutz Ihrer Ressourcen vor Verausgabung klären Sie mit Ihrem Auftraggeber genau ab, was das Ergebnis Ihrer Arbeit sein soll. Außerdem ist es wichtig, das gewünschte Ergebnis (Kommunikationsziel) Ihrer Arbeit präzise zu formulieren. Das erleichtert es Ihnen, eine präzise Arbeit abzuliefern.
Präsentieren Sie Ihrem Chef ein leeres Blatt Papier (nein, nicht einen leeren Bildschirm). Schreiben Sie in seinem Beisein auf das Papier, was später auf dem Papier (oder dem Bildschirm) zu sehen sein soll.
Und: Definieren Sie unbedingt die verfügbaren und die ergänzungsfähigen (Zeit-)Ressourcen.

14.3 Ein übermüdetes Gehirn kämpft gegen sich selbst

Im Zustand der Übermüdung – also nach einem buchstäblichen Marathonlauf des Gehirns – werden wir aggressiv, depressiv, aufmerksamkeitsgestört. Hierzu ist reichlich wissenschaftliche Literatur vorhanden. Diese ist im Anhang zitiert, damit Sie damit im Zweifelsfall zu Ihrem Chef gehen oder es sich selbst zu Herzen nehmen, wenn Sie Ihr Chef sind. „Wer nicht schläft, wird dumm" (Spork 2007).

In der Physik ist es jedem Sachkundigen klar. Maschinen laufen ein Stück weit unterhalb ihrer Belastungsgrenzen am besten. Das gilt für Verbrennungsmaschinen (Motoren) wie für Produktionsmaschinen und Verpackungsmaschinen. Und es gilt für das Pareto-Optimum (nicht zu verwechseln mit dem Pareto-Prinzip in Abschn. 4.3).

Pareto-Optimum – oder: besser geht's nicht
Der Ingenieur, Ökonom und Soziologe Vilfredo Pareto (1848–1923) hat den Zustand eines Systems beschrieben, der nicht mehr optimiert werden kann, ohne einzelne Eigenschaften des Systems zu verschlechtern. Sehen wir uns ein Auto an,

dessen Motor im optimalen Drehzahlbereich und damit am wirtschaftlichsten arbeitet, wenn das Auto mit konstant 130 km/h auf der Autobahn fährt. Parameter des beobachteten Systems sind die Spritmenge im Tank, das Reisebudget und die Ankunftszeit der Besatzung des Autos. Am Ziel findet eine Veranstaltung statt. Wenn der Fahrer die Geschwindigkeit hält, kommt die Reisegruppe pünktlich am Ziel an. Dies hat das Navigationssystem errechnet. Der Treibstoff wird bei dieser Fahrweise bis ans Ziel reichen. Würde aber der Fahrer die Geschwindigkeit deutlich erhöhen, um eher am Ziel zu sein (Optimierung der Reisedauer), hätte dies einen Mehrverbrauch zur Folge. Man würde zum Tanken anhalten müssen, Zeit verlieren und eine zusätzliche Geldmenge ausgeben, die nicht eingeplant war. In einem (zugegeben sehr konstruierten Fall) würde die Reisegesellschaft wegen des nötig gewordenen Tankstopps zu spät am Zielort eintreffen und hätte zudem nicht mehr ausreichend Bargeld zur Verfügung, um für alle den Eintritt zu der Veranstaltung zu bezahlen. Das Pareto-Optimum ist in diesem Fall die Reisegeschwindigkeit mit dem Bezug zum Budget.

„Selbst wenn es eine Lobby gäbe – man würde keinen Vorstand finden"

„Demut hat keine Lobby"

Wie können Sie das Prinzip des Pareto-Optimums auf die Einteilung Ihrer Ressourcen im Marketing nutzen? Einige Beispiele für Systeme, die den optimalen Bereich verlassen und heißlaufen können:

- Eine Werbeagentur hat die ideale Anzahl an Kunden. Jeder zusätzliche Kunde würde dazu führen, andere Kunden weniger gut zu bedienen – und in der Folge zu verlieren.
- Ein PR-Büro hat sieben Mitarbeiter und für jeden genau einen Bildschirmarbeitsplatz. Alle sind ausgelastet. Der Inhaber befolgt die Empfehlung einer Unternehmensberatung, man solle sich im Sinne einer Wachstumsstrategie größere Räume zulegen. Um dort die gestiegenen Mietkosten zu decken, erhöht der Inhaber des PR-Büros die Preise und entwickelt eine aggressivere Akquisestrategie. In der Folge laufen ihm die Angestellten und die Kunden davon.

Das Pareto-Optimum braucht natürlich nicht nur als Ausgangspunkt gesehen zu werden, den man nicht verlassen darf, um das Optimum nicht zu gefährden. Es kann auch als Zielpunkt verstanden werden, bei dessen Erreichen Kosten sinken und die Erschöpfung abnimmt:

- Ein Grafiker (Freiberufler) entscheidet sich dazu, einem Kunden zu kündigen, der ihn ständig im Honorar herunterhandelt und zudem die meisten Änderungswünsche hat. Er gewinnt dadurch Zeit, schont seine Nerven und schläft besser. Mit neuer Kraft übernimmt er von einem bestehenden Kunden einen weiteren Auftrag. Das Gesamtergebnis: ein Kunde weniger, mehr Ertrag, größere Zufriedenheit und Optimierung der Gesundheit.
- Es kann sich lohnen, im Hinblick auf die Pareto-Optimierung nach Möglichkeiten zu suchen, sich von Energie-, Zeit- und Nervenfressern zu verabschieden.
- Nicht mehr aktuelle Überzeugungen, z. B. ich sollte diesem Kunden meines Vorgängers treu bleiben, weil er ein Kunde der ersten Stunde (s. auch Pseudoplausibilität) ist.

Kurzfristige Lastspitzen sind selten ein Problem – bei einer intakten Maschine nicht und auch nicht für einen gesunden Menschen. Vorübergehender heftiger Stress kann sogar zu Höchstleistungen führen. Dies gilt jedoch nur für Ausnahmesituationen. Redner und Schauspieler finden häufig erst nach überwundenem oder bei vorhandenem Lampenfieber zur Höchstform. Hier ist der heftige Stress ein produktiver Stress, weil das Adrenalin in Leistung umgesetzt werden kann.

Menschen auf Bühnen und in anderweitig exponierter Position behalten ihre Fassung, solange sie die Übersicht haben. Gemeint ist weniger die Übersicht eines Vortragenden im Saal auf das Publikum. Es geht um Übersicht in Form von inhaltlicher, fachlicher Orientierung, die Menschen in ihrem Lebensbereich – als Vortragende auch in ihrer beruflichen Professionalität – haben. Und es geht um eine Perspektive, die mit Sinn zu tun hat. *Am Ende dieses Vortrags oder am Ende dieser*

Arbeitsphase wird ein Ergebnis stehen. Wenn dieses Ergebnis schon im Vorfeld zu erahnen ist, wird der gesamte Vorgang (das Telefonat, die Präsentation, das Projekt usw.) realisierbar wirken. Und deshalb realisierbar sein.

Change-Box: Innerer Film in Zeitlupe
Wenn Sie sich wieder einmal in einer hochfrequenten Arbeitsphase befinden, stellen Sie sich selbst für einen Moment in Zeitlupe vor. Sehen Sie, wie Sie in Zeitlupe und lautlos und schwerelos durch den Orbit der Jobs gleiten. Betrachten Sie Ihre Situation von oben – und fragen Sie sich: Wie wird es sich auswirken, wenn ich für einige Momente/Stunden/Tage etwas langsamer mache, mir Entlastung hole? Wird sich die Erde weiterdrehen?

Literatur

Spork, Peter. 2007. Wer nicht schläft, wird dumm (08.02.2007). https://www.tagesspiegel.
    de/weltspiegel/gesundheit/wer-nicht-schlaeft-wird-dumm/808368.html. Zugegriffen am
    16.05.2018.
Stierlin, Helm, Fritz B. Simon, und Ulrich Clement. 2004. *Die Sprache der Familienthera-
    pie: Ein Vokabular. Kritischer Überblick und Integration systemtherapeutischer Begriffe,
    Konzepte und Methoden.* Stuttgart: Klett-Cotta.

Das sollten Sie ab jetzt stets beachten – die Kernerkenntnisse aus diesem Buch

Burnout-Zustände entstehen durch das ständige Leben am Limit und über das Limit hinaus. Mit fast leerem Tank auf große Fahrt gehen? Das führt bald mit Warnblinker auf den Standstreifen. Warnblinker (Schwindel, Wut, Konzentrationsprobleme) sind Retter in Verkleidung.

Burnout vorbeugen – die Checkliste

- Signale von Körper und Seele erkennen und nutzen
- Rahmenbedingungen anpassen – welches Framing geben wir einer Situation – welcher Kontext ist außerdem wichtig
- Stabilität sichern – wie schaffen wir Verhältnisse, in denen wir vertrauensvoll arbeiten können

Signale erkennen und nutzen

- Luftnot
- Schwindel
- Verdauungsbeschwerden
- Durchschlafschwierigkeiten

© Springer Fachmedien Wiesbaden GmbH, ein Teil von Springer Nature 2020
J. Faupel, *Burnout-Prävention und -Intervention im Marketing*,
https://doi.org/10.1007/978-3-658-24453-8_15

- Gereiztheit
- Konzentrationsschwierigkeiten …

… als Signale erkennen, die auf Veränderungsbedarf hindeuten.

Anliegen und Veränderungsbedarf identifizieren – Rahmenbedingungen anpassen

- Was fehlt mir?
- Welche Aufgabe ist so (noch) nicht erfüllbar?
- Wo fehlen mir klare Briefings?
- Wo gibt es kein Ziel, keine Verabredung?
- Bestehen Interessenskollisionen oder Loyalitätskonflikte?
- Wie bekomme und gebe ich die notwendigen Informationen?
- Von der geforderten Perfektion zur gesunden Ambivalenz: Während Unwägbarkeiten in der Welt sind, kann ich mit Selbstsicherheit gute Kommunikation entwickeln.

Muster erweitern und utilisieren

- Denkvorgänge, Bewertungen und Verhaltensweisen laufen meistens in lange eingespielten Bahnen und Mustern. Viele Muster lassen sich nicht über Nacht ändern, dafür sind sie zu stabil. Aber so gut wie alle Muster lassen sich erweitern, ergänzen
- Ein Klassiker für die Mustererweiterung ist die Formel: „Das [Anmerkung: das unerwünschte Muster] erinnert mich daran, dass ich in diesem Punkt schon weiter bin …" Mit so einer verinnerlichten Formel lassen sich sogar eingefahrene Muster verwenden, nutzbar machen (utilisieren)

Kleinste Veränderungsmöglichkeiten finden

Veränderungen scheitern, wenn sie scheitern, oft nur am zu großen (vermuteten) Format. Da das Gehirn ökonomisch arbeitet, ist es sinnvoll, zuerst kleine Stellen der Veränderung zu finden: Ein Tropfen Öl für eine seit Jahren quietschende Küchentür kann den Alltag schon um Klassen aufwerten. Das ist allemal sinnvoller als gleich den Wohnort zu wechseln. Finden Sie (im übertragenen Sinn) quietschende

Türen und klemmende Schubladen in Ihrem Arbeitsalltag, im Umgang mit Ihren Teams und Kollegen. Sorgen Sie für hilfreiche, reibungsarme Abläufe.

Für Stabilisierung und Stabilität sorgen

* Bieten Sie Ihrem Gehirn Eselsbrücken an (Eselsbrücken sind etwas für kluge Leute, weil sie sich damit den Kopf fürs Denken freihalten).
* Entlasten Sie sich im Alltag, indem Sie Ihrem Gehirn Prokura geben, Jobs anvertrauen. Über die Verdauung und den Gleichgewichtssinn denken wir nicht nach, sie sind von sich aus da. Genauso ist das Gehirn dazu in der Lage, in Selbstorganisation gute Strukturen zu entwickeln. Es braucht dafür nur ein stimmiges Zielbild.

Der optimale Zeitpunkt für die erste kleine Veränderung ist der aktuelle Moment

Geduld lernen wir am besten im Autobahnstau; Friedfertigkeit können wir genau dann trainieren, wenn uns der Hut hochzugehen droht; zur Zuversicht finden wir mitten in einer terminlich aussichtslos wirkenden Situation. Tatsächlich gilt hier das „Not macht erfinderisch." Es kommt aber darauf an, sich vorher eine Weile immer wieder vor Augen zu führen: „Wo ich früher nicht weiter wusste, laufe ich heute zur Bestform auf."

So gelingt ein guter Start

Haben Sie gesehen, wie ein Schiff vom Stapel läuft? Heute arbeiten Werften mit hydraulischen Pressen unter dem Kiel. Bei kleineren Schiffen ist es nur ein Stück Holz – ein Keil von wenigen Zentimetern, der unter dem Kiel entfernt wird … und das Schiff setzt sich in Bewegung. Niemand muss schieben oder Kraft aufwenden. Mit der entsprechenden Geneigtheit und Zuwendung sich selbst gegenüber kommt alles von alleine in Bewegung.

► Nehmen Sie sich das Bild vom Stapellauf und dem kleinen Stück Holz jetzt und immer wieder als Anreiz, mit vergleichsweise wenig Aktion, viel in Bewegung zu bringen.

The manufacturer's authorised representative in the EU is Springer
Nature Customer Service Centre GmbH, Europaplatz 3, 69115 Heidelberg,
Germany. If you have any concerns regarding our products, please
contact ProductSafety@springernature.com

Printed and bound by CPI Group (UK) Ltd, Croydon, CR0 4YY

23/04/2026

02095588-0001